贝页
ENRICH YOUR LIFE

货币文化史 VI

现代数字革命与货币的未来

[美]比尔·莫勒 主编　[美]泰勒·C. 内尔姆斯　[美]大卫·佩德森 编

陈佳钼 译

A CULTURAL HISTORY OF
MONEY
IN THE MODERN AGE

Bill Maurer
Taylor C. Nelms
David Pedersen

文汇出版社

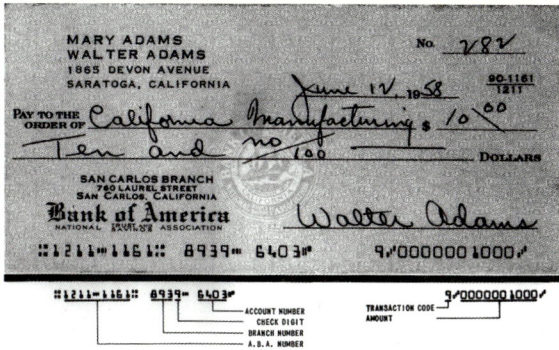

展现了磁性墨水字符识别技术使用方法的早期支票

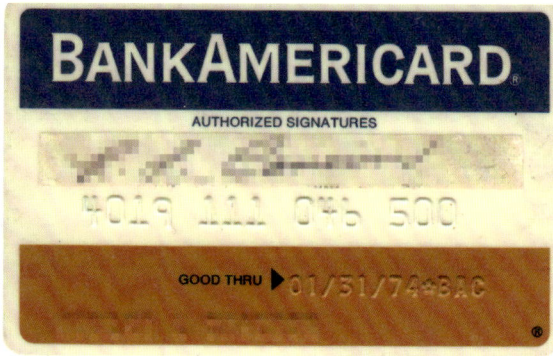

1974 年的美国银行信用卡

1983 年更名的 VISA 卡

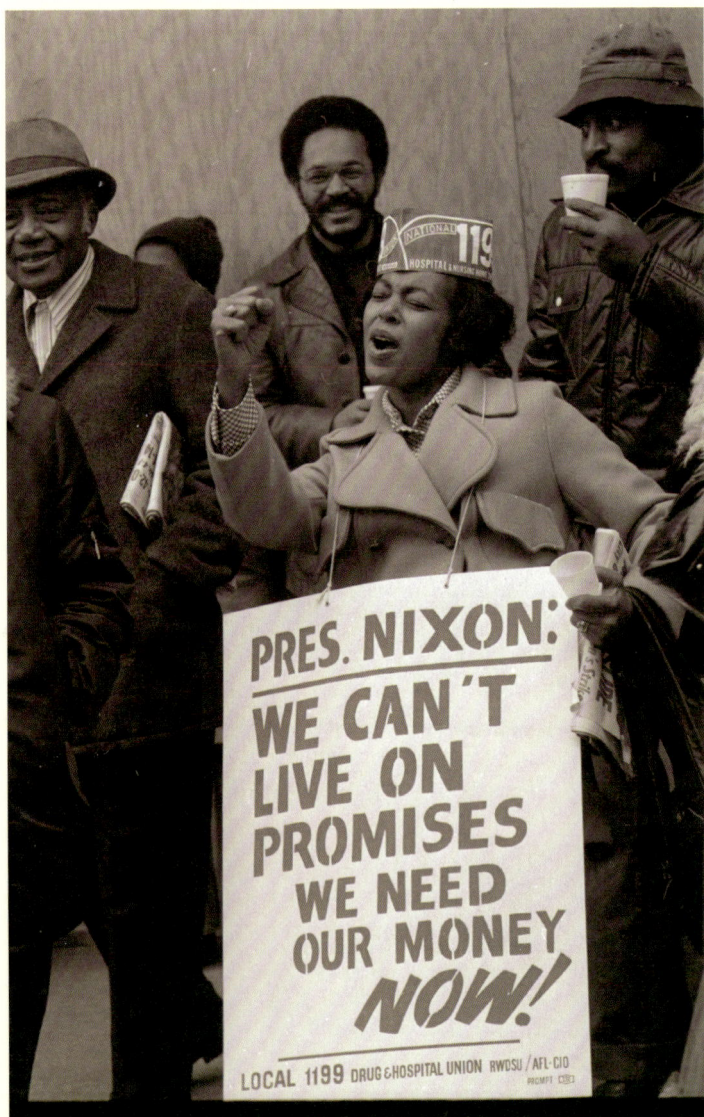

1973 年 11 月，纽约医院工人罢工。工会和管理层商定的 7.5% 的工资增长被联邦生活成本委员会以会造成"通货膨胀"为由而推迟

1971 年 2 月 15 日，英国十进制日前夕，一个小男孩在伦敦哈罗德百货公司认真观看十进制推行后展示的新货币

一条巴布亚新几内亚高地的基纳贝壳项链

2014 年，扎克·高夫的《布尔迪厄：社交货币》的游戏艺术

印有英国音乐家大卫·鲍伊肖像的布里克斯顿英镑纸币，这是一种伦敦南部布里克斯顿区使用的本地货币

中国四川甘孜州孔玉乡附近的一个比特币"矿场"内部

约 1440 年，英国财政部的符木棒

1940 年，"英国非官方经济顾问"凯恩斯在位于伦敦布卢姆斯伯里的自家书房中

2008 年 9 月 25 日，人们在纽约证券交易所门前集会，抗议政府收购金融公司的提议

2001 年 8 月，位于德国法兰克福的欧洲中央银行展出了新欧元钞票的原始设计样张。钞票上的建筑是欧洲历史遗迹的风格化表现，但这些历史遗迹实际上并不存在，这样的设计旨在唤起欧洲对共同的文化遗产的记忆

目　录
Contents

　　2012 年，大英博物馆决定重新设计陈列硬币和奖章的 68 号展厅。当时，其策展人大胆摒弃了传统的钱币陈列方式，决定另辟蹊径。以往，古代欧洲的金币、银币和铜币一排排地陈列在展柜中；而在新的展厅中，不仅有硬币和纸币，而且从贝壳到手机，所有的展品都有自己的展柜，呈现了用于交易的古器物和设备的历史沿革。每个展柜都有一个主题：展厅中，一侧的展柜陈列突出了货币的制度基础和发行机构，另一侧展柜则展示了人们使用货币的多种方式——不仅用于交换或付款，还可用于典礼或宗教仪式、政治竞争、装饰和故事叙述。

　　编写这六卷《货币文化史》的目的是给读者提供一种类似的体验，邀请他们参观这些神奇的货币展柜，走近形形色色、错综复杂、色彩缤纷的货币，看到货币不可化简的多元性，聆听货币讲述的多重故事。货币也让我们得以窥见多元经济和道德世界，以及估值与评价、财富与价值体系。货币绝不仅仅是狭义的经济术语中的硬币、现金或信贷，它的含义远远超过"货币拥有四大职能：支付手段、价值尺度、流通手段、贮藏手段"这个耳熟能详、朗朗上口的定义。货币同时也是一种交流的媒介、一组工具——人们以此交换信息：不仅仅是价格信息，还有政治信仰、权威、忠诚、欲望和轻蔑。货币还是纪念过去的一种方式，它使人、制度、神灵和祖先之间建立的关系超越现在，迈向临近的、遥远的，甚至想象中的未来。

从这个意义上说，货币不可避免地被赋予了"文化"和"历史"的色彩。因而，此六卷《货币文化史》主要聚焦于货币与宗教、技术、艺术和文学、日常生活、形而上学的阐释，以及与各种时代事件的关系。前几卷的编者是钱币学家和考古学家，他们在钱币、金银的实体史料中爬梳。此外，很多数字基础设施（digital infrastructures）研究者、文学史和法律史学家、科幻小说研究者、社会学家、人类学家、经济学家和艺术家也为本系列作品的编撰作出了贡献。

绝大部分博物馆或私人收藏的古钱币，在被发掘出来时，考古学家都没有收集到有关其周围环境的任何数据。这使许多古代甚至近代历史成为谜团，长期以来，考古学家对此无不扼腕叹息。即使某个考古发现只在特定环境中存在，对其解释也往往模棱两可。在当代社会，货币处在诸多环境之中——电缆和无线信号、数据协议和计算机服务器、游说团体和立法者卷帙浩繁的文字材料、肥皂剧和在线社交媒体。然而，如同在阐释古代窖藏的钱币时那样，我们自身很难摆脱什么是货币、人们用货币做什么，以及如何使用货币等对货币的一些假设。

以实体收银机前一笔简单的信用卡交易为例，对于这种日常付款设备而言，有多少用户可以解释其工作原理？博物馆又该如何组织策划类似的技术性展览？除了简单的付款行为之外，我们再来看一看更加复杂的货币互动。例如，在某些中亚穆斯林移民社区中的"伊玛目·扎明"（Imam Zamin），移民们用一块布将一枚硬币包裹起来，绑在上臂，希望以此保护旅行者。又比如，2005—2009 年，在韩国首尔，人们用丙酮溶解塑料交通支付卡，取出射频识别天线

（RFID）和芯片，然后创造性地缝入自己的皮夹、手链或夹克肘部的贴布内，这样就可以轻而易举地穿过（地铁）旋转栅门，人们称之为"调优"（듀닝하다 / doing tuning）。那么，未来的考古学家将如何演绎推断诸如此类的行为呢？

深陷于我们自身的"硬币意识"中，我们认为货币应该是一种有形之物，或者其价值应蕴含于此，即使在网络世界中，我们与货币的互动已日益脱离物质形态；我们一直坚守金银通货主义的观念，即使我们不断见证货币的价值随着政治动荡而波动；我们认为货币是抽象的，即使我们在具体的人际关系中使用实体钱币；我们认为货币可与价值相称，商品和服务可以用同一种价值尺度衡量，即使我们用货币来界定差异——民族差异、宗教差异、代际差异、阶级差异、种族差异和性别差异。

此六卷的时期断代或有武断，但地理上基本以欧洲为中心。本系列作品对作者和主题的选择旨在打破这种西方主导的历史叙述，着力展现一种全球化视野，将政治、帝国和种族动态纳入研究框架。

分卷内的各章从实质和形式上体现了货币的复杂性。实质上，对货币技术和文化的跨文化、跨历史研究，揭示了货币的多样性和复杂性。形式上，虽每卷选取的主题相同，但若通读各卷，读者会发现这些主题本身是复杂的，因为不同时代的人对同一主题的理解往往很不一致，但又常常被置于一起。如分类账簿——货币记录工具最基本的表现形式之一，本系列书可以"纵向"阅读，即通读一个历史时期的各个章节；也可以"横向"阅读，即阅读各卷中相同主题的章节。相信读者最终会发现：货币本身就是一部文化史。

比尔·莫勒（Bill Maurer）
加州大学尔湾分校

货币——文化性、历史性与现代性

泰勒·C. 内尔姆斯（Taylor C. Nelms）、大卫·佩德森（David Pedersen）

1972 年，在改编自百老汇音乐剧的电影《卡巴莱》（*Cabaret*）中，丽莎·明尼里（Liza Minnelli）和乔·格雷（Joel Grey）在合唱的副歌部分唱道："货币让世界运转起来。"这部电影和之前的音乐剧一样，展示了德国魏玛时期所盛行的"无所顾忌"的情感。魏玛时期是德国的国家货币相对价值崩溃，同时国家陷入纳粹主义的时代。

卡尔·波兰尼（Karl Polanyi）也曾高调地利用货币来应对那个断裂的历史时期的影响。在《大转型：我们时代的政治与经济起源》（*The Great Transformation*）一书中，波兰尼将自由市场资本主义看作一种乌托邦式的计划，对其知识谱系和政治界限进行了探讨，并将货币、土地及劳动力的商品化认定为在新的生活领域中创造和扩展资本主义市场的必要条件。（2001: 75）20 世纪初的世界市场是由以英国为主导、以黄金为基础的国际贸易体系构成的，在这样的世界市场中，货币被视作一种商品，可以根据抽象的供需力量实现自由买卖。

波兰尼指出，任何在土地、劳动力和货币上建立自由市场的尝试注定会引起社会的强烈反应，这是人们因遭受自由市场的侵蚀性影响后转而生成的一种对自身和社会的自我保护机制。这种"双向运动"①有很多表现形式，既有进步的，也有保守的。（2001: 248）20 世纪初，各国政府试图维持国际金本位体系而采取的僵化态度，表现为持续而强烈的"货币的短缺和过剩"。（76）随着金本位体系的崩溃，人们变得具有"货币意识"——更加关注货币价值和货币影响力的日常波动，重新认识到货币的易变性和偶然性，并开始期望货币的稳定。（26）

20 世纪 90 年代，在经典音乐剧《卡巴莱》被传唱了六十年后，美国音乐团体"武当派"（Wu-Tang Clan）的《现金统治着我身边的一切》（cash rules everything around me, *C.R.E.A.M.*）唱出了时代回响。这首歌是在美国物价相对稳定的时期创作的，经济学家安娜·施瓦茨（Anna Schwartz, 2008）将这段时期描述为"货币的涅槃时代"，但很快，2007 年至 2008 年，一场最初由美国住房抵押贷款违约所引发的影响深远的金融危机迅即席卷全球。在金融不稳定、政府实行紧缩政策以及民粹主义和本土威权主义在世界范围内复苏之际，长期以来的工资和财富不平等现象再次暴露出来。在危机后的经济低迷和随之而来的技术试验的推动下，伴随着这些变化给社区、国家和世界的未来意义带来的新的希望和焦虑，货币再次成为人们普遍

---

① 波兰尼曾说，"市场力量的扩张或早或晚会引发旨在保护人、自然和生产组织的反向运动；而保护性立法与其他干预手段是这种反向运动的特征。"因而市场经济的扩张导致社会自我保护这一现象在经济学中被称为"双向运动"。——译者注（如无特殊说明，本书注释均为译者注。）

反思和批判探究的话题，以及政治和实际干预的手段。[1]21世纪初，我们发现自己止处于货币意识发展的新时期，与这一新时期相关的是货币研究的复兴。这种"修正主义"在货币研究领域的复兴跨越了人类学、社会学、商学、传播学、历史学、法学、文学、哲学、政治学、心理学和经济学等学术学科（Bandelj et al., 2017: 3）。[2]

本卷《货币文化史》探究了两次全球性金融危机开始与结束的历史和地域跨度，重点关注了货币在这两次相隔近一个世纪的危机中留下的印记。第一次危机以及由此引发的应对措施为之后一个世纪的货币管理和试验奠定了政治和思想基础。正如布雷特·克里斯托弗斯（Brett Christophers）、安德鲁·莱森（Andrew Leyshon）和杰夫·曼（Geoff Mann）所写，同时与波兰尼的观点相呼应的是，第二次危机可能再次改变了"我们对现代性（自身）的理解，让货币和金融……更接近我们概念意识的中心"。（2017: 5）在这两次危机相隔的一个世纪里，各国对货币的控制得到了巩固，随后全球金融机构和金融工具崛起，这些机构和工具往往超出了中央银行监管的范围。随着世界各地非殖民化运动的觉醒以及包括欧元区在内的区域货币联盟和集团的建立，各国货币出现了倍增的趋势。这一"现代"的货币时代以可兑换成贵金属的货币实现国际支付为开端，后又见证了将美元作为国际记账单位和储备货币的集中化。然而，这也是一个货币替代品、代币以及代金券大量涌现的时代，并在货币技术的高度多样化中结束。它见证了各国中央银行银行家技术专长的稳定以及围绕避免通胀的货币政策的标准化，但同时也受到了来自大众和专家的批评、怀疑和不满情绪的冲击。

因此，本卷的几位作者从不同角度考察了20世纪初到现在不同环境下的货币和货币关系。以下六章是根据本系列各卷所共有的主题而组织的，从技术、思想、日常生活、艺术、文学等角度探讨货币。本卷中的各章主要针对美国-英国-欧洲语境，主要借鉴英语资料和证明。同时，作者还努力将这个以北大西洋区域为重点的主题范围扩展到更大的世界视角中。

凯恩斯（John Maynard Keynes, 1930: vi）在人们刚开始思考货币理论之初便写道，他感觉自己"就像一个在混乱的丛林中艰难前行的人"，去面对"现代世界中存在代用货币的理论和事实"。本书遵循了这样一个现代前提，即"丛林"是在不断变化的：在某些地方消失，在其他地方重新生长。然而，历史并不总是以这种变化的方式来定位货币。正如杰弗里·英厄姆（Geoffrey Ingham, 2000: 17）等人所指出的那样，专家常常把货币视作跨越了时间和空间却保持不变的东西，是一种中性的"面纱""润滑剂"或"工具"，以促进不受约束的经济主体之间进行一次性交易。至于货币是什么形式，谁来使用货币以及使用货币的目的是什么，都不会影响货币的本质。这种平和、同步的货币处理方式是 20 世纪中叶北大西洋地区相对稳定时期的产物。货币的技术、功能和对其客观的理解，与货币历史中的停滞感和连续性同时出现，这种理解通过拒绝承认货币在时间和空间上存在受争议的多元性特征，以及在形式、内容、意义和实践上的动态多样性，从而抑制并重新引导了人们对货币展开批判性反思。而实际上，这种活力和多样性在危机时期便已彰显出来。关于货币是什么，货币应采取何种形式，货币应如何估价，货币可交换性的限度是什么，以及谁有权创造货币并控制其流通的争论再次浮出水面。在这样一个不稳定和变化无常的时刻，我们的务实态度也就不足为奇。本卷既是时代的产物，也是时代的贡献者。[3]

尽管如此，"货币"——无论它是一种事物、范畴、象征还是制度，从来都只是上述争论的结果。即使是以最稳定的形式，货币也是地方与全球、物质与抽象、表面与本质、短暂与持久、流动与不流动、真实与虚伪、国家与市场、自治与团结之间调解和谈判的结果。这是我们从 21 世纪货币意识的角度回顾当下这个时代时所得到的重要经验之一。搞明白以及争论究竟什么才能"算"货币的过程，与创造和再创造货币的过程基本没什么两样。"货币是一种网络效应的产物"，本书作者之一的拉娜·斯沃茨（Lana Swartz, 2018: 623）在其他文献中还写道：

> 它需要在一个拥有共同认知和信念的社区"发挥作用"，以被认可为货币的形式而存在。这些信念是在货币技术中本能地产生的，而货币技术则是信念的实体形式。因此，货币理论是……一种关于更大社会秩序的理论（或是对社会秩序的挑战）。

我们可以这么说，货币是能够自我调节的。本卷的各章探究了这种调节的循环、多重实践及其过程。我们首先要问：编写这样一部现代货币文化史意味着什么？是什么使货币具有文化性？又是什么使之具有历史性？究竟是什么使货币成了**货币**？

总而言之，对现代货币的思考，会引发一种辩证思维的反思模式，我们希望利用而不是摒弃它。在接下来的内容中，我们总结了有关现代货币的几点重要教训：货币绝不是脱离社会或反社会的，它是一种文化想象力和实践创新的媒介，激发了再社会化的进程。货币形式和功能的变化并没有均衡地朝着金融抽象化的方向发展，而是具有附加性、层次性、偶然性和持久性。将货币作为价值储存载体的思想和意识形态，与其他将货币视为信贷与债务循环的资产负债表的操作方法的观点是并行的。货币政策和专业知识的明显去政治化已经让位于重新出现的公开辩论，即在货币流动性的形式下关于货币创造和转换的微观政治，以及在货币作为财富象征的情况下货币的宏观政治分配效应。即使货币看上去像是上帝或政府赠予我们的，却也永远无法预先"给予"我们。简而言之，货币是一项集技术、政治，特别是社会与文化于一身的成就。

因此，即使在我们审视货币"现代化"的文化和历史的进程时，也仍牢记马歇尔·伯曼（Marshall Berman, 1983: 21）对现代主义思维的一种"独特美德"的描述，那就是"它使得问题在提问者自己和答案都已离去之后依然经久不衰。"

文化性

本书的时间范围是"现代"，大致范围为 1920 年至今的时代。"现代性"这一词不是 20 世纪的发明，但它仍具有很强的周期性特征。我们有证据表明，有近五百年的时间，时代是在现代和非现代的特征中交替变换的，但现代仍然意味着"传统"以各种形式被破坏或侵蚀，也意味着一个新时代的开始。现代性的史学是关于起源与危机、根源与断裂的历史研究。货币在这一史学中占有重要的地位，在 20 世纪的漫长岁月中，从社会主义的规划者到新自由主义的市场商人，货币开拓了这些群体的现代主义视野。正如本卷第三章（《货币与日常生活：现代的不稳定性和创造性》）的作者泰勒·C. 内尔姆斯和简·I. 盖耶（Jane I. Guyer）所指出的那样，整个现代时期的货币通常被视为"可用来探索现代文化的缩影"（Dodd, 2014:

276）。人们认为，通过促进非个人交易和抽象记账，货币削弱了传统的（特别是本土或封建的）社团形式的社会地位和依附关系，促进了个人自由的发展，使人们与事物以及他人疏远开来。人们认为，是货币推动了从**礼俗社会**到**法理社会**、从机械团结到有机团结、从地方社会到全球社会的转变。

然而，现代性也通过因时间和空间的差异形成的道德与政治组织发挥作用。自由主义的法律和政府、官僚行政、自由市场资本主义和雇佣劳动、世俗主义和科学理性，这些现代性属性，都是以明确的种族或文明术语来定义的，与那些以现代性的名义被殖民、被奴役、被时代丢弃和被边缘化的人并列。自由主义的经济和政治思想是建立在将新大陆土著人民排除在货币、财产和政府之外的基础上的（Cattelino, 2018），内尔姆斯和盖耶认为，这种思想持续影响着殖民地和后殖民地的遭遇，而西方货币面临着并似乎已经征服了当地社会根深蒂固的价值与交换形式。正如比尔·莫勒（2006: 17）指出的那样，货币发展的故事讲述了货币多次变得现代的"道德寓言"：货币的现代化是一个波兰尼式的"伟大变革"，将货币置于"经济"与"社会"分界线的起点和核心，引发了人们对"'我们'已经失去的世界"的哀叹。

现代初期，在工业资本主义转型的条件下，货币成为"经济"与"社会"的区别标志，并常被指责威胁了社会和文化关系向粗放的经济关系的转变。从这个角度看，货币超越了社会，它没有文化。正如内尔姆斯和盖耶指出的那样，这种思维方式在接下来的一整个世纪中仍然普遍存在，在将市场与道德混为一谈的危险争论中变得越来越有存在感。马克斯·海文（Max Haiven）在第四章《货币、艺术与表现形式：六位艺术家，两次危机（1973 年、2008 年）》中写道，现代常常将货币描述成一切"冷静、理性、卑鄙和世俗"事物的缩影，而社会和文化领域可以为货币提供逃避世俗的浪漫方法。例如，艺术代表了一种无法用货币来衡量的事物，为人们提供了获得激情的特权，而这种激情会使货币"原本钟表般理性的系统陷入混乱"。然而，正是货币，尤其是高级金融形式下的货币，通过将艺术品转变成具有实际回报的投机性资产和投资工具，并通过控制能影响普通民众生计的艺术机构和意识形态等方式，巩固了以艺术而展现的现代社会的差异。海文表示，艺术是货币社会文化变迁的典范，同时"货币和艺术有着奇特而命数般的对称性"。

我们进入到海文撰写的章节，他和其他作者一再表明，章节和主题上的区分只是转移读者注意力的方式。本卷第三章《货币与日常生活：现代的不稳定性和创造性》介绍了与货币有关的另一种观点：尽管货币及其管理似乎越来越技术化，但作为专业化和制度化研究的对象，货币依然具有双重形式，它不仅存在于学术期刊和中央银行的政策文件中，同时如第三章所表明的那样，货币也存在于人们的口袋里，在大众文化中，在人们的床垫下和手机里，在家庭预算和个人储蓄账户中。这里再次强调，货币不仅仅是一种削弱或瓦解社会和文化性的工具。相反，正如海文所说的那样，它早已与再社会化、文化化、道德化的过程相结合，并常常成为这些过程的载体，无论是"作为资本主义流通的世俗代表"还是"作为日常生活的媒介"。

正如雷蒙德·威廉姆斯（Raymond Williams, 1983）提出的著名言论——文化是一个宽泛的术语。本卷的作者们采用了几种不同的文化方法来分析货币，同时揭示了现代货币的历史共性和结构连续性。正如威廉姆斯所预测的那样，这些方法及观点并不相互排斥。

"文化"的根源，譬如现代性，源于欧洲对普世主义的思想、精神、艺术以及最终的文明发展的狭隘理解。然而，在 20 世纪，"文化"作为一个特定社群生活方式的术语，已表明了对社会差异下的多元和相对主义的更多看法。首先，作为"货币"的修饰语，"文化"可以被理解为某种货币的代币或其价值形式与使用货币的"人"之间的联系，被一套相对连贯且持久的习惯、行为标准和有意义的世界观所包围。内尔姆斯和盖耶在第三章《货币与日常生活：现代的不稳定性和创造性》中描述了这种货币"文化"的研究方法，它在货币的人类学和社会学研究中得到了最为明确的运用。这种方法的一个好处是，它强调了货币在时间和空间上的多样性。内尔姆斯和盖耶列举了部分多样性特征，在本卷第二章《货币及其理念：在专家政治和民主制度之间》中，迈克尔·贝格斯（Michael Beggs）又从货币专家和决策者的视角提供了一个互补的角度，货币专家与决策者的理论、模型及政策反映了精英社交网络和官僚文化的差异，以及地缘政治的不平等。

其次，从《卡巴莱》和"武当派"团体的表演中可以看出，作为百老汇、好莱坞、流行音乐等反思或评论的对象，货币显然也是具有文化性的。从这个角度来看，文化属于某些特定的领域——视觉艺术、诗歌、小说、电影、电视、音乐、游戏以及更广泛的媒体，从"高级"到"低级"，包括"大众传媒"和数字传媒的变体。参与这些领域就是生产"文化"，研究这类生产及其产品就是分析文化，甚至是分析"文化产业"。于此，货币提供了美感和艺术灵感，同时，海文和谢里尔·文特（Sherryl Vint）通过对货币文化的维度进行排列，开始了他们对激进艺术作品中的货币〔参见第四章《货币、艺术与表现形式：六位艺术家，两次危机（1973 年、2008 年）》〕和幻想文学中的货币（参见第五章《货币及其阐释：幻想小说中货币的未来》）的探索。

在这两种关于文化的观点中，我们面临着两种边界或对立。一种是不同货币文化之间的边界；另一种是将文化或社会同政治、经济或物质区分开的边界。这些观点有一个共同的假设，即社会生活中的其他领域和条件与文化无关。政府和金融机构的行为主要被视为政治和经济行为，而不是文化行为；同样，还有一些潜在的机制或物质条件可能被认定为在社会行动者的"背后"运作，这些也常常被视为超越了或正处于文化的边界。例如，使用聚合物（塑料）让纸币防潮不会出现在货币的文化研究中，因为它们似乎更应该由化学家来合成或测试。

尽管如此，这些对文化的理解为第三种观点打开了一扇窗，即将货币更广泛地定位为创造性实践的对象。用海文的话来说，货币是"想象力的媒介"，因此，它成为日常创造发明的对象，这与内尔姆斯和盖耶的观点相呼应。从这个意义上说，文化是个人和集体促使事物发生的能力的结果，这一点从组织社会生活的方式的多样性中就可以看出。从这个角度来探究货币的文化特点，意味着要研究用货币做事的多种方式，相应地，也要研究我们与货币的关系是如何与社会以及具体的情景相结合的。因此，内尔姆斯和盖耶主张"要强调多种物质形式货币的**用途**及**使用方式**"，以便"突出人们的创造性"。

综合阅读本卷的内容，可以发现一个最终的但相关的观点，它将不同货币文化之间的边界以及文化与其他领域之间的边界置于研究的中心，并同时将文化看作一种过程和结果。如果说文化是一种过程，让行为和信仰具有共同意义，并且得以巩固、传播和争论，那么我们研究的重点就不在于文化是由货币转化的，还是货币是由文化转化的，而在于以什么方式创造和改造货币——由特定的人，在特定的地方，朝着特定的目标，且总是伴随着特定的但从不能预测的结果。正如海文所写，这种货币观点的结果是，"文化不是经济学的次要、残余或偶然因素，而是一种整体的、辩证的力量"。货币不仅能简单地调和差异，还能改变一切。

　　例如，首先，货币是如何被系统地与事物的意义联系在一起的，从而可能会释放出一些相关的信号？在这种情况下，货币可能与该事物类似，指向该事物，甚至能完全代表它。换句话说，金钱万能！其次，货币是如何成为事物的**对象**的？例如，货币如何通过中央银行的通知等方式来传达一些有关信息？来自拳击赌博的黄金时代的播音员可能会这么说，"把钱打出来给我看"，金钱的诱惑就像制胜的一拳会对拳手产生影响。最后，货币又是怎样成为指代事物的突出帮手的呢？就像代数方程式，或者谋杀案中的推理，比如当发现犯罪嫌疑人为受害者报保时，那么金钱这一因素自然从其他动机中剥离出来："毫无疑问，谋杀是因为钱！"当上述关系表现得稳定、一致和连贯时，货币本身也带有同样的特征。然而，在金钱与事物的关系中，任何明显的一致性都是被精心设计的，我们的注意力必须转移到这种一致性产生、持续和变化的途径上，有时这种变化甚至带有戏剧性。任何一种货币文化都表现出鲜明而持久的特质，与此同时，这种持久性配上有生命力的实物材料，人们再通过这种材料制造出货币并投入使用，最终能创造性地维持、改变、重塑甚至是彻底改变货币的实物样式。

　　海文和文特提供了令人信服的例子。对两人来说，货币与文化之间的界限为社会和文化、政治和经济、生产以及再生产提供了资源。两位作者都致力于探讨现代货币的"金融化"理论，也就是私人行为者和机构将现代货币的"金融化"作为通过资本资产交易和投机积累利润的工具，即"货币涨落和流动的管理"（Martin, 2002: 3；另见 Krippner, 2005, 2011; Van der Zwan, 2014; Pitluck *et al.*, 2018）。

海文一共描述了六位将货币作为素材和主题来创作作品的艺术家，其中三位生活在 1973 年前后的现代中期，另外三位则处在全球金融危机之后。海文认为，这两个时刻应该被解读为现代货币生产和再生产及其金融化的转折点。1973 年和 2008 年是政治经济剧变的两年，通过揭示货币内在的矛盾，将货币引到了公开的争论之中。也是在这两年，为了应对剧变，制度模式和政治动态在以下情况中得到了进一步巩固：首先，通过全球资本流动的系统性再生产，特别是当金融参与者为这些流动资本寻求安全渠道时；其次，通过阶级和身份的制度性再生产，特别是与劳动者工资挂钩的劳动者文化消费能力扩大时；最后，通过劳动和生活本身的社会性再生产，特别是当再生产劳动和其他形式的情感劳动或看护劳动通过服务性工作而变得日趋商品化时。

与"货币和文化是对立的"这一假设相反，海文和文特展示了现代时期的货币是如何通过物质的和有意义的文化再生产劳动（无论是艺术还是文学）来被创造和再创造的。文特关注的是货币在 20 世纪和 21 世纪幻想小说中的地位。文特对幻想小说的关注在很大程度上能和许多人产生共鸣，因为正如她所写的（呼应了海文的观点）那样，现代金融使财富显得投机性极强，让价值变得虚幻。许多人这样描述金融：虚构的、具有不透明抽象概念和偶然的意外之财。但对海文和文特来说，认为货币是一种"幻想小说"的想法则更为彻底。从某种意义上说，货币是"虚构的"，因为它只是面向未来的意义创造的实践结果。正如威廉·戴维斯（William Davies, 2018:

12）所写，货币实践"在市场交换的个别时刻以及未来的预期和担保方面，都提升了可信任度"。然而，这些货币实践并不是固定不变的。"如果货币或合同等制度不具备规范化意识，从而使得保证和承诺对未来具有约束力，那它们就无法运作。然而，这些保证和承诺的性质是可以改变的"。

因此，海文笔下的货币艺术家和文特笔下的幻想小说作家都对批判和变革表示关注。海文解释说，正是现代艺术的"特殊地位"，使其成为一个绝无仅有的，对货币进行文化性批判和反思性审视的强大场所。海文写道："艺术是一种劳动形式，也是一种商品，为了保持制度的合法性和市场价值，它必须不断地以新的方式拒绝自身的商品化。"这种矛盾为艺术对货币和金融进行政治及道德批判提供了基础。对于海文和文特来说，"'金融'本身就是一种想象力的技术，能让整个资本主义及其特权工作者感受日益复杂的世界体系"。艺术、文学和其他类型的表达和阐释为人们提供了"反思金融化"的场合。

对于幻想小说的作者来说，这是显而易见的，因为他们在自己所描述的乌托邦或反乌托邦的虚幻未来中寻找货币的替代方案。文特写道："幻想小说通过幻想世界可能会有的不同模样，表达了对货币及其在社会组织中的作用的焦虑与关注。"这些焦虑和忧心纷多且嘈杂，但它们都集中在未来。"真正的问题不在于未来的货币会变成什么样子，而在于我们如何将货币理论化及如何使用货币，从而使未来变成什么样子。"因此，我们的目标不只是简单地记录那些虚构我们过去和现在的经济小说，而是如马克·费希尔（Mark Fisher, 2018: xiv）所说的那样，"撰写"新的"不仅能预见未来，而且能使未来成为现实的小说"。

历史性

现代货币具有文化性和历史性的双重属性。作为一种兼具物质性、具象性和实践性的整体，它的内容和意义可以跨越时空。如果说历史是对连续性和变化的记录，那么货币史就不能只描述货币形式和功能的变化，还必须考虑货币的历史和其自身在这段历史中的地位。货币史通常受到如本书所论及的各个时期的限制，这种方法将"过去"转变为历史本身：历史学家必须抛弃货币的当下，冒险进入过去以发现或发掘它；当其记录下所发现的东西时，就产生了"一段历史"。但是，由于我们所处的时间位置恰好位于我们所描述的时代中，这使得撰写现代货币史变得复杂起来。我们所说的"过去"不能被理解成一个与现在分离的时间。

正如海文和文特提醒我们的那样，现代货币也不可能完全脱离未来。现代货币史还必须正视整个现代时期的货币变革的过程、投机性和面向未来的特点。内尔姆斯和盖耶指出，货币的变化是"附加的而非替代性的"，这一结论呼应了戴维斯（Davies, 2018: 12）的观点，货币是"机构和机制的拼凑成果"，总是"易于被重新构想和重组"。正如拉娜·斯沃茨和大卫·L. 斯特恩斯（David L. Stearns）所认为的，货币"就像现代性（以及随之而来的一切），它们都具有多重复杂的层次"。

在本卷第一章（《货币及其技术：让货币在现代流通起来》）中，斯沃茨和斯特恩斯对从根本上支持现代货币多重性的通信技术进行了概述，如通过国家邮政和快递运输的汇票和旅行支票、基于电信技术的清算所和银行卡网络、数字和移动支付系统，以及加密安全协议。斯沃茨和斯特恩斯认为，这类支付系统基础技术的历史，即

"筹建、融资、运营和治理"的历史，是漫长的 20 世纪中货币现代化的重要组成部分。因此，斯沃茨和斯特恩斯扩展了本书的时间范围，将这一始于 19 世纪美国的时期称之为"现代的'萌芽阶段'"。在此期间，美国的国家机构和私营公司都在致力于为当今被普遍使用的支付体系奠定基础，并对货币本身提出了要求。

斯沃茨和斯特恩斯讲述的故事是一个在传播、扩展、加速和自动化的通信网络，这些典型的物质通常与现代性相关。然而，斯沃茨和斯特恩斯的故事并不是"一种技术取代了另一种技术的进化过程"，而是一场统一了国家、实现了全球一体化，并最终实现货币去物质化的竞赛。他们描述了 20 世纪后期，通过数字网络在全世界加速货币流通的努力，是如何与最早建立面向消费者的、可绕过制度和政治边界的价值转移系统的努力（如美国运通公司）并行的。因此，斯沃茨和斯特恩斯很谨慎地介绍了他们笔下的历史：他们认为，现代货币技术通常是在边境地区——特别是美国西部的边境地区——"首创"的，并受到数字边界主义意识形态的影响，这种意识形态与纽约、伦敦及其他更为传统的殖民和后殖民时期大都市的高级金融文化形成了鲜明对比。

因此，本书的几位作者所描述的是货币的诸多社会和物质特征，而不只是像斯沃茨和斯特恩斯所写的那样，现代货币是所谓的"抽象主义和极简主义"。他们描述了货币形式的多样性、转移及合并。不仅强调了高级金融瞬息万变的思路，同时还强调了消费金融的普通票据。他们还指出，货币的持续碎片化——如存在于日常储蓄的专款专用、中断跨境汇款的缺口、区别不同支付工具用户方面——以及为建立互联互通所做出的努力。由此产生了一个零碎且不平衡的过程，但却能带来持久的结果：历史是偶然的，却也是持久的。

　　贝格斯对 20 世纪货币意识形态和货币政策之间的联系作了补充说明。其思想史可以追溯到"一系列的正统学说"，但就像斯沃茨和斯特恩斯在本卷第一章（《货币及其技术：让货币在现代流通起来》）中关于支付技术的基础设施的阐述一样，这些正统学说是经久不衰的，并不会与社会和政治背景脱离。货币、价值和治理的观念及意识形态产生于特定的环境，并反馈到其中。在现代，这种反馈越来越多地通过新兴的货币技术官僚阶层的政策、模型和战略决策来实现。

　　我们可以从现代初期脱离金本位制的过渡中找到这种反馈的例子，它为全球发达国家和中央银行的货币专业知识及制度的巩固奠定了基础。贝格斯认为，像金本位制这样的大宗商品锚，与其说保证了货币本身的价值，不如说是在货币发行授权方面对各国施加了"约束"。然而，黄金还是提振了人们对"其市场价值将由自身需求支撑的票据"的信心，并在国内开辟了一个空间，让此类"管理货币"的自由裁量政策在其中得以检验。因此，这个空间提供了可以为国家和银行"孵化"信贷资金的条件。在这一背景下，货币政策领域出现了"围绕灵活汇率和通胀目标"达成的"20 世纪晚期共识"。这种共识意味着在意识形态上，价格控制高于其他可能的政策目标，同时，人们也接受了货币价值可以通过其供应量来控制的观点。

　　以上这些是货币主义及货币数量论的基本原则。贝格斯认为，学术货币主义模型对主流的、本质上是凯恩斯主义的理解提出了更为"复杂"的挑战，即利率是如何影响银行的投资组合决策，进而影响对货币的需求的。但货币主义思想进入公共政治辩论有望带来更根本、更彻底的转变———种通过为工资和通货膨胀问题提供"技术解决方案"来固定货币价值的方法。这种"政治货币主义"塑造了全世界专家或普通民众对货币的理解，激发了人们对"稳健货币"的持续渴望与追求，也就是说，通过将货币从人类和制度的腐败影响中移除，使得其价值随时间而保持稳定的货币。简而言之，"稳健货币"将为货币显而易见的"去政治化"创造条件。然而，正如贝格斯所证明的，以及我们下面将要讨论的，就其根源和分配效应而言，这些寻求货币稳健性的决策实际上完全是政治性的。

在美国，货币主义原则实施的动机和理由都是将通货膨胀定义为一种盗窃行为，其中最著名的例子是，1979 年在新任命的美联储主席保罗·沃尔克（Paul Volcker）的领导下联邦利率的突然提高。正如沃尔克本人所说，通货膨胀是"一个道德问题"（引自 Cooper, 2017: 29）。如梅琳达·库珀（Melinda Cooper, 2017）所述，20 世纪70 年代，美国的通货膨胀趋势主要影响的是资本和信贷所有者，而不是那些依赖工资（工资通常随价格上涨而上涨）或那些持有债务（债务成本因价格上涨而降低）的人。沃尔克打击通货膨胀的决定使前者比后者更能享有特权，这是一种以牺牲工人和债务人的利益为代价来保护储蓄和金融资产的尝试。

由此引发的经济衰退推高了失业率，削弱了有组织劳动力的议价能力。贝格斯写道："恢复价格稳定需要摧毁长期失业的有组织劳动力。"这些决定为债券、股票和资产价格的急剧上涨，以及数十年来的工资停滞和最终导致的财富的向上再分配奠定了基础。正如库珀（Cooper, 2017: 132–133）所写，这一刻"预示着美国财政和货币政策的范式转变……此后，中央银行将通过严格控制工资和消费价格通胀的手段，来彰显其有别于挥霍无度的政府的独立性，而不论社会成本如何"。

这种货币理论主要集中在北大西洋区域，但贝格斯表示，货币政策和意识形态的生产与分配的历史是不平等的后殖民历史。稳健货币的文化政治被输出到世界各地，并成为全球发展中国家货币政策和新自由主义国家转型的中心支柱，产生了戏剧性的又往往有害的影响。"稳健货币"思想在国际新保守主义运动的兴起和暴力独裁政府的建立中发挥了关键作用，其中最著名的是智利所谓的"芝加哥男孩"[①]（Valdés, 1995；另见 Fourçade and Babb, 2002）。"稳健货币"思想提升了国际机构对紧缩政策和有条件借贷的接受度，从而在世界范围内引发了国家债务危机。最后助长了专家对全球各发展中国家政府施加越来越大的压力，要求其浮动本国货币，从而导致了东亚和其他地区因投机行为引发的外汇危机。

即使专家和中央银行行长改变了他们的货币理论和做法，但他们对稳健货币的渴望仍旧强烈。贝格斯写道，早在"大萧条"时期，决策者和经济学家就认识到，对货币供应的控制"贯穿于银行资产负债表"。事实上，凯恩斯的核心观点之一是，货币的价值至少在一定程度上是需求的函数，因为银行是根据利率变化以贷款的形式来实现货币流通的。但在 20 世纪，银行和非银行金融机构不断创新并开发新的金融负债和金融工具，在货币替代品市场"即兴创作"，然后成为"世俗金融网络的一部分"。"新奇的野兽开始出现。"贝格斯写道。

通过金融的扩张、强化和多样化，新形式货币的扩散对现代货

[①] "芝加哥男孩"是对一群拉丁美洲经济学家的非正式称呼，这些经济学家都是年轻男性，在芝加哥大学受教育，回国后在智利天主教大学创立经济学系，因此得名。20世纪80年代，以"芝加哥男孩"为首的美国经济学家所提倡的新自由主义趁虚而入，智利开始放宽对外资的限制，对大量国企进行私有化，向美国政府和国际货币基金组织（IMF）借债。虽然这让智利取得"智利奇迹"的经济复苏成果，但同时拉大了贫富差距，使民族企业陷入困境。

币文化史的作用至关重要。与许多政治经济学家一样，本书的作者在 20 世纪 70 年代初找到了从"国家资本主义"向这种"金融资本主义"过渡的转折点，当时以美元与黄金挂钩为中心的布雷顿森林体系正在崩溃（Hart, 2009）。正如海文在第四章《货币、艺术与表现形式：六位艺术家，两次危机（1973 年、2008 年）》中所指出的那样，美元与黄金挂钩的终结，对许多观察者而言意味着货币的物质形式与其抽象价值之间所有"代表性"联系的终结。尽管 20 世纪上半叶的国际贸易以原材料和制成品的交换为中心，但到 20 世纪末，金融工具贸易主导了国际贸易，即（某些类别的）货币与（不同类别的）货币的交换。在这些条件下，货币不再是促进商品和服务贸易的交换媒介；它本身就是价值的标志，是财富和衡量的单位以及储蓄、投资或投机的载体。[4]

贝格斯写道，随着现代社会的发展，"大部分流通的'货币'并不是国家发行的通货（通用货币），而是私人发行的银行券，这些银行券之所以被认可是因为人们相信它能迅速兑换成面值货币"。因此，20 世纪下半叶货币主义的兴起也带来了一个难题：伴随着稳健货币思想的普及和以通胀为中心的单一货币政策的制度化，围绕"货币"本身的定义边界正因新金融工具的大量涌现而变得越来越模糊，这些新金融工具可以或多或少地转化成其他货币形式。

因此，中央银行银行家越来越多地承认，正如贝格斯、本杰明·布劳恩（Benjamin Braun, 2016）、道格拉斯·霍尔梅斯（Douglas Holmes, 2013）和西蒙娜·波利洛（Simone Polillo, 2011）等人认为的，中央银行是"一个具有创造性、战略性和沟通能力的企业"。这一企业只能间接地影响货币的数量和流通中的货币价值，其结果是，在巩固货币技术性专长的同时也巩固了"公众"的观念，至少在理论上，专家对这个结果是负有责任的。在全球金融危机之前，通常是用"市场"来定义公众的，公众是投资者、债券持有人和其他金融资本的所有者，他们将被招募来与决策者合作，以实现稳定价格和恢复市场信心等目标。

尽管如此，与某种货币公众概念相对应的"自由裁量"决策理念也使其他利益集团和选民有可能向政府施加压力，尤其是在危机期间和危机之后。决策者可能被迫考虑个人消费者和有组织劳动力的普遍需求，如对国家资源和国家利益的需求。贝格斯写道，货币并不是孤立存在的，而是"与经济生活的许多其他方面息息相关，如工资和劳动力市场、贸易和国际资本流动、公共支出和税收、银行体系和金融市场"。虽然金本位制为货币政策制定的任何"不良后果"都提供了有用的"意识形态和实践"上的依据，但 20 世纪出现的中央银行管理体系让货币管理者在所有领域都面临着公众压力。

货币政策决策者责任制曾在世界各国中央银行行长的双重使命中得到标准化，双重使命指的是不仅要保持低通胀，还要追求充分就业。尽管前者在实践和意识形态上都超过了后者，但在我们撰写这篇概述时，人们对货币政策决策者的能力和责任提出了新的问题和要求，私人利益集团对发行可替代国家债券的价值形式的控制日益增强，货币政策决策者需要通过解决这种控制来塑建公民的经济生活。贝格斯认为，这样的要求可能会以有限的方式"将民主纳入货币领域"。

货币（性）

现代后期，在国家的授权下，商业银行和非银行负债作为债务、支付手段和流动资金的来源而日益流通。本卷的作者提请大家注意这种私人货币创造日益增长的重要性，强调了私人和公共利益对货币的推动作用。我们认为，货币是一种公共物品，但纵观整个现代社会，私人参与者介入了公共部门参与者未能弥合的鸿沟，造成了时而模棱两可、时而极具灾难性的后果。

货币由政府授权和认可，但在现代，它必须逐步通过私人拥有和运营的机构的门户与渠道。始于康德的现代哲学关注的是人与政府之间的有关契约、交易、义务、归属、联盟的区别与联系。然而，可以说，直到 20 世纪中叶的非殖民化运动和国家建设努力使民族国家形态在全球范围内得以复制，这一现代二元体系才达到顶峰。具有深刻讽刺意味的是，就在数百种新的国家货币建立之际，国家货币主权却也被金融化和支付私有化的过程削弱了。因此，正如斯沃茨和斯特恩斯所解释的那样，促进"货币价值流动"的努力始终是一项经济事业，也是"政治计划"。无论对于 19 世纪的私营航运公司，还是 20 世纪的大来卡（Diner's Club），抑或 21 世纪的 PayPal 来说，情况都是如此，在金融领域和支付领域也是一样。从过去到现在，企业一直在通过收费、利息和投机性投资来控制货币流通，寻求利用货币赚取货币，包括各种形式的圈地、侵占、设置门槛或制造准入和接受的差异（非平价）等手段，而这些手段导致的后果都会立即显现出来，并削弱大众与国家之间的联系。

正是在 20 世纪末的这些进程和波兰尼式的后全球金融危机时期的反垄断斗争之后，货币的本质才再次被公之于众。如果说斯沃茨和斯特恩斯从 19 世纪开启了现代货币的故事，那么叶娃·涅尔西相（Yeva Nersisyan）和 L. 兰德尔·雷（L. Randall Wray，参见第六章《货币与时代：货币的本质与危机后的改革建议》）便在 21 世纪结束了这个故事，他们面临着金融危机后出现的关于如何用最好的方式去改革全球金融体系的激烈争论。与导致美国新政改革的"大萧条"时期的争论一样，一系列针对后危机时代金融改革的具有民粹主义特点的流行提案在 21 世纪第一个十年间流传开来。正如涅尔西相和雷所说，一些提议（如 2010 年美国《多德-弗兰克华尔街改革和消费者保护法》）试图"对金融体系的边角进行修补"。另一些则旨在进行更"激进"的改革。其中一项计划是"狭义"或"全额准备金"银行体系，用于取代传统的部分准备金银行体系，要求银行将存于本机构的全部准备金保留在手头上，从而限制甚至取消银行贷款，以限制私人货币的创造。另一项提议则呼吁政府"通过直接发行货币来筹措开支"，从而允许政府拥有更大的自由来"利用财政权力以鼓励增长和就业"，并创造出支持者所说的"无债务"货币。[5]

　　受到全球金融危机前和危机期间"公众对银行业过度行为的反应"的启发，涅尔西相和雷指出，与沃尔克的货币主义一样，这些声音最终都是针对私人金融机构扩大货币权力的"道德"层面的建议。在寻找不会贬值或不会产生投机泡沫的货币时，改革者重申了长期以来对银行"不劳而获"的焦虑，并要求将货币控制权"归还给公共领域"。就在我们撰写这篇概述时，此类提议的一种变体——"主权货币倡议"（Vollgeld）①已经在瑞士获得了一定的支持。（尽管 2018 年 6 月的一次全民投票否决了该倡议）一位瑞士银行家和"主权货币倡议"的支持者在谈到私人金融机构在货币创造和流通方面

---

① "主权货币倡议"又称"瑞士主权货币倡议"，是一个名为"货币主义现代化"（MoMo）的瑞士非政府组织发起的一项关于货币改革的倡议。该倡议拟禁止商业银行创造货币，只允许瑞士央行发行货币。支持者表示这一新的举措将使金融体系更安全，并能有效防止银行家肆意放贷而让公众再经历储蓄危机。

的作用时说："被否决是一个意外，我们根本没有意识到。但我们认为，货币是一种公共物品。"（Atkins, 2018）

　　和本书所有作者一样，涅尔西相和雷也认为货币是公众利益的所在。然而，他们也辩称，改革提议往往会通过"对'无中生有'的货币创造的弊病表示哀叹，认为货币的生产是'凭空而来'的"，从而曲解了货币公共性的本质。于是他们从相反的角度对货币提出了理解，其侧重于货币通过政府和金融机构的历史特定方式来创造和流动。正如内尔姆斯和盖耶所写，货币总是"处于授予和维持货币记账单位的主权者与使用记账单位的人之间，用以清偿彼此的债务，进行个人和集体投资等活动"。因此，货币是由这些纵向和横向关系"支撑"的。涅尔西相和雷写道："认为银行货币创造是'凭空'发生的，似乎也暗示了一种不同形式的货币存在的可能性——那是一种合适的货币，一种也许是由具有内在价值的东西制成的货币。"

　　涅尔西相和雷表示，这些观点有着极深的根源。它们与现代初期的一些争论产生了共鸣，当时的危机和萧条引发了类似的提议，如经济学家欧文·费雪（Irving Fisher, 1935）提出，100% 的准备金制度将在减少负债的同时消除银行挤兑和衰退的现象。一些观点还呼应了贝格斯所追寻的稳健货币模式，其中包括米尔顿·弗里德曼（Milton Friedman）在 20 世纪中叶提出的通过创造新货币来为政府支出提供资金并对银行施加 100% 准备金率的建议，这样一来，"私人银行不会创造'净'货币——它们只有在积累政府发行的货币储备时才会扩大银行货币的供应量"。

　　涅尔西相和雷认为，这些反复出现的争论围绕着两种货币方法而展开，一种是将货币视为商品和交换媒介，另一种是将货币理解为一种"信用债务关系"。涅尔西相和雷写道："在现代，这两种关于货币本质的截然不同的观点已经形成。"将货币视为商品的观点认为，货币的产生是为了解决易货问题，其主要功能是使交易顺畅进行。按照这种观点，货币的价值应该来自某种固定的东西，就像它与黄金等大宗商品挂钩时所假定的那样，若缺乏这种物质锚定，那么货币供应应受到严格控制，以避免贬值。在美国，这一论点一再地被提出，从 19 世纪抵制纸币"美钞"（greenback）创建的金本位制的拥趸，到弗里德曼这样的 20 世纪中叶货币主义者，再到 21 世纪支持比特币等数字货币的加密自由主义者——文特在第五章《货币及其阐释：幻想小说中货币的未来》中对此进行了描述。邓肯·弗利（Duncan Foley, 2004: 44）写道，从这些角度来看，现代信贷货币是"一种泡沫和一种毫无价值的代币，其价值是靠对其未来可接受性的信念来维持的"。

关于现代货币金融化的讨论往往会遭到类似的抨击。然而，本书借鉴了文化和政治经济学、人类学、社会学、传播学、科学和技术研究以及其他领域中关于货币和金融的非正统方法，以表明在金融化这一大背景下，通过特定的社会规范、意识形态争论和制度依附，在特定的地点展开的变革。涅尔西相和雷汲取了从凯恩斯和波兰尼到 A. 米切尔·英尼斯（A. Mitchell Innes）、格奥尔格·弗里德里希·克纳普（Georg Friedrich Knapp）、阿巴·勒纳（Abba Lerner）以及海曼·明斯基（Hyman Minsky）等 20 世纪的众多思想家的成果和观点。这些思想家启发了一种思潮，该思潮在 21 世纪初被归为"现代货币理论"（MMT）旗下。在现代之初，思想家首次明确阐述了现代货币理论对国家和银行的现代制度的双重经验的关注，特别是通过所谓的"查特主义"① 和"信用"货币理论（与克纳普和因内斯等作家相关）。而随着全球金融危机的爆发，现代货币理论被再次采用和普及（参见 Nersisyan and Wray, 2016）。[6]

是什么让现代货币理论变得"现代"？现代货币理论反映了长期以来私人和公共货币管理之间的紧张关系、金融化趋势以及危机产生和控制方面的应对措施。可以说，现代货币理论的核心支柱是认识到货币既不是"中性"的，也不是由诸如中央银行之类的货币政策机构直接和"从外部"提供的。相反，涅尔西相和雷等现代货币理论家认为，货币是信贷和债务需求的影响。也就是说，货币主要通过金融机构的决策来供应，以响应影响这种需求的更广泛的经济条件。正如涅尔西相和雷指出的那样，这种"内生"的货币观与凯恩斯的"货币生产理论"相呼应，坚持认为"货币不仅不是中性的，而且是生产过程的基础。所有的资本主义生产都是从货币开始的，并期望以赚取更多的货币而结束"。与此同时，即便是在 21 世纪初的主流货币政策圈子中，这种对货币创造的理解也越来越被广泛接受（McLeay *et al.*, 2014）。

这使得人们对货币拥有了广泛的理解，甚至主流金融体系的核心也如此看待货币。"货币"不仅包括现金和经济学家所说的"基础货币"（也包括银行存款），还包括各种非银行金融机构发行的债务。在过去的半个世纪中，这些机构的数量、种类和影响力急剧增长，并在发展过程中显现出货币的内部形式和功能的多样性——贝格斯写道，它们不是"银行"，却也"不在银行体系之外"。正

---

① 查特主义货币理论（Chartalist）主张政府发行法币取缔金属货币，相信货币本身不具有内在价值，同时强调政府在货币信用性方面发挥了重要作用。

如内尔姆斯和盖耶所说，伴随着金融化的过程，货币逐渐数字化和外在非物质化——即对任何实物代币的依赖性降低，同时对记账单位和促进记录保存的数据库基础设施的依赖性变高。这些变化绝不是新的发展，但新的金融工具和新的数字和移动技术的大量涌现，重启了关于货币和价值本质的争论，尽管这些工具和技术被视为即将到来的"无现金"或"少现金"世界的先兆。其带来的影响是人们越来越明确地承认货币的多元化，如 M0、M1、M2、美元、比索、黄金、航空里程以及星巴克积分。

有关金融化、数字化和货币私有化的实践与论述，将专家和大众领域中关于货币的观点从严格的定义中转移了出来（Bryan and Rafferty, 2013; Cooper and Konings, 2016; O'Dwyer, 2018）。正如涅尔西相和雷所解释的：

> 尽管出于分析的目的，我们希望能在资产之间划定界限，而在何处划定界限取决于我们试图实现的目标（以及在特定政治背景下的"我们"是谁）。没有一个单一的货币定义适用于所有目标。

本着涅尔西相和雷的奉献精神，我们和一批观察家一起，强调了不同类别的货币流动性以及它们之间的转换点。货币流动性在人类学中可能被称为"交易领域"，在社会学中则被称为"商业循环"。如果所有货币都以债务为形式，那一个核心的经验性问题便是确定其可交换性的限度。与此同时，我们还强调在另一个层面上将货币的多样性联系在一起，即通常通过使用统一的记账单位，将一种货币形式兑换为另一种货币形式的相对能力。这种流通能力就是我们所说的**货币性**。"货币性"（贝格斯、涅尔西相和雷使用的术语）的定义特征是不同形式或面额的货币之间相互交易的可变能力，以及由此产生的流动性、可替代性或可流通性的程度。[7]

正如斯沃茨和斯特恩斯所表明的那样，促进货币流动的社会和物质体系成了明确的"现代主义和现代主义创新与追求的场所"，从而成为现代性本身的"基础设施"。长期以来，货币流动被认为是现代经验的产物，而对于那些曾经寻求并仍在寻求实现流动的人来说，他们一直梦想着使价值和信息在时间和空间上的流通更加顺畅和快捷。斯沃茨、斯特恩斯、内尔姆斯和盖耶揭示了这一梦想的一个重要化身，即所谓的"无现金社会"；而正如我们在本书中所了解到的，另一个化身则是金融"创新"的激增和强化，银行家和交易员通过寻求金融体系中的灵活性和流动性来应对日益增长的投资回报的需求（Ho, 2009: 183–188; Bourgeron, 2018）。无现金社会的幻想和对流动性的追求都是由"任何种类的货币都应能在任何时间、任何地点立即转移的预期"所塑造的。斯沃茨和斯特恩斯写道，"（一种）货币制品在流通之前不是真正的'货币'"。而这种表面上"天衣无缝"的流动则是"庞大的技术和工业设备"作用的成果。这些系统为支付和价值流通提供了路径、渠道和线路，斯沃茨和斯特恩斯认为，正是价值的流通才使货币变得现代化。

对货币性的关注将我们引向现代货币的多层"层次结构"，以及该层次结构中各层级之间转换和流通的路径与实践，从而使我们对货币政策和权威的理解变得复杂（Bell, 2001; Mehrling, 2013）。贝格斯写道："现代货币有一个层次结构，即国家发行的货币的'基础'支撑着大量私人银行发行的货币。"债务在每个层级的货币性，指的是"对较高级别货币的可兑换性"的功能，即货币性是可兑换的结果。而这种可兑换性，"又取决于发行机构在自己的责任范围内'创造市场'的能力，即兑现承诺，按面值将其平价兑换成更高级别的货币"。历史上最有能力满足这些期望的机构当然是国家机构。因此，就法定货币而言，最常见的货币定义是："各种金融工具的货币性正是由与政府的相似性，而非由其作为支付手段的功能所定义的。"涅尔西相和雷写道（引自 Pozsar, 2014: 9）。

然而，国家"处在国家货币金字塔顶端的地位并不能被视为理所当然：这是一个历史性的结果"（Beggs, 2017: 464）。事实上，在现代后期，正如贝格斯所说，金融工具日益多样化的"黑箱"构成了"货币金字塔中的新层次"——一个完整的货币创造和流通的"影子"体系，挑战了货币资产和非货币资产之间的简单区别，并需要新形式的专业知识（Bryan and Rafferty, 2006; Mehrling, 2011; Gabor and Vestergaard, 2016）。创造具有创新性的风险管理形式，以及寻找新的流动性来源或将传统的非流动性资产（如抵押贷款、养老金、市政债券、学生债务）转化为可交易的工具，不仅使在各州记账单位和实现该记账单位的流动债务间的空隙中转换的价值成倍增加，还使货币供应量和价格变化之间的差距扩大，"通过提供货币替代品和缩减货币持有量的技术来削弱货币限制"，贝格斯这样认为。因此，正如我们上文所述，货币当局不能单方面采取行动，而是必须在"一个复杂的、以私人金融为主的体系"中摸索前行，这一体系常受危机的影响。贝格斯（Beggs, 2017: 474）在其他地方写道，"与私人金融体系有关的问题是战略问题，而不是法令问题"。

涅尔西相和雷辩称，无论货币是通过政府还是非政府的渠道流通，其目标都应该是谨慎地对所有未来流动性承诺背后的债权效力进行风险评估。他们解释说：

> 决定货币是否"稳健"的要素，不是货币资产的数量，
> 也不是货币资产与其他资产（如储备金）数量的关系。相反，
> 对货币是否"稳健"**起决定性作用的是债务的质量**，或是
> 支持创造流动性货币债务的借据。

换句话说，货币的背后不是某种固定的价值形式，而是一种社会和
政治承诺："支付的承诺**不是**无中生有的，而是一种社会关系。"
（Ingham, 2002: 141）与一些 21 世纪的改革者的抱怨不同，私人货
币创造的问题并不在于以此方式流通的货币背后"毫无基础"，有
的"只是"由"信任来支撑"的债务；问题其实在于这些机构在缺
乏透明度和责任制的情况下造成的不稳定和不平等。

21 世纪的全球金融危机不过是一系列周期性危机中最新的一次：
金融创新加剧，接踵而至的是银行资产负债表的扩张，泡沫（资
产价格、互联网初创企业、次级抵押贷款）的破灭，以及新形式货
币的融入。正如贝格斯所说的，"不断变化的资金流和承诺的网络"
构成了更广泛的金融景观（另见 Tooze, 2018）。涅尔西相和雷论证
了，在 21 世纪初，非银行业和大多不受监管的影子银行业的增长
是另一个私人货币创造的例子。实际上，他们表明，"消除银行'凭
空'创造活期存款的能力并不能消除私人货币的创造"。相反，"对
银行实施此类限制，只会让更多的货币创造转入'影子银行'和'平
行银行'体系，因此此时其他金融机构会弥补银行留下的空白"，
从而让钟摆更多地朝向私营机构摆动。

结语：在现代

现代货币管理的兴起及其与金融业的对抗，让专家和决策者展开了一系列讨论，这些讨论使货币重新成为政治争论的焦点。无论这些讨论局限在多大的范围，都难以事先确保谈判的结果。可以说，国家和银行都有支持者，即使国家和银行对公众的需求或民众压力的反应各不相同。国家有提出要求的公民；金融机构和金融工具实际在很大程度上依赖人、家庭和社区，也就是其劳动力、工资、资产和债务。简而言之，货币与实体经济活动直接相关，再简单点说就是"一种在群体内代表和转移资源的方法"（Desan, 2016: 21），而如何分配该活动效果的利益冲突，则极大地影响了有关货币的争论。正如贝格斯所写的那样，这种争论是"分配斗争"，它动员不同的群体定义和捍卫"自己对实际收入和财富的货币请求"。

关注货币的货币性让我们能够通过展现货币语用学（pragmatics）的优点（正如内尔姆斯和盖耶所说）来突显货币的**政治性**。货币的政治性指的是发行、流通和转换债务以及赎回或清算债务等一系列日常和精英实践。货币的政治是双重的，既是微观政治又是宏观政治。它包括政府、金融机构、银行和非银行机构对货币的创造和监管，以及人们对货币的使用。现代货币的微观政治在货币流通和转换的轨道和界限中发挥着重要作用；宏观政治则以分配斗争为中心，而危机常常使这种分配斗争浮出水面。关于流动性和分配问题，如果将关注重点放在其中一个问题上而忽略另一个，将有可能导致现代货币历史丢失其重要组成部分，并将对其未来的风险产生误解。

对货币的微观和宏观政治的干预试图重塑价值转换和分配斗争的路径和模式。以海文在本卷第四章《货币、艺术与表现形式：六位艺术家，两次危机（1973年、2008年）》中讨论的几位艺术家为例，他们创造性地将"艺术和激进主义的尖端技术"恰当地运用到货币和金融的形式与功能中，以便对它们进行批判。这些艺术家面临着整个现代社会中许多人都会面临的悖论的强化版本：为了理解和挑战货币与金融的霸权形式，他们只能选择依赖这些形式。正如海文所解释的，借鉴兰迪·马丁（Randy Martin, 2015）的作品，货币的金融化和私有化在某种程度上是对全球社会运动的一种回应，试图抵抗压迫性和排他性的经济结构。海文写道，"金融化提供了一种方法来回应那些殖民地国家的青年和边缘人群的'去殖民化'要求"，尤其是在后殖民时期，它为许多人提供了"更灵活、更个性化的经济体系，容忍各种再生产方式"。

结果是出现了各种形式的消费者和家庭债务，比如抵押贷款、医疗贷款、信用卡贷款、学生贷款、车贷等，推动了随后证券化金融的繁荣（La Berge, 2018; 参见 Langley, 2008; Cooper, 2015）。正如内尔姆斯和盖耶指出的那样，扩大金融覆盖面的努力往往是由民主的理想和日常愿望共同推动的。然而，以这种方式，那些最有能力看到货币的局限性和不平等性的人被吸引到了货币的流通中，而当货币流通不畅时，他们却成了替罪羊。紧随其后的紧缩计划是通过制裁过度行为和重新制定家庭和经济的规范形式，来约束那些相信高风险或次贷的人的希望和愿望（Cooper and Mitropoulos, 2009）。

尽管如此，许多人还是在自己试图去批判的金融体系中，找到了应对金融化悖论的方法，无论他们发现自己有多妥协，是如何与之共谋的。比如，海文讨论的几位艺术家通过"设置意识形态的陷阱"来揭示货币的社会和制度基础；另一些人则"试图以其他非资本主义或反资本主义价值观的名义来侵占和剥夺全球一体化的金融体系"。因此，他们的政治主张是不寻常的。海文描述了努里亚·古埃尔（Nuria Güell）和莱维·奥尔塔（Levi Orta）对全球金融领域的一系列干预，他们积极采用精英金融机构的做法，在巴拿马建立了一个避税天堂，以挪用公共艺术资金，为反资本主义的合作倡议提供企业赞助——"打开全球资本的毛细血管，并将精力和资金转到现有的反资本主义的替代品中"。如内尔姆斯和盖耶描述的全球金融危机时期的占领运动的积极分子，或创造补充货币的多样性社区的倡议者那般，古埃尔和奥尔塔通过学习现代货币和金融技术来颠覆它们。同时，这些艺术家利用艺术的"奇怪的半自主性和制度流动性"，以及其"残余声望和意识形态豁免权"，从文化上合法地将自己隔离开来。

这种"后愤世嫉俗的实用主义……不会把它的成功寄托于一个能引发革命的启示时刻"。激进的变革愿景常常与更迫切、更实际的目标相结合。正如海文所说，在古埃尔和奥尔塔这样的艺术激进主义者手中，现代货币被看作"民间创造力、激进想象力和反资本主义经济合作项目的平台"。这些行动的目标是货币流通所需的技术基础设施、社交网络和机构渠道，这绝非偶然。在这种情况下，古埃尔和奥尔塔加入了罗伯特·梅斯特（Robert Meister, 2016）等现代金融理论家行列，罗伯特·梅斯特认为，人们所说的货币性可能会成为集体政治组织和干预的目标，从而中断价值的流动，并将价值重新导向其他目的。这些变革并没有尝试把焦点停留在有关货币的价值或目的等学术问题上，而是将问题当作锤子或扳手来挥舞，把货币的微观政治与分配结果不均的宏观政治结合起来。

涅尔西相和雷研究的改革者提出了一种补充性干预，与其说是对货币金融化和私有化渠道进行的修补，不如说是通过完全准备金的银行制度或银行脱媒来寻找一个终结点。然而，涅尔西相和雷坚持认为这样的终结是不存在的。货币是债务，也是信任，这一点永远不变。而不同货币的关键区别在于谁做出了承诺，以及以何种形式的价值作为回报来偿还承诺。

> 当一个非主权实体（公司、家庭、州或地方政府）发行债务时，它承诺通过支付利息来偿还债务，并最终收回债务。使用第三方的债务进行支付……另一方面，一个主权政府通常只承诺用自己的债务（包括货币，但主要是中央银行的准备金）来进行支付，换言之，就是用一种债务来交换另一种债务。

当一个国家承诺用自身债务来偿还到期债务时，这只是债务转换的另一种形式，尽管这可能是"最高级"的形式。典型的税收框架表明，税收应先于政府支出，以增加政府收入来支持公共支出。涅尔西相和雷的观点与此正好相反，他们认为，政府支出以及货币创造本身（在概念上，有时按时间顺序）发生在税收之前。税收实际上是一种"回报"（return），一种"收入"（引用拉丁文和法语的词源 revenue），意为"纳税人'偿还'主权政府的支付债务"。税收是决策者和监管机构的重要工具，被用以解决金融危机，重新分配集体财富或公共支出成本，并阻止公众的有害行为。但它"更根本"的目的是通过赎回货币来推动对货币的需求。事实上，这是殖民地政府通过制定新的纳税标准来实施政治控制的一种重要手段（Gregory, 1996; Roitman, 2005）。然而，也正是出于这个原因，涅尔西相和雷坚持认为，至少像美国这样拥有自己主权货币的国家"在现代货币制度下就偿债而言不会有任何限制"。也就是说，一个主权政府总是能够"负担得起"对其公民的分配需求作出回应的成本，"政府不能让自己的货币破产，它总是可以用自己的货币支付到期的所有款项"。

因此，涅尔西相和雷认为，特别是在北大西洋背景下，现代货币体系中的商业银行在国家的隐性和显性支持下行事，"应该被视为真正的私人-公共合作"。商业银行呼吁国家采取监管行动，监督和限制通过私人金融机构和基础设施进行的货币流通。但这也要求其承认和运用国家的全部财政权力为公众服务。他们写道："我们需要确保银行为公共目的服务。"在全球金融危机之后，一个无形但持久的重要教训是，要解决货币政治问题，我们不仅需要新的货币理论，还需要**新的国家货币理论**。现代货币的发行和控制是持续不断的治理冲突的结果，正如贝格斯所说，在"专家政治和民主制度"之间。然而这并不足以说明货币是国家的产物。相反，贝格斯认为，"现代货币通过提出触及并影响现代政治核心的管理问题，创造了（并重新创造了）国家"。

无论怎样去写，现代货币的文化史都必然与货币本身有关。它涉及以货币定义为中心的争论，以及有关货币使用和分配的冲突。这些争论和冲突尚未得到解决，偿还也仍然遥遥无期。然而，这些辩论和冲突也不是中立的，它们直接影响到货币性的政治和实用特性，以及宏观和微观特性，描述了在特定时刻何种行动在政治上是可行的，并暗示了何种行动在政治上是合理的，向我们展示了未来与货币变革有关的斗争的路线。这是我们撰写本书任务所面临的挑战之一。事实上，货币的问题还远远没有解决。现代仍然是我们自己的时代！

第 一 章
Chapter 1

货币及其技术：让货币在现代流通起来

拉娜·斯沃茨（Lana Swartz）、大卫·L.斯特恩斯（David L. Stearns）

引言

2015 年，大多数美国民众发现，他们的日常支付习惯似乎因为支付技术的细微变化而变得不稳定起来。人们的付款方式从刷磁条卡突然变成了插入芯片卡。这也许是几十年来，许多美国人第一次密切关注起支付行为及货币技术，不过总体来说，他们并不喜欢这种新方式。

几个月来，每一次支付过程都伴随着反复出现的对话："我要刷卡还是……？""哦，不好意思，你得把卡插进去。是的，很抱歉，可能需要一分钟。""我要签名吗？""哦，你把卡拔出来太快了。"无论是在沃尔玛、塔吉特百货、家得宝家具建材市场、美元树连锁店，还是其他类似的连锁餐厅和小商铺，这样的困惑和抱怨屡见不鲜。

商家抱怨支付形式的改变增加了成本。由于不愿意完全换成新的芯片和签名系统，许多商家在新的插槽上贴上了带有商标的广告页或胶带。消费者对此感到恼火，还有人怀疑新系统会带来新的欺诈风险。社会上充斥着大量怀疑论、阴谋论，而有些人则表现得相对淡定："这次又是哪家公司为了赚钱来收集我们的数据？"另外还有一些五花八门的反应："当然，奥巴马（时任总统）现在可以停止使用支付卡，开创新的世界秩序：先是动卡片上的磁条，之后就要动我们身上的磁条了。""想改变我们习以为常的事，没门儿。"

在美国，支付系统向芯片加签名方式的过渡尤其艰难，因为长久以来，大部分支撑日常货币转移的系统和流程看起来都不存在什么问题。每一笔支付交易都基于复杂的技术和庞大的工业设备，如果一切流程都正常运行，那么持卡人或收银员可能遇到的唯一困难就是几秒钟的等待。事实上，支付交易场景的幕后包含无数环节。然而，每天使用支付系统的人中，很少有人会认为这是一项复杂的技术成就。

与所有基础设施一样，支付系统的历史决定了其筹建、融资、运营和治理的方式。苏珊·利·斯塔尔（Susan Leigh Star, 1999）说明了基础设施研究的重要性。她写道："如果在研究一个城市时忽视它的下水道和电力供应，那么就会错过分配公平和规划权力的重要方面。""正如研究一个信息系统却忽略其标准、线路和装置那样，你将会错过美学、公平和变革的重要方面。"（1999: 379）通过观察支付方式以及支付系统是如何运作的，我们可以了解到关于现实世界的什么呢？

正如保罗·爱德华兹（Paul Edwards, 2010: 8）所指出的那样，"现代化意味着生活在基础设施之中并依赖其生活"。我们打开电灯，打开水龙头，"扔掉"垃圾，查看"时间"，转眼的工夫向世界各地发送信息，当然，还有刷卡（或插卡）支付。如果问现代化意味着什么，那它意味着人们在依靠庞大系统生活的同时又忽略着它们。在 20 世纪漫长的岁月中，货币的使用方式发生了天翻地覆的变化。它变得"现代"了，也就是说，它变成了我们通常意识不到但却习以为常的基础设施。

从纸质邮件、快递，到电信、计算机和互联网，到移动电话，再到加密安全协议，在这一章中，我们将看到现代货币和支付的创新是如何与基础通信设施的改变同步进行的。当我们在这个繁忙而混乱的时期向前飞驰的时候，我们也着手探讨因基础通信网络变化所带来的支付基础设施中的四个关键创新：汇票和旅行支票、自动化清算所、支付卡网络以及新近以互联网技术为基础的支付网。我们将带领大家回顾这些创新的历史背景是如何影响其产生的结构，又是如何影响了经济和政治的。

我们提供了从 19 世纪末到 20 世纪末，日常金融技术变化的粗略历史年表，其中包括来自现代"萌芽阶段"的重要发展，无论是私营航运公司的运作还是美国联邦储备系统的建设，这段时间都奠定了现代货币技术与基础设施发展的基石。然而，本书的目的并不是用叙事的方式记录一种技术替代另一种技术的演进过程。事实上，如同我们描述的实际情形，技术演进所涵盖的时段并不是割裂的；相反，它们常常杂乱地重叠在一起。在本章，我们重点关注美国，主要因为这是我们的学术专长领域，但并不意味着会忽视这段时间内世界其他地区的重要发展（Rona-Tas and Guseva, 2014; Bátiz-Lazo and Efthymiou, 2016; 参见本卷第三章《货币与日常生活：现代的不稳定性和创造性》）。

我们论述的重点是支付，也就是货币交易机制。许多货币史著作仅仅关注货币制品，也就是货币的物质形态，而忽略了货币体系的一个重要方面，即货币制品在**流通**之前还不是真正的"货币"。和所有资产一样，货币制品也是**潜在**交易价值的表现形式。只有在交易发生的那一刻，当人们把货币制品视为有价值的东西时，它们的价值才得以实现并具体化。这些交易机制让货币制品成了货币，又让通用货品变成流通货币，因此，货币交易机制的历史和结构对于理解现代货币如何变化至关重要。

很多领域的学者都从流动的角度来定义现代性。[1]正如蒂姆·克雷斯韦尔（Tim Creswell, 2006: 15）所说，"毫无疑问，流动能力是西方现代性的核心"。的确，具有流动能力的基础设施，如铁路、公路以及我们将要论述的支付系统，都在现代社会的发展过程中发挥着核心作用。克雷斯韦尔继续提道，在这些技术的实际应用之上，现代性还"提出了一种关于流动能力的思维方式，这是一种与之前不同的流动能力的玄学"（2006: 16）。文化地理学家多琳·马西（Doreen Massey, 1991: 24）描述了现代性是如何使人们在地理层面上的实践经验"加速发展并向外扩散"的。支付技术的故事是一个扩张的故事：支付技术横跨美洲大陆，不仅仅是从一个海岸到达另一个海岸，而是更彻底地渗透到了乡村的每个角落。它也是一个自动化的故事，由于被简化为更抽象、更标准化的信息形式，货币转移变得更快捷、更高效了。此外，它还是一个关于人们在地理区域内移动得越来越快、越来越远的故事，一个关于货币与高速公路和商用喷气式飞机同步发展的故事，更是一个关于开放的循环和开放的边界的故事。

如果说这个故事在速度、流动能力和基础设施等方面映射了现代性的元叙事，那是因为我们将要提到的许多角色，或多或少都下意识地把自己看作现代性计划及建设民族国家、建设信息时代、建立全球市场社会的一分子。货币的技术和基础设施在设计与实践的过程中，已经成为现代化和现代主义创新与追求的场所。

纸币与铁轨

通过邮寄形式汇款

纸币和其他形式的印刷文化一样，与国家作为一种"想象共同体"（Anderson, 1983）的出现息息相关。国家货币将国家描绘为一个经济领地，为公民提供了一种"可以用来交流的共同的经济语言"（Helleiner, 1998: 1414）。然而，建立单一的国家货币并不是一个自然产生的发展过程，这是需要各国政府做出数十年的卓绝努力才能达成的一项成就。在美国，直到南北战争结束后，国家货币才完全统一（Henkin, 1998）。在此之前，外国货币、银行券[①]，以及由铁路、保险公司和其他私营企业发行的代价券，都与美国财政部发行的货币同时流通（Mihm, 2007）。然而，一旦将国家唯一的纸币作为法定的国家货币流通，那么这种纸币的兑换就成为一种"对民族国家的日常肯定"，它既是一种图像载体，也是对这些票据持续存在的价值的认可，以及对发行和支持这些票据的政府合法性的认可（Gilbert, 1999: 42）。

大部分人都认为，关于货币政策的争论是独属于 19 世纪末的重要现象，但这段时期不仅是货币授权机构及货币的支持与生产处于紧张状态的时期，同时也是货币的传输与扩散的紧张时期（Lawrence, 1978; Ritter, 1997）。这些冲突为 20 世纪的货币技术奠定了基础，尽

---

① 银行券出现于17世纪，是由银行发行的用来代替商业票据的票据。

管它们关注的重点是国家的另一个关键基础设施——邮政服务。

邮政系统因其对现代美国公共生活所做出的贡献而广受赞誉，它带来了来自远方的报纸和信息，把整个国家凝聚在一起，并从松散的邦联制中塑造出一个国家形象（John, 1998）。就像纸币本身的兑换意义一样，美国邮政服务的运作每天都在肯定民族国家的力量。在农村地区，邮政局局长可能是人们最熟悉的联邦政府代表了。

邮件也被用作货币价值流通的基础设施之一。银行和商人用它运送大量的货币和其他金融工具，普通人用它在全国范围内汇款。20 世纪以前，支票账户只普遍存在于富人手中，因此，当普通人想实现异地支付时，他们会"把钱放进信封里，合上封口，并用蜡封好"，然后邮寄出去（Grossman, 1987: 80）。

货币在美国全境的流通，以及由此所追溯的想象共同体，是由邮政基础设施的实体组织所决定的。但由于邮局缺乏资源和基础设施，无法为全国提供普遍服务。随着国家的扩张，联邦邮政局（美国邮政总局的前身，1792 年至 1971 年间运营）做出补贴邮政路线的决定，这些路线促进了基础设施的落实，但没有产生足够的收入来支付其成本。有时，该部门会使用全新的甚至还在试验中的中继技术，沿着仍在积极建设的路线传递邮件。总的来说，联邦系统优先考虑的是发展缓慢却可靠的基础设施，而不是快捷的交付设施（United States Postal Service, 2007）。

许多地方性质的私营快递公司争先恐后地将目标对准公共服务薄弱的地区，并且与联邦邮政服务展开竞争。虽然私营快递公司主要寻求的是银行和其他大宗托运商的业务，但它们也为个人提供运送小额支付款的服务。私营航运公司通过驿站马车、信使、运河和铁路，把金条、钞票和各种货物从一个海岸运输到另一个海岸，从而迅速获利。在美国西部，私营快递比联邦政府更普及。该行业"能到达任何地方，能为任何人做几乎所有的事，是有史以来最接近普遍服务公司的一项发明"；甚至私营快递运输的建立往往是"每个新移民聚集区或定居点建立后的当务之急"（引自 Fradkin，2002: 27）。到 1900 年，快递业已合并为四大公司：亚当斯快递公司、南方快递公司、美国运通公司和富国快递公司（富国银行的前身）。

美国邮政局因业务收费过高、效率低下、运力不足，以及受政治庇护拖累而被广泛批评（John, 1998）。然而，私营快递的优势也须消耗一定成本。尽管它们反对政府管控，谴责邮政局的"垄断"地

图 1.1 1890 年，南达科他州戴德伍德镇，富国快递公司运送价值 25 万美元的金条
来源：美国国会图书馆

图 1.2　约 1884 年，描绘了美国运通和富国快递等私营快递公司通过纽约中央铁路公司的火车运送邮件的油画
来源：美国国会图书馆

位，但实际上快递业本身并不是竞争性行业。相反，这些快递公司在各区域内划分了各自的领地，并协商好不在这些区域里打价格战。他们还将工会拒之门外，联合起来反对劳工组织，并解雇工会成员，雇佣罢工期间坚持上工的人。因此，这样的卡特尔允许快递公司搞价格垄断和价格歧视（Grossman, 1987）。这与提供稳定就业机会和标准化补贴价格的联邦邮政体系形成了鲜明的对比。

　　整个 19 世纪，各种各样的立法都试图对抗来自私营快递公司的竞争，比如扩展邮政路线，降低业务费用，无论客户居住在本国的哪个地区，美国邮政局都向其提供服务（United States Postal Service, 2007）。就在国家邮政试图为长期的普遍服务建立基础设施时，私营快递业已经能够提供有针对性的服务了。公共和私人金融基础设施可以在全国范围内运转货币，进而使美洲大陆成为一个经济领地。

但人们发现，二者之间的竞争并没有聚焦于对国家发行货币垄断权
的挑战，而是寄送邮件的服务领域。

为移民和富有的旅行者提供的私人资金

到了 19 世纪末和 20 世纪初，美国邮政服务开始大行其道。
1898 年，美国邮政建立了普遍的"农村免费投递"（RFD）制度，
该服务能直接把邮件投递到农场和各家各户，在此前，这些农场和
家庭的居民只能前往中央邮局或通过私营快递公司递送邮件及现金。
1913 年，美国邮政开始提供改良的包裹邮寄服务。1917 年，受第一次
世界大战的影响，美国又将铁路和私营快递业务收归国有。这三个
方面的发展很快结束了私营快递和国家邮政的竞争时代。而在那
时，最大的私营航运公司，即美国运通公司，已经开始采用全新的、
获利颇丰且不受监管的方式来转移价值，其采用的方式首先是汇
票[1]，然后是旅行支票[2]。美国运通公司再一次模仿了邮局已经在做
的事情，但专注于在付出一定成本的情况下以更高效的方式填补服
务方面的空白。

美国联邦邮政系统紧跟英国邮政系统步伐，长期以来一直提供
邮政汇票。即使在初创期，邮政服务还是一个零售性质的金融机构
时，它就能够以较低成本在全国范围内的邮局之间转移价值。通过
这种方式，邮政汇票充当了一种事实上的国家货币和一种交换、储
存价值的媒介，这一点在旅行者和流动工人身上体现得尤为明显。

---

[1] 汇票类似于支票，由出票人签发，收款人或持票人凭借汇票可向受票人（付款人）
请求支付票据金额。受票人一般为开证行或指定银行。
[2] 旅行支票是一种特种支票，由银行或旅行社签发，专门用于旅游者或出差人员。

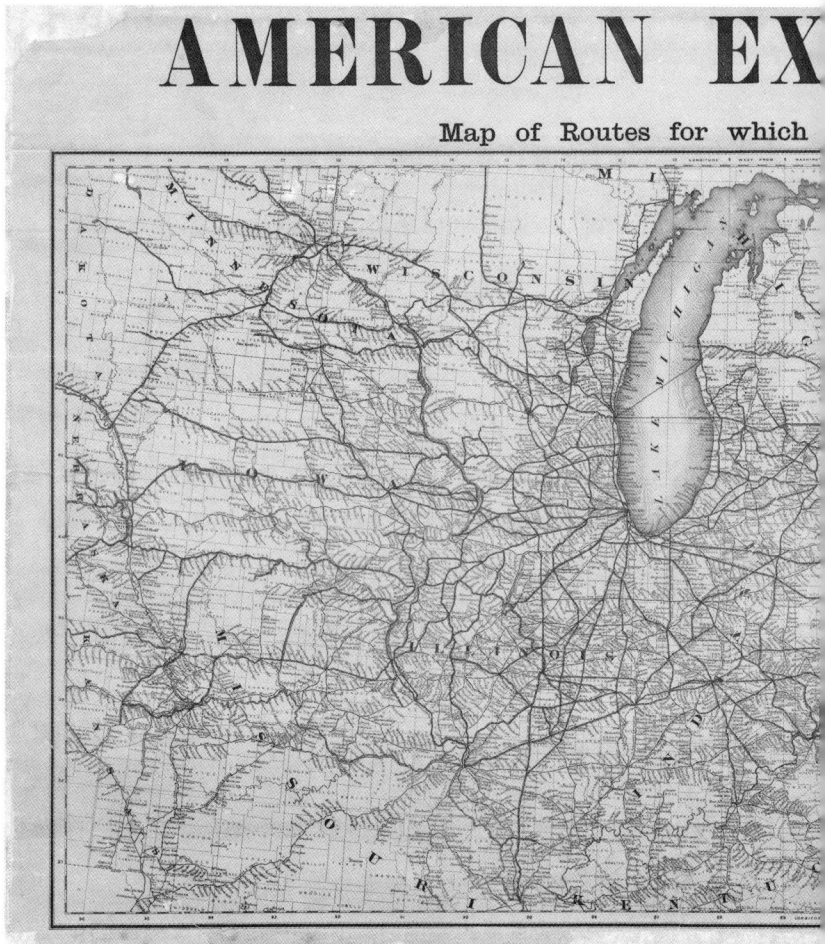

图 1.3　约 1874 年，描绘了美国运通公司快递路线的地图
来源：纽约公共图书馆数位典藏

1893 年，一位支持者写道，"出于安全考虑，长期居住在没有可靠
银行的地方的人，将积蓄投资于自己签发的以自己为受益人的汇票中，
这种情况并不少见"。（Cushing, 1893: 207）在某种程度上，邮政汇
票系统提供了一种重要的金融公共物品。

1888 年，美国运通开始发行自己的汇票并发现了一个邮政汇票系统的主要弊端，那就是只有那些做了足够多业务、手头有现金支付汇票的邮局才可以管理汇票。就像寄送邮件业务一样，美国运通将汇票业务的目标也锁定在联邦政府基础设施有限的地区（Hines and Velk, 2009）。同时，美国运通建立了一个更加高效但安全性较低的汇票系统。当时的美国邮政汇票系统复杂到令人沮丧，它不仅涉及汇票本身在买方和收款人之间的转让，而且还牵涉一项文件，那就是由发行汇票的邮政局局长出具的"美国邮政汇票通知单"，该通知单会邮寄到收款人当地的邮局，邮局可帮忙保存的时间长达四年。造成这种官僚主义的烦冗出现的原因主要是对安全性的考虑。如果收款人当地的邮政局局长没有收到通知单，就不能为其兑现汇票（Hines and Velk, 2009）。可是，这一系统让移民和文盲客户感到困惑，而且即使是精通英语的客户也常常因丢失通知单而难以兑现（Grossman, 1987）。

针对这些问题，美国运通开发了一种文件系统，并在后来获得了专利权（Massengill, 1999）。当购买美国运通的汇票时，柜员会在两张存根上写下收款人的姓名和金额，将其中一张交给汇票购买人，另一张留在公司作为记录。柜员不会将金额写在汇票上，而是在所谓的"保护边栏"上进行裁剪，直到裁至适当的金额。保护边栏上有 9 个数字，以 5 美分为间隔单位列出从 1 美元到 10 美元的所有金额。这种简明的设计理念一直沿用到 20 世纪。

通过对母语为非英语的客户提供服务，美国运通大张旗鼓地与联邦邮政系统展开竞争，其移民客户基础也随之扩大。除国内汇款外，拥有国际关系的客户也开始通过美国运通公司向国外汇款。可惜的是，对于这些早期的客户来说，美国运通的汇票在最初几年里无法在国外兑现。美国运通虽然已经意识到诸多移民购买的汇票没有兑现，但直到 1886 年，在它宣布伦敦巴林兄弟银行将在欧洲处理汇票的支付和兑换业务时，美国运通才建立了必要的代理银行联系。由于来自爱尔兰和意大利的移民数量众多，美国运

通最终在这些国家建立了一个十分庞大的代理银行关系网。到了
19 世纪 80 年代末，美国运通每月都要同这两个国家的代理银行
进行数百万美元外币汇票的交易（Grossman, 1987）。美元绘制
了美国领土的地图，而美国运通公司汇票则作为一种汇款的早期
形式，绘制了一幅具有亲缘关系和共同关系的跨国版图。

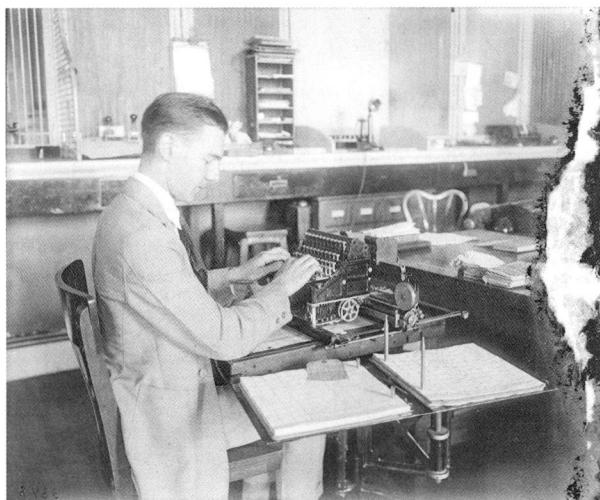

图 1.4　20 世纪初，美国，正在制作汇票的职员
来源：美国国会图书馆

　　除了面向穷人、移民和文盲销售的汇票外，美国运通公司很快
又为精英阶层提供了一种私人付款技术服务。19 世纪 80 年代末，美
国运通开发了一种新的纸币价值转移形式，那就是旅行支票。据说，
当时的公司总裁 J. C. 法戈（J. C. Fargo）曾请长假去欧洲开始他的奢
华旅行。那时候，富有的全球旅行者身上一般会携带来自本国一家主
要银行的信用证。信用证自文艺复兴以来就存在了，它代表着持证人
存入本国银行并可以在国外代理银行提取到的一笔现金存款。持证

人的身份则通过证件上的签名予以核实。当法戈旅行归来时，他抱怨他的信用证给他带来了极大的不便。银行不仅花了很长时间去核实身份，而且也没有提供汇率保证，一旦人离开大城市，这个证"对我来说，就是一张湿掉的包装纸罢了"。（Grossman, 1987: 89）

新的美国运通旅行支票保留了信用证的一个基本特征——双重签名。美国运通在最初设计该产品的样式时采用了欧洲的拼写方式，也许是为了提升在旧世界的声望。信用证是一种价值储藏的担保，与之不同的是，旅行支票更像是以小面额发行的汇票。一般来说，旅行者会购买一本数量不等的旅行支票。由于当时汇率相当稳定，因此美国运通在旅行支票上列出了保证兑现的汇率。尽管美国运通只打算将旅行支票提供给精英旅行者使用，但它的成功依赖于公司通过移民的国外汇款发展起来的广泛的欧洲代理银行网络（Grossman, 1987）。旅行支票，俗称"蓝纸币"，它与现金相比有额外的好处，那就是如果丢失或被盗，可以补发（Massengill, 1999）。

尽管美国运通对其汇票和旅行支票产品均收取费用，但这些费用并不是其主要收入来源。在开始提供汇票后不久，美国运通公司高管注意到，公司手头总有大量现金盈余等待被赎回，部分原因是欧洲新移民在早年购买的大量汇票尚未兑现。只要能追踪和预测盈余（或可称之为"浮动资金"），美国运通就可以利用它来投资。这种管理费和浮动资金的结合仍然是当今支付公司的基本业务模式。

一战期间，美国运通在快递业务受到联邦政府监管时，已经成为一家支付公司，并且正在成为一个强大的现代化金融集团，同时还是邮政系统的竞争对手。事实上，当一战爆发时，美国运通在财务、基础设施和声誉方面都足够稳定，能够向欧洲的客户支付资金。

与传统银行及政府相比，美国运通更能在危急时刻提供资金。当然，相比银行或政府，其责任要小得多，使命也明确得多。美国运通在新闻界广受赞誉，媒体将其形容成美国富人的救世主，没有它，富人将会滞留国外。同时，美国运通的技术创新和业务模式预示了20世纪后半叶货币技术发生的诸多变化，当时促进货币流通的制度是公共利益和私人利益持续谈判的结果。

自动化与计算机化

自动清算支票

在20世纪，企业和其他可信赖的账户持有人转移货币的另一种常见方式是通过银行发行的纸质支票。[2] 与邮政汇票一样，纸质支票也只是简单的书面指令，以特定金额借记付款人账户，贷记持票人账户。但与邮政系统不同的是，大多数国家的银行系统是由许多独立的、存在竞争关系的金融机构组成。像在美国这样的国家，这一系统也被有意分割开来，所以没有哪家银行能够积聚太多的权力。这也导致了付款人和持票人的账户有可能由不同的银行管理，这自然需要一些合作——银行必须商定一套核实和处理支票的规则，以及在机构之间安全转移资金的方法。

支票在各机构之间流转以便核实和支付的过程被称为"清算"。理论上，这应该是一个相对简单的过程，但由于20世纪初出台的都是一些零零散散的商业法律，这使得清算支票在当时成为一件复杂的事。为了使支票"按票面价值"结清，即存款人收到了支票的全部价值，存款银行的代理人必须向发行银行出示实物票据。如果支票被第三方快递公司邮寄或递送，那么发行银行可以"贴现"支票，这意味着发行银行将向存款银行支付该支票的票面价值，减去发行银行因为这一流程带来的麻烦而保留的"贴现费"。

银行通过在特定地理区域内成立合作组织（又称"清算所"）或与其他城市的大型银行建立关系（又称"代理关系"）来避免这些"贴现费"的产生。这种结合建立了一个复杂的通信和交易网络，通过该网络，即使支票不得不经过好几个步骤才能回到发行银行，但它依然可以按票面价值进行清算。由于同一地区内存在竞争关系的银行往往不想通过同一个清算所展开合作，因此它们必须通过其代理网络寄送支票，直到支票被送达某公用汇集地时，才能互相清算彼此的支票。某些文献记录过此类极端案例，例如，一张支票在两周内辗转 7200 公里到达离存款银行只有 6 公里远的发行银行，由于资金不足，最后只能沿着同一条路线返回！（Klebaner, 1974; Fernelius and Fettig, 1992）

这类案例无疑是非典型的，但它们成为让美国银行业实行重大改革的理由之一。1913 年，随着美国联邦储备系统（通常简称为"美联储"）的建立，美国银行业的重大改革达到顶峰。美联储以地区美联储银行为中心，有效地在所有成员银行之间建立了一个新的全国通信网络。所有成员银行必须在其所在区域的美联储银行持有账户，从此，在银行间转移资金就像借记一家机构的账户和贷记另一家机构的账户一样容易。

但美联储的一个重要使命，在于修复各机构之间清算支票的方式，其解决方案是为整个国家建立一个全新的中心化清算所。该清算所于 1915 年开始运营，对所有美联储成员免费，无论支票以何种方式到达清算所，所有支票都按票面价值清算。这就产生出一种对全部面值清算的预期，它将成为 20 世纪后期借记卡承兑方面的一个棘手问题。虽然最初的参与度很低，但在接下来的几十年里，美联储清算所的使用量不断增加，由此产生出对自动化的需求。

清算所必须完成四项主要任务：汇总存款银行提交的支票；由发行银行将支票拆分并分组；汇总发送给各发行银行的支票；计算每家银行与清算所之间欠款的金额。由于当时支票数量不多，这些任务可以由一大群文员手动来完成；但随着支票数量的增加，交易所对自动化办公的需求变得越来越强烈。1945 年到 1955 年间，美联储每天处理的支票数量从 38 张激增到 6000 万张，并且预计未来 10 年的增长率还会更高。到了 20 世纪中叶，美联储已经突破了人工处理的极限，迫切需要通过自动化手段来承接支票的汇总和分类工作。但是，若要使这些过程自动化，就需要一台机器能够"读取"支票上的信息，尤其能够"读取"发行银行和存款银行的号码与支票金额。

为了达到这一目的，人们开发了一些诸如"顶部标签键分拣器"这样的设备，但是美国银行业最终采用了一种更为灵活的技术，名

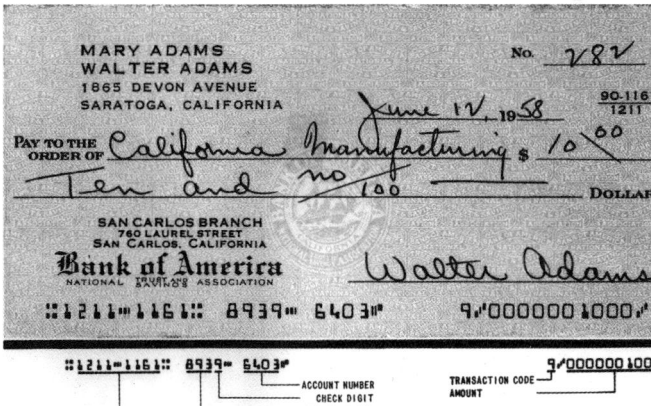

图 1.5　展现了磁性墨水字符识别技术使用方法的早期支票
来源：斯坦福国际研究所，维基共享资源

为"磁性墨水字符识别"（MICR）。支票发行方用磁性墨水在支票正面打印他们的银行路由号码和客户账号。当支票被存入银行时，存款银行再添加上自己的路由号码和支票金额。然后，清算所可以使用机电分拣器读取磁性墨水，在支票通过机器时自动汇总和分类。如此便可以实现更大规模的支票处理工作，这对于跟上战后时代日益增长的支票使用率的速度十分必要。

计算机化的银行业务与"无现金社会"的梦想

尽管磁性墨水字符识别技术支持着不断增长的纸质支票使用率，但它最初是作为一个雄心勃勃的项目的一部分而开发的，该项目旨在实现银行业务的计算机化，并彻底淘汰纸质办公方式。1955年，美国银行成为美国第一家购买计算机的银行，它聘请由斯坦福大学创办的、位于门罗帕克的斯坦福国际咨询研究所开发了一个软件系统，该系统可以使活期存款账户实现自动化，它被亲切地称为"ERMA"，即"电子记录机会计"的缩写。

很快，其他银行也纷纷效仿，甚至刺激了未来主义者对一个"即将到来的无支票无现金社会"的预测。[3] 他们推断，一旦所有的银行都采用计算机并通过电子通信手段连接起来，资金就可以通过电子交易在全国范围内顺畅、安全地流通，从而摆脱笨重的文件处理仪器和机械分拣设备。麻省理工学院的动态分析和控制实验室于1954年发表了一份报告，讨论了这种系统的潜力。到了 20 世纪 60 年代中期，包括 IBM 的小托马斯·J. 沃森（Thomas J. Watson, Jr.）在内的几位业界领袖预测，"在我们有生之年，有可能看到电子交易消除了对现金的需求"（Watson, 1965: 13）。

尽管这些无支票无现金社会的拥护者对该设想实现的时间可能乐

观了，但他们确实激发了一种集体愿景，那就是建立一个全国性，乃至国际性的电子资金转移系统（EFTS）。在该愿景中，大部分的货币供应将不再以实物形态出现在流通中。"货币"将变成计算机维护账户中的数字，而货币交易将通过标准化的传输和安全的电子信息来实现，电子信息会指示计算机借记一个账户，贷记另一个账户。随着高速的数字通信把每个家庭、企业和金融机构连接起来，货币几乎可以在任何时间、任何地点瞬间流动。

图 1.6 美国银行的电子记录机会计系统
来源：美国银行公司档案馆

卡、俱乐部和网络

旅行与娱乐

当银行家们正在实现存款账户的自动化并设想一个无现金社会的时候，市面上也开始宣扬纸币和其他传统的日常金融技术已经落伍的想法。尽管商业银行定期向企业提供信贷，但大多数消费者是直接从向他们出售商品或服务的商家那里获得信贷的。随着这些商家扩大客户群和地域范围，它们开始向信用好的客户发行客户卡或其他可以用来识别信用账户的通证。大概在 1914 年西联汇款公司发行了第一张这样的卡，随后各大百货连锁店也纷纷效仿，最终采用了 1928 年开发的"百货信用卡"（Charga-Plate）① 系统。在 20 世纪二三十年代，这些卡的使用领域拓展到石油和航空业，为常旅客提供了便捷的支付机制。尽管这些指定商家的卡片十分方便，但它们的使用范围却是有限的，消费者需要在每家企业或连锁店都开设信用账户，且随身携带大量卡片。1949 年，一家新公司成立，承诺将把所有这些卡统一成一张可以在全国范围内的众多商家中广泛使用的卡。该公司创始人称它为"食客俱乐部"（Diners' Club），中国人称其为"大来卡"。

自从 19 世纪末信用证成为跨境商贸的交易媒介以来，旅行的性质已经发生了变化，特别是在美国和其他西方国家。到了 20 世纪中叶，从私营汽车融资、汽车租赁和汽车旅馆，到高速公路系统、商务喷气飞机旅行和公司商务旅行，基于公共和私人基础设施以及创新活动的投资让更多的美国人实现了快速流动。人们第一次比货币走得更快、更远。从消费者的角度来看，美国银行业仍然相对分散，银行大多是小型的、地方性的经济实体（Evans and Schmalensee, 2005），外地支票很难兑现，导致许多商人拒绝接受它们，旅行者出门在外时也很难提取现金（Mann, 2006）。正如当时的一位作家所说，"旅行者作为最需要信用的人，却恰恰是没有信用的……除非

---

① 这种卡由商家发行，并保存在商家手里，当用户消费时商家再取出来进行记账。

图 1.7 1960 年，喜剧演员马蒂·艾伦 (Marty Allen)
来源：美国国会图书馆 /New York World-Telegram & Sun Collection；摄影：Al Ravenna

他口袋里装满了钱，否则他不太可能在一个陌生的小镇上碰到一张友好的面孔"（*Changing Times*, 1952）。

作为第一家签账卡公司，大来卡试图从现代美国人的流动能力和货币的相对稳定性之间的失配来赚钱。公司执行副总裁马蒂·西蒙斯（Matty Simmons）甚至在 1963 年为现金写了一篇"讣告"，上面写道："现金死了……因为它跟不上这瞬息万变的世界。现金根本就没现代化。"[4] 对西蒙斯来说，现金还不够现代化，因为它不能有效地与 20 世纪中叶便开始形成的高速物理和信息移动网络交流互通。

大多数的大来卡都用于商务娱乐和旅行。大来卡之所以选择公司账户，很大程度上是因为公司的违约债务明显低于个人账户。在支付期结束时，大来卡将一份收据清单邮寄到持卡人的办公室，有效地将劳工差旅费的核算工作外包了出去。20世纪50年代末，在美国国税局提高免税商务娱乐费的文件标准后，这一功能变得尤其实用。大来卡的账单"与其他公司推出的杂乱无章的账单相比，并然有序"（Grutzner, 1965）。这种有序性是"压制美国国税局里那些对其持怀疑态度的人的完美办法"（Tucker, 1951）。"无支票无现金的社会"以及它所给予的完美的官僚化奢侈品，就像喷气式飞行器一样，已经成为不久将来理想化的现代社会的一部分（Bátiz-Lazo, Haigh and Stearns, 2014）。曾经有多篇报道称，人们聚众只是为了看别人用签账卡付款（Nocera, 2013），这成了一件新鲜事。一叠旅行支票簿已经和一沓美元钞票一样显得过时而笨重了。

尽管有些术语有时可以替换使用，但大来卡不是"信用卡"，而是"签账卡"。与后来真正的信用卡不同，大来卡没有与循环信用账户绑定。它不允许会员结余，因此也不能用浮动资金进行投资。大来卡的收入来自会员年费、向商家收取的交易费以及在寄送给会员的刊物上刊登的广告费。这些费用由商家承担，按一定规模重新引入了非面值清算支付的做法。

实际上，大来卡的的确确就像一个私人俱乐部。"庸俗现金"的消失增加了一种"令人愉快的、俱乐部般的感觉，这种感觉来自走进一家小餐馆，使用信用卡而不是现金付账"的瞬间（Sutton, 1958）。大来卡将其会员标记为精英群体，并向他们提供"乡村俱乐部式账单"以使其获得越来越多的商品和服务。和西联汇款一样，百货公司和加油站也为信用好的老客户提供了信用额度，这些信用额度可以通过信用卡或金属制的百货信用卡来获取，而大来卡在任何接受签账卡的地方都提供相同的便利服务。这种规律性和信任感不再局限于特定城市中的特定场所，而是通过商业网络广泛传播。[5] 一旦会员习惯于将卡片用于商业目的，他们便常常开立额外账户供个人使用。1958 年，大来卡公司设立了一个"女性部"，以满足主妇和新兴的职业女性阶层的需求。[6] 尽管"把钱放在卡片里"最初是一种商业实践，但它很快就成了日常生活的一部分。

美国运通公司和各银行在整个 20 世纪 60 年代都试图与大来卡公司展开竞争，但都没有将签账卡产品永久地推向市场。直到 60 年代末，美国运通凭借其近百年来作为旅行支票和其他非银行金融服务的可靠供应商的信誉，竞得了高端市场，为精英阶层提供通用的签账卡服务（Grossman, 1987）。

然而，除了市场的细分，导致大来卡衰落的原因还有美国运通公司卓越的计算能力，其信用卡业务负责人在第二次世界大战期间曾负责空军的数据处理工作，他认识到账户的计算机化可以使公司的信用卡产品更高效、更赚钱（Grossman, 1987）。同样，美国银行也调整了其电子记录机会计系统，以维持持卡人账户和处理销售单据。尽管这些系统并不完整且运行缓慢，却比大来卡公司的老式纸质会计系统先进得多。在 20 世纪五六十年代的大部分时间里，大来卡公司都依赖纸质会计系统。尽管该系统有效，但很难再扩大规模。据一位高管透露，大来卡公司在 1967 年尝试计算机化时，公司正处在"因过于传统而造成的无能又混乱的状态中"，这种组织混乱的状态也是大来卡自 1951 年以来第一年净亏损的原因（Simmons, 1991: 103）。

大来卡公司的管理层对开发一个高效的、计算机化的会计系统以同银行和私营快递公司展开竞争似乎不感兴趣。相反，布鲁明戴尔百货公司的继承人、时任大来卡公司总裁的阿尔弗雷德·布鲁明戴尔（Alfred Bloomingdale）倾向于更加华丽、阔气的风险投资项目，如水上连锁酒店，而最具雄心的还属"玛丽皇后号"游轮，如今她永久地停泊在加利福尼亚的长滩（Unger, 1968）。

银行发行的支付卡网络

旅行和娱乐卡证明商家愿意接受一张有折扣交易的可通用卡，以换取更多的业务和更少的信用风险。20世纪40年代末和50年代初，有几家银行曾试图开发类似的项目，但几年之后，只有少数几个项目剩存。由于当时的银行业法规禁止跨州经营，许多州把银行业务范围限制在一个很小的地理区域内，甚至一个地区只有一家实体银行，因此大多数银行无法建立起大量的用户群。而如果没有足量的持卡人和商户，这些项目就无法产生足够的收入以盈利。

然而，有一家银行却拥有使其成功运作的资源、规模和组织文化，它就是美国银行。美国银行（通常缩写为"BofA"）在拥有众多富裕人口的加利福尼亚州经营，经州政府授权在全州范围内设立了分行，并与60%的加利福尼亚居民有着银行业务方面的联系。美国银行拥有50亿美元的资产，是世界上最大的银行之一，因此它可以为大规模基础设施的发展提供资金，同时可以承担几乎所有支付卡系统都会经历的初期损失。基于**文化**因素，当其他银行不愿向中产阶级消费者发放贷款时，美国银行却愿意为其提供消费信贷服务。美国银行由一位意大利移民的儿子创立，专注于为普通消费者提供服务，并成为当时消费者分期付款信贷领域的领头羊。用一张卡片让过程自动化产生了完美的结果。[7]

如前所述，美国银行是早期采用计算机和电信技术的机构，因此也就拥有为其多家分行创建计算机化清算所的技术专长。支付卡销售单据（确认在支付卡上所进行的交易已被处理的记录）与支票类似，必须采用和支票相似的方式对其进行清算和处理，但美国银行没有使用磁性墨水字符识别技术来对信息进行编码，而是创建了一个多层销售单据系统，其最底层是一张 IBM 的 80 列打孔卡 [①]。当存储单据时，交易信息会被打入卡中，因而可以通过计算机化的打孔卡读取器和分拣机处理信息。

美国银行于 1958 年推出了美国银行信用卡（BankAmericard）。一年之内，它将信用卡发行到 200 万个账户持有者手中，并让两万多家商户接受这种卡。最初推行时，因欺诈和信贷带来的损失相当惊人，但美国银行最终将这些问题解决了，到了 1961 年，该卡片系统开始盈利。

其他银行纷纷跟进，创建各自的信用卡项目，并通过一个名为"Interbank"的合作网络将它们连接起来，该网络被重新命名为"MasterCharge"，并最终更名为"MasterCard"，即"万事达卡"。这促使美国银行将其美国银行信用卡授权给全国各地的其他银行，由此创建了一个主要由美国银行控制的平行网络。1970 年，美国银行卡的执照持有人将控制权从美国银行手中夺走，由此组成了一个独立的合作系统，它最初的名字是"全美银行卡组织"，后来最终更名为"VISA"。

这两种信用卡合作系统均利用计算机和电信技术的进步，在20 世纪 70 年代建立了全国性的电子授权和清算系统。到了 80 年代，廉价的销售点（POS）终端可以让商家们"刷卡"，从磁条上获取信用卡的信息，并通过现有的电话线路提交交易信息。支付卡交易实

---

① IBM的80列打孔卡是20世纪使用最为广泛的打孔卡，由IBM公司在1928年推出。打孔卡作为存储、分类和报告数据的主要介质，成为数据处理和流行文化中无处不在的设施。

图 1.8   1974 年的美国银行信用卡

图 1.9   1983 年更名的 VISA 卡
卡片为作者的个人收藏

现了完全电子化：账户以数字方式被维护，标准化的电子信息在各机构间快速交换。[8]

尽管这些信用卡网络建立了与 20 世纪 60 年代推出的"无现金社会"愿景构想相似的电子交易系统，但银行并不认为它们是建立全国性电子资金转账服务的合适基础设施。不合适的原因一部分是技术性的：例如，信用卡在美国境内交易时不需要密码，并且可以在离线情况下操作。但更重要的原因则是战略和文化上的。在银行受到高度监管的时代，全国性电子资金转账服务是一种重要的竞争武器，因此，技术娴熟的大型银行希望开发自己的系统，并向竞争对手收取使用费。银行的全国性电子资金转账服务计划也由负责银行存款账户的人来控制，许多银行家并不认为信用卡计划的无担保消费贷款是"真正的银行业务"。因此，大多数银行形成了独立的、与他行并行的合作网络来处理自动取款机（ATM）的交易，并最终将其扩展到商家的 POS 终端上。[9]

20 世纪 90 年代，自动取款机和支付卡网络开始彼此连接，并在某些情况下结合。随着货币政策的技术和实务，以及投资理财发生变化（参见第二章《货币及其理念：在专家政治和民主制度之间》及第六章《货币与时代：货币的本质与危机后的改革建议》），银行开始向消费者发行借记卡，这种借记卡既可以用于基于密码的在线自动取款机网络，也能够用于主要的支付卡网络。到了 21 世纪初，美国境内网络之间电子交易的无缝流通以及类似的情况，让这些网络之间的区别在大多数消费者的心目中变得模糊不清。这就产生了一种预期，即任何种类的货币都应该能在任何时间、任何地点即时转移。

在其他地方，用于货币流通的基础设施仍然相对分散。跨境支付仍然是一项特殊的挑战，只能由银行通过传统的代理行关系来解决，或者由诸如西联汇款之类的私营航运公司的当代继承者来解决，如今，这些公司的目标是不断壮大的汇款市场。和以前一样，当人们希望自己的钱能够以比目前银行系统更快的速度和更便捷的方式流通时，私人和公共支付基础设施之间的紧张关系就再次出现了。

虚拟化与全球化

数字现金

随着移民的增加和 20 世纪 90 年代互联网的爆炸式发展，一个不仅是全球的、更是跨地区的全新空间化市场出现了，同时出现的还有对如何让货币在该市场内流通的新构想。在此前后，完全去中心化和对等网络世界（P2P）的乌托邦式愿景反映在许多企业家的梦想和商业模式中。正如霍华德·雷因戈尔德（Howard Rheingold, 1993）所说，很多商人将自己视作新时代的拓荒者，致力于打造"电子边境上的新家园"。这种意识形态逐渐与加州的硅谷联系在了一起。尽管在 100 年前，美国运通公司和其他私营快递站就已经成为每一个西部边境新开拓地上的固定基础设施。但对于互联网这个空白的领域来说，还没有一个简单的价值转移系统可以使用。

在个人电脑拥有量迅速增长的时代，小型企业接受刷卡支付的负担高昂且繁重，个人也几乎不可能承担，更不用说通过互联网了。为了进行网上交易，个人和小企业通常会做邮购业务长期以来做的事情，那就是要求买家手写支票，再邮寄支票过来，然后等待几天将其结清，之后卖家才能发货。在电子邮件时代，这个过程似乎显得尤其过时。1996 年，家庭电脑杂志《字节》（*Byte*）的一篇有关数字货币的专栏介绍了各种数字支付的试验性方法，如数字现金、数字支票、数字银行卡、储值智能卡以及电子票券和代币等等。然而，专栏的最后却建议，了解货币未来的最佳策略是"到千禧年再回头看看"（Flohr, 1996）。对于普通人来说，货币还没有跟上万维网扩张的步伐。

早期的互联网亚文化希望技术能带来一个全新的未来，而货币是该未来重要的社会和政治组成部分。有些人提出，在即将到来的信息时代，财务隐私将是最有力的自我决定形式。还有些人的想法更为超前，他们认为"数字现金"不仅能保护隐私，而且不受政府和传统银行的束缚，对实现一个真正自由的全球市场社会至关重要。密码朋克（Cypherpunk）电子邮件列表的共同创始人蒂姆·梅（Tim May, 1992）在其"加密无政府主义者宣言"（Crypto Anarchist Manifesto）中写道，"加密无政府主义"是"困扰现代世界的幽灵"。梅预言说："印刷技术改变和削弱了中世纪行会的权力和社会权力结构，和它一样，密码学也将从根本上改变公司和政府对经济交易干预的性质。"

　　在 20 世纪的最后几十年和 21 世纪最初的十几年里，密码学家曾试图设计和应用能够部分实现上述目标的系统。1985 年，密码学家大卫·乔姆（David Chaum, 1985）撰写了一篇影响深远的论文，其中描写了一种可以"淘汰极权主义政权"的电子现金系统，这个系统后来成为他的公司 DigiCash 的基础。DigiCash 成立于 1990 年，主营业务是一个极富创意的支付系统，它可以融入现有基础设施并依然能保护隐私，然而 DigiCash 的业务最终失败了，并于 1998 年申请破产（McCullagh, 2001）。其他密码学家的尝试则更多是思想层面的实验，而非可实施的技术。1996 年，梅描绘了一个名为"黑网"（BlackNet）的加密黑市，它由一种被称为加密信贷（Crypto Credits）的数字现金提供助力。1998 年，计算机科学家戴维（Wei Dai，音译）公布了一个匿名的分布式电子现金系统，并称其为"bmoney"。20 世纪末和 21 世纪初，尼克·萨博（Nick Szabo, 2005）提出了"比特金"（bit gold）系统的理论，在该系统中，计算机可以"开采"出"稀缺"的数字商品代币。虽然这些提议均未取得实质性成功，但它们激发了人们对互联网技术经济的想象。

"统治世界"还是解放世界？

　　1999 年，彼得·蒂尔（Peter Thiel）和马克思·利维钦（Max Levichin）创立了PayPal，这是一家允许用户在掌上电脑Palm Pilot（早期的"个人数字助理"，同时也是智能手机的先驱）之间"传送"资金的技术公司，最终在2002 年被易趣收购，但最初，彼得和马克思的脑海中构想的并不是在线拍卖这种无奇之物。根据《支付战争》（*PayPal Wars*）一书的说法，从一开始他们所构想的就是"统治世界"。这本书于2004 年出版，由PayPal 公司早期员工埃里克·M. 杰克逊（Eric M. Jackson）所著，讲述了一段关于PayPal创建初期的光辉历史。PayPal 的愿景不仅包括由"统治世界"获得的巨大财富，还包括巨大的政治和经济变革。和加密货币无政府主义者一样，PayPal 的政治计划中也包含不受限制的货币价值流动。

　　然而，与那些渴望社会和经济自由主义的密码朋克及加密无政府主义者不同，即使蒂尔是个怪人，但却是一个极端的社会保守主义者。[10] 他始终质疑妇女的选举权，而且曾表明不相信"自由和民主能够相容"，后来又成为政客罗恩·保罗（Ron Paul）和唐纳德·特朗普总统竞选活动的主要捐助者（Thiel，2009）。密码朋克和加密无政府主义者主要是技术反文化主义者，但蒂尔认为，当"嬉皮士接管国家"时，科学的"进步也就结束了"（2014）。

　　与密码朋克和加密无政府主义者所设想的数字现金系统不同，PayPal 被应用得很广泛。如今它已经成为最普遍的对等网络电子支付系统之一，并且可以说，它是从 20 世纪末至 21 世纪初的互联网

热潮中生存下来的最为成功的技术公司之一。当然，仅仅靠 PayPal
并不能实现蒂尔的政治愿景，但 PayPal 为他带来了巨额资金。而具
有讽刺意味的是，PayPal 之所以取得成功，是因为它绕过了信用卡
网络和与之相关的费用，通过自动清算所（ACH）进行结算和清算。（自
动清算所成立于 20 世纪 70 年代，是一个部分由美联储运营的低成
本银行同业网络。）在尝试创建后国家经济构想的过程中，PayPal
有效地为半公共基础设施创造了私人入口。

PayPal 只是当今飞速发展的多元化支付行业中的冰山一角。紧
随着个人电脑和电子商务带来的变化，尤其是在发展中国家，移动
电话的普遍应用推动了对等网络支付和个人银行业务方面的"革命"，
在美国和欧洲，这种现象也正在不断发生（Nelms *et al.*, 2017；另见
第三章《货币与日常生活：现代的不稳定性和创造性》）。在新型
移动应用程序、POS 设备、新型后端结算以及数据管理系统中进行
的这些实验，让人们回忆起有关现代货币基础设施梦想——空间上
无处不在，时间上即刻转移，数字去中介化和去物质化——的漫长
历史。这些梦想只有在当下才变得更加强烈。

结语

货币技术一直在发展。尽管各项技术可能在特定时间为争夺在某
个市场的主导地位而展开激烈竞争，但支付形式不大可能会完全消
失。本章所描述的大部分支付方式仍然以某种形式存在着：即使是
1963 年被"宣告死亡"的现金仍然是世界上使用最广泛的支付方式；
人们仍然通过美国邮政局邮寄支票；安全性极高的私营快递公司依
然在运输商品和大量现金；汇票、礼品券和其他预付票据也都有各

自的用途；尽管使用了比电报更为先进的通信技术，但西联汇款公司仍然在向世界各地收发汇款；同样，如今发现卡公司（Discover）拥有的大来卡也依然被广泛应用于世界各地，其品牌仍旧享有盛名；VISA 及其信用卡网络依旧是主要的支付处理系统；尽管政府主导的新型"快速支付"项目正在全球范围内推行，但自动清算所还是支付领域中至关重要且极为可靠的一部分。无论在易趣还是其他地方，

图 1.10　香港、赫尔辛基和西雅图的比特币自动取款机
来源：Flikr.com；摄影：安德烈斯·戈麦斯·加西亚（Andrés Gómez García）和查伦·麦克布赖德（Charlene McBride）

PayPal 仍然是对等网络支付的领头羊；数字现金梦想至少目前还只存在于比特币中（参见第五章《货币及其阐释：幻想小说中货币的未来》）。而今，用手机应用程序 Venmo 付款请朋友喝杯酒，或者从平价酒吧后面的自动取款机上听到的那些曾经熟悉、但现在却觉得不可思议的调制解调器的拨号和网络通信的声音，都还是很常见的场景。

去物质化的诸多尝试总是会衍生出新的物质来。"无现金社会"的梦想诞生已久，但仍未实现，它给我们留下了银行卡、易碎的手机和开采加密代币的工业化服务器场。如果说现代主义者梦想着将抽象主义和极简主义应用于速度和规模上，那么在实践中，现代货币仅以物质和时空的复杂度为标志。货币技术，就像现代性（以及接下来的一切），它们都具有多重复杂的面向。

第二章

货币及其理念：在专家政治和民主制度之间

迈克尔·贝格斯（Michael Beggs）

凯恩斯在其《货币论》（*Treatise on Money*, 1930: 3-4）一书的开头写道，货币有两个基本方面：一是"记账货币"，即价格和债务的表达方式；二则是"货币"本身，即人们用来支付物价和清偿债务的事物。对凯恩斯而言，货币"是一种国家独有的创造"，因为国家在这两方面之间架起了桥梁，指定货币来结算以记账货币计价的支付行为，从而垄断了法定货币的创造。

但是，也可以肯定地说，现代货币通过提出触及并影响现代政治核心的管理问题，创造了（并重新创造了）国家。首先，就其他国家的货币以及商品和服务而言，不能简单地断言"记账货币"的**价值**，这是由市场以及那些编写价目单和起草合同的人决定的。如果决策者想要影响这些价值，他们就必须在不断演进的经济体系和变幻无常的政治环境中采取战略行动，而这些都不是决策者能够设计或控制的。在现代初期，曾经稳定的金本位制已崩溃。这让决策者别无选择，只能为"记账货币"的稳定性负责，但由于国内外工人运动的兴起和民主制度的扩展，促使决策者朝着不同的方向发展，因此又无法保证其成功。其次，大部分流通的"货币"并不是国家发行的货币，而是私人发行的银行存款，这些银行存款之所以被认可是因为人们相信它们能够迅速以面值方式兑换成通货。对"货币本身"的管理使国家机构和更广泛的私人金融体系产生联结，同时私人金融体系也为了应对监管而进行了调整。

　　本章中，我回顾了在一战后的一个多世纪里这两个问题的概况。在此过程中，我描述了货币概念的出现和演变，这些概念被嵌入到制度化的专业知识中，即使这些专业知识在不同角度以不同方式受政策、政治和社会冲突等压力的影响。在有限的篇幅内，以上内容不可避免地会呈现为一幅草图，或一组相连的草图。但是，从远处的视角来观察也有一些用处，它可以挑选出其他人详细研究的兴趣点，同时将它们连接起来，使彼此在一个更广泛的背景之下产生联系。本章将分为两部分，通过借鉴第一手和第二手资料，每个部分都将针对上述两个问题分别进行讨论。

　　第一部分主题为"货币标准"，我从商品和其他通货的角度追踪了与货币价值有关的政策的演变。货币价值与经济生活的许多方面关系密切，如工资和劳动力市场、贸易和国际资本流动、公共支出和税收、银行系统和金融市场。因此，对货币体系稳定的追求使国家在这些领域陷入困境。金本位制让各国有义务管理本国货币相对于某种特定商品的价格。任何不良后果都可以被视为由"稳健货币"带来的必然结果。本主题的第一节讨论了金本位制在理论和实践方面的崩溃使各国政府在某种程度上陷入了货币缺位的局面。第二节讨论了布雷顿森林体系及其建立的国际货币秩序——将金本位制的稳定性与更广泛的灵活性相结合的尝试。第三节着重论述了二战后政治经济的核心，即充分就业和稳定物价之间的紧张关系。最后，我回顾了 20 世纪后期围绕灵活汇率制和通胀目标达成的共识。

在本章的第二部分"货币"中，我谈到了"货币"本身的管理。现代货币有等级之分，即国家发行的货币的"基础"支持着大量私人银行发行的货币。从战略上讲，中央银行是在一个复杂的、主要是私人性质的金融体系中活动。在本主题的第一节中，我讨论了凯恩斯和米尔顿·弗里德曼如何以不同的方式理解这一点，并解释 20 世纪二三十年代的货币管理问题。在第二节中，我探讨了二战后货币体系中更深层次的增长——金融机构开发了若干准货币以及货币替代品，进而对政策管控构成了挑战。在第三节，我分析了一个具有讽刺意味的问题——虽然就定量化的目的而言，货币变得比以往任何时候都难以定义，但是一种货币数量论的形式却复活了。最后，我认为，金融监管与创新之间持续不断的拉锯战已经成为现代资本主义的固定组成部分。

经济学通常摆出一副自信的面孔，把正统学说当作自然规律。但纵观这一个世纪，我们看到的是一系列的正统学说。21 世纪初，坚守通胀目标制的中央银行银行家曾一度享有类似金本位"稳健货币"守护者的地位，他们是货币稳定的忠实卫士。但在 20 世纪 20 年代，他们"管理货币"的方式听起来既危险又激进，远远超出了凯恩斯等改革者所倡导的范围。本章旨在解释这种转变，它不是其中一种思想的转变，而是在社会冲突大背景下的多种思想的转变。货币政策一直是货币理论的焦点，政策是由社会内部通过经济主体以策略方式实施的，而非通过上层制定的法律。决策者不仅受制于他们所处时代的经济理性，还会受到来自这一框架之外的政治力量的推拉。政治塑造了政策的策略环境，并从根本上反馈到经济模型之中，它决定了什么是既定的参数，什么是受政策控制的变量。因此，现代货币的演变也是现代国家的演变。

货币标准

脱离黄金锚

由凯恩斯所著，于 1919 年出版的《和约的经济后果》（*The Economic Consequences of the Peace*）一书中有一处脚注提到了比利时政府犯的严重错误。为了在巴黎和会上对德国资产持强硬立场，比利时政府承诺以每马克 1.2 法郎的价格从比利时人手中购买德国马克。这是个很好的报价，而且随后越来越好。那段时间估计有 60 亿走私的纸马克涌入了这个王国。按 1913 年的汇率计算，其总额大约相当于比利时战前总财富的四分之一。到 1918 年，马克几乎已经失去了一半的战前价值，却仍然是一堆极有价值的纸币。但巴黎和会的决定却与之相悖：比利时在债权人的排序中落后于唯一重要的主体——赔偿委员会本身。当时对战胜国的赔款以**金马克**[①]、航运业、领土和煤炭来赔付，而给比利时留下的是市场价值由需求支撑的纸马克。几年之后，比利时所有的纸马克都无法在柏林买到一顿热腾腾的晚餐。

长期以来，通货价值一直由大宗商品锚定。要"实现金本位制"意味着需履行两项基本承诺（McKinnon, 1993：4）。第一，国家以固定的官方汇率保证黄金（或由黄金支持的某些外币）与本币之间的可兑换性。第二，居民能够自由地跨境交易黄金，无论是用于贸易还是资本流动。履行这些承诺意味着国家的某些部门作为本币的做市商，

[①] 金马克为德意志帝国自1873年至1914年流通的货币。——编者注

准备以固定汇率将其兑换成黄金或外币。这取决于国家是否有黄金或外汇储备，或者能否在紧要关头从国外获得这些储备，这样就对本币的发行施加了限制，同时，固定汇率直接锚定了可交易商品的价格。

回顾过去，金本位制表现为对各国的一种约束：各国的经济政策需要服从于维持世界货币储备的需要，这就可能要求其施加高利率以及预算约束。从长远来看，大宗商品标准逐渐生成了国家通货，协助构建了对私人银行发行货币的监管，并首先使策略性货币政策成为可能（Knafo, 2006; 2013）。为了维持对国家发行通货和银行货币的信心，金本位的支撑已成为必要。在欧洲和北美大多数国家，19世纪后半叶见证了通货和银行货币的大幅扩张（Knafo, 2006: 84–86; Friedman and Schwartz, 1963: 684–685）。民众对货币可兑换性的信心使纸币相对其金属储备有了大规模的增长，尽管最终以金属结算的国际价值流动也在扩大。金本位制度允许国内流通相对独立于国际流通，从而拓宽了国内货币运作的空间，并且最终实现可以自由裁量的国内货币政策（Knafo, 2006: 90–91）。

一战前的几年间，专家们的观点开始偏离金本位制。1870年至1914年期间是金本位制标准的经典时期，也被称为"货币数量论的黄金时代"（Laidler, 1991）。但货币数量论根本不是金本位制的自然思想。该理论认为，金本位制度可能对货币供应量产生影响，从而动摇价格水平和经济体系。我们可以很自然地从这个结论过渡到理性货币政策将要并能够建立在数量论基础上这一想法。放弃黄金本位并不一定就是要接受货币混乱的虚无主义，而是可能意味着要接受一个更高级的"管理货币"体系。

19世纪的政治经济学家们承认，**理论**上来说，不可兑换的纸币可以像由金属支持的货币一样稳定，甚至比后者更加稳定。正如威廉·斯坦利·杰文斯（William Stanley Jevons）所说，"有足够的证据证明，如果小心地限制其数量，一笔不可兑换的纸币可以维持其全部价值"。但实践中遇到的问题常常是"在巨大诱惑下过度发行纸币和随之而来的汇率下跌"（Jevons, 1898: 229–230）。尽管20 世纪早期的权威货币经济学家马歇尔、费雪、维克塞尔（Knut Wicksell）、霍特里（Ralph George Hawtery）等人认为，从理论上讲金本位制比不上管理得当的货币供应，但比**失当**或错误引导的管理好得多。这是**政治**理性而非经济理性。只要金本位制基本稳定，改革的压力就很小。但一直以来，改革者都在用一篮子具有代表性的商品来管理货币价值，比如典型家庭购买的商品和服务。对以黄金这种单一非典型商品为基础的稳定性追求，可能意味着对家庭和企业至关重要的价格的不稳定性。在这种情况下，到底是应通过管理货币供应量（费雪）还是调控利率（维克塞尔，及后来的凯恩斯）的方式来实现稳定性就成了一个次要问题。

然而，旧制度早在新制度做好政治准备之前就已经崩溃。战争再次表明，金本位这一神圣制度极容易在条件充分具备的情况下被毁灭殆尽。在大多数国家，与黄金挂钩的基本法律框架大多是在战争期间保留下来的（Moggridge, 1989:251）。各国政府围绕这一问题采取了一系列措施，例如，限制黄金进出口、强制购买黄金、暂停硬币支付等，并安排了官方信贷额度（尤其是横跨大西洋向东流动的）来支撑储备。在战争时期，暂时中止措施并不是什么新鲜事，但这次的"暂时"却一直拖延了下来。一战已经完全摧毁了 1914 年前维系金本位制稳定所需的贸易和资本流动模式，战争扰乱了欧洲贸易，在同盟国之间产生了以美国为最终债权人的巨额债务，同时也在压榨德国获取赔款方面留下了不确定性。紧急措施不可能永远有效，而通货也彻底与黄金脱钩。只有当美国拥有足够强劲的外部头寸时，才能在 1919 年使美元恢复到完全可兑换的状态。其他的货币则分裂成随彼此浮动的集团。

"必要还是无能？"——这是个毫不夸张的问题。经济理性和政治理性常常把决策者拉去不同的方向，并需要决策者具备完全不同的"适任能力"。对于技术官僚而言，政治理性与经济理性的背道而驰是一种令人遗憾的非理性。

但是，政治理性也必须在相互冲突的社会力量的政治表达之间寻找位置。经济压力助长了政治计划和政治运动的推行。决策者（以及为他们提供建议的专家）被困在经济和政治的交叉点上，这种情况既是现实的，同时也是具有约束力的。有些时候，这种情况需要决策者管控政治预期，从而让民众看到经济可行性的极限；其他时候，经济重组或者制度构建的计划则旨在改变这些局限性。随着政策盲区变得明显以及国家态势本身发生变化，经济学家需不断调整或更换他们的经济模型。经济和政治就像不可抗拒的力量和不可移动的物体，时不时地相互碰撞：没有什么能够撼动，可有些东西必须被打破。

1922 年至 1923 年间，中欧发生的恶性通货膨胀给货币改革带来了沉重打击，它以客观的经验教训告诉了人们事态可能会失控而且变得十分糟糕。但很难将它们看作政府无能的案例。德国通货膨胀"并非因为德意志帝国银行印刷机的一个转速表坏掉而导致的"（Webb, 1989: v）。这次的通货膨胀是一场残酷分配斗争的征兆，在这场斗争中，各当事方都在努力捍卫自己对实际收入和财富的货币债权。这次恶性通货膨胀发生时，法国占领了鲁尔区①，德国国内

---

① 1922年年末，德国经济形势恶化导致德国政府不能按时支付赔款。法国为强迫德国履行赔款义务，于1923年1月联合比利时出动军队占领了德国工业中心鲁尔工业区。——编者注

发生粮食暴动、罢工浪潮，汉堡共产党领导了工人起义，慕尼黑发生了法西斯政变（Tooze, 2014: 441–452）。在这种背景下，没人愿意借钱给德国政府，而德国政府面临着巨大的公共财政压力：巨额赔款、战后重建，以及对鲁尔罢工者的支持；甚至是鲁尔区占领事件本身，都给德国的税收基础带来了冲击（Kindleberger, 1984: 318）。赔偿义务迫使政府大规模购买外汇，从而压低了马克的汇率，提高了进口成本。工人群体要求工资跟随通胀变化，同时企业提高价格以保持利润。公共赤字和私人赤字都被货币化，后者是通过银行系统接受商业票据而得以实现的（Burdekin and Burkett, 1996: 82–85）。

图 2.1 成堆的纸币。1923 年，恶性通货膨胀期间，德国一家银行地下室里堆满了纸币
来源：Getty Images；摄影：阿尔贝·阿兰格 (Albert Harlingue)，罗歇·维奥莱 (Roger Viollet)

想要抑制通货膨胀的螺旋式上升，可以通过劝说部分参与斗争的人员以缓和他们的要求，或者削弱其提出要求的能力等方式来进行。在各方人马精疲力竭之后，德国欲重建一个稳定的货币体系需要的不仅仅是一个巧妙的技术策略：它取决于道威斯计划[①]下的巨额

[①] 道威斯计划（Dawes Plan）是由以美国为首的协约国于1924年制定的德国赔款支付计划。——编者注

国际贷款。这一巧妙策略就是利用由土地抵押而不是由黄金作为担保的地租马克[①]，这一策略会向地主收钱，"与德国国会一直拒绝的资本税没有太大区别"（Kindleberger, 1984: 327）。

20 世纪 20 年代初，货币的恶性通货膨胀与稳定只是世界各地上演的货币紧张局势中最具戏剧性和最集中的剧情。那时的常态是通货紧缩而非通货膨胀，因为各国政府都在寻求稳定其货币体系，并恢复金本位制。根据图兹（J. Adam Tooze）所说，

> 从 1920 年春天开始，美国推动的通货紧缩浪潮是 20 世纪 20 年代"全球热月效应"[②]的真正关键，是国内和国际秩序恢复的主要推动力……直到今天，这可能是 20 世纪历史上最被低估的事件。（Tooze, 2014: 354）

这种紧缩政策呼吁限制工资并紧缩预算，从而使各政府能够应对日益高涨的劳工运动和民众对政府预算的需求，而政府预算已经因战时信贷而捉襟见肘了。

以黄金为锚对于劳动力和公共财政诉求的约束在很大程度上吸引了保守派和自由派。与其说金本位制是外部强加给各国政府的事物，不如说是一些国内力量为加强它们对其他国家的经济防御而选

---

① "地租马克"又称"地产抵押马克"，是为替换纸马克，以德国全部的土地和工业产品作为抵押而发行的货币，于1923年11月开始流通。——编者注
② 法国共和历中的第十一个月，也称"热月"。哈佛大学历史学家克兰·布林顿（Crane Brinton）在其《剖析革命》（The Anatomy of Revolution）一书中提出，热月指的是革命的降温阶段，是结束极端统治或恐怖统治的阶段，这就像高烧之后的康复期，此时权力便可能落在恢复秩序但是不甚自由的团体或个人手中。——校者注

择的一种约束。那些恶性通货膨胀可以看作给人们的一个警告：如果放宽货币限制会发生什么？因此，恢复金本位制仍可能赢得广泛支持。

凯恩斯在《货币改革论》（*A Tract on Monetary Reform*, 1923）一书中指出，政策的目标应该是稳定内部物价水平，而不是稳定汇率。战前的金本位制并没有在这两个目标之间造成任何十分紧张的关系，这主要缘于国际资金流动的侥幸平衡，但这一平衡被一战永久地摧毁了。凯恩斯的立场绝非激进。他不提倡浮动汇率，而是主张提高灵活性，他认为，如果政府保持物价水平的稳定，汇率的稳定将会自我实现。斯基德尔斯基（Skidelsky, 1992: 206）认为，凯恩斯确实希望将金本位制以一种类似于"君主立宪制"的方式保留下来，但社会对该书的反应表明，人们普遍担心将民主纳入货币领域会带来的影响。有人曾为黄金锚辩护，称"它可以防止政客轻易地操控货币制造"（Skidelsky, 1992: 161），其他人也提出了类似观点。在这些观点背后，人们更担忧的是哪类机构将演练他们的判断力，以及他们将向谁负责。《货币改革论》这本书问世于1923年12月英国大选之后的几天，也就是在工党成立第一届政府的前几日。凯恩斯的朋友鲍勃·布兰德（Bob Brand）写道："您几乎说服了我……但我不知道在（工党政府）执政一两年后会是什么样子。"（引自Skidelsky, 1992: 161）不管金本位制有什么缺陷，至少它看起来"绝对安全"（Tooze, 2014: 465）。

20世纪的20年代里，各国稳定了物价和国际收支，并陆续恢复了金本位制，但当这些"落伍者"归队时，"重建的体系已经开始瓦解"（Moggridge, 1989: 258）。通货膨胀最严重的国家是一部分最先恢复金本位制的国家，它们利用货币与黄金挂钩来重振信心。法国在稳定局势方面遇到了很大困难，但最终以远低于战前的汇率回归，随后蓬勃发展起来。另一方面，英国的英镑已恢复到战前水平。在此之前，需要先经历一场极度痛苦的通货紧缩，而随后被过高估计的英镑又让通货紧缩持续了下去。最终，昔日的全球货币英镑成了该体系崩溃的关键。

1929 年，经济学家亨利·克莱（Henry Clay）调查了自 1910 年以来在工资设定方面发生的变化。工会数量取得了惊人的增长（尽管从 1920 年的顶峰时期开始有所下降），同时，适用集体协议的工人比例也随之增加。同样重要的变化还有自工人、雇主和"公众"代表之间的正式集中谈判和工资管控之战以来工会的扩张。克莱估计，一半以上的雇员都加入了某种形式的集体谈判，由于这种谈判往往会制定规范，且其传播的范围更广，"在英国，关于通过集体谈判解决工资问题的规定几乎没有什么重大疏漏"（Clay, 1929: 323-324）。市场力量一直通过习惯来引导和缓和其对工资的影响，但现在，工资设定的整个过程已经"宪法化"，由此与市场力量进一步隔离开来。

彼时，这个系统正与黄金抗衡。为了使英镑恢复到战前的黄金平价并维持下去，英国政府需要维持多年的通货紧缩。物价持续下跌，但货币工资在很大程度上受到谈判制度的支撑而保持不变。对克莱来说信息很明确：人们对"关乎'公平'和'生存'的工资水平"的看法与"战前**实际**工资神圣不可侵犯等伪原则"，都与工业界能够以获利的方式雇佣劳动力的工资水平几乎没有关系。有一些代价必须要付出。

劳动力市场的政治化和官僚化不只在英国出现，而是全球发达国家的普遍趋势（Bayoumi and Eichengreen, 1996）。罗伯特·J. 戈登（Robert J. Gordon, 1982: 40）认为，这一时期美国的货币工资比英国更僵化，即使前者因更为合法的劳动关系而削弱了工会影响力。与此同时，失业率的上升给政府预算带来了更大的压力，紧缩的货币更加令人不安。一战结束后，"通过扩大特许经营权、发展议会政党和增加社会开支"，使政府"更容易受到"来自反对黄金锚的政治压力的影响（Eichengreen, 2008: 44）。英国曾经在 1931 年屈服并保留了黄金，结果引发了连锁反应，到 1937 年完全结束了这一体系。尽管许多因素在其中发挥作用，但事实是：将调控的重担放在工资上并继续保持对紧缩政策的认同在彼时会更加困难，使该体系难以为继。一旦投资者对于政府承诺黄金的绝对可靠性失去信心，海外资本就会衰退，从而使这种承诺无法维持下去。

世界上没有任何一个地方能够置身事外。处于世界货币体系中心的各国政府之间可以谈判；而较小和较贫穷的国家则必须抵御这场风暴。大宗商品出口国在"大萧条"爆发前遭受了沉重打击：1928 年至 1932 年间，拉丁美洲多数大国的出口美元价值下降了三分之二左右，智利下降了八分之七。来自发达国家的中央银行和公共服务机构的"货币医生"蜂拥而至，他们带来了紧缩政策的良方。发展中国家迫切需要国际贷款来渡过难关，而英国和美国则为确保当时发展中的竞争性货币集团的成员地位而各显神通。随着世界货币体系中心开始崩溃，承诺的贷款随之消失，拉丁美洲也不再依赖货币理财专家，而将重点转向货币贬值、外汇管制和债务违约上（de Abreu, 2006: 105–109）。

"希望与欲望的平衡"

1955 年，约翰·希克斯（John Hicks）回顾了亨利·克莱的论文。希克斯认为，这是一篇"基本正确的分析"，但是"几乎在克莱讲述的同一时间所发生的一系列事件，将带来一场巨变"（Hicks, 1955: 389）。克莱、希克斯和其他许多经济学家都认为，"社会性"的工资结构可以承受一定程度的失业率，但"必须……要有一个极限，一旦超出就必须要付出代价"（Hicks, 1955: 390）。

> 这是克莱预期会发生的情，但我们知道事实并非如此。如他所料，失业率确实有所上升，可尽管工资结构做出了一些妥协，但总的来说并没有彻底退让，牺牲的是链条上的另一个环节——金本位制。（Hicks, 1955: 391）

希克斯宣称，"毫不夸张地说，我们的标准不是金本位制，而是劳动力本位制"。

希克斯提出的"劳动力本位制"的设想（即汇率根据国家工资和物价水平进行调整，而不是反过来），现在看来已经不合时宜了。20 世纪 50 年代中期，英镑和欧洲货币于 1949 年的贬值成为当时最近的记忆，布雷顿森林协定允许的汇率调整似乎并不少见。事实上，至少在发达国家之间，汇率是非常刚性的（McKinnon, 1993: 15）。法国货币于 1957 年、1958 年和 1969 年贬值；英国货币于 1967 年贬值；西德货币于 1961 年和 1969 年升值。每次汇率的调整都并不明显。货币贬值没有被视为国内通胀收缩的替代品，其往往有严格限制，以防止进一步贬值。还有的情况是，政府坚持国内通胀收缩以捍卫汇率，比如 20 世纪 50 年代中期到 60 年代初的日本，20 世纪 50 年代的澳大利亚及 60 年代初的英国（de Vries, 1987: 27–53; Beggs, 2015: 31–71）。

1945 年到 20 世纪 70 年代的标准是将其他货币与美元（也可以

通过像英镑这样的中间货币）挂钩，美元正式与黄金挂钩，规定每盎司（约 28.35 克）黄金价格为 35 美元。在某些人看来，布雷顿森林体系是对金本位制的恢复。1946 年，一位澳大利亚劳工部内阁大臣发起运动，反对签署这个比金本位制还要糟糕的协议，因为该协议限制了政府单方面贬值货币：

> 该协议……如此公然地建立控制措施，将小国降格为附庸国……将会破坏和摧毁国家的民主制度。事实上，和法西斯势力曾经差点做到的一样，它侵蚀了我们的基督教理想，并将其异教化。毫无疑问，这将带来新的威胁，并危及世界和平……（Eddie Ward，广播演说，1946 年 3 月27 日，引自 Crisp，1961:19）

撇开夸大其词的地方不谈，劳工运动对固定汇率会与充分就业的理想产生冲突的担忧是完全合理的。凯恩斯起草的英国战后国际货币制度计划曾呼吁"尽可能减少对国内政策的干预"（Keynes，1969[1943]: 19），但这意味着什么？在一个相互依存的世界里，一国政府的决策将影响到其他地区，一种货币的贬值意味着其他货币的升值。一项国际货币协议的关键在于建立新的"游戏规则"，使之再次实现正和博弈，令参与各方都能获利。各国政府不得不在某些方面受到限制，以开拓其他可能性。但是，对积极自由的追求需要各国政府就其各自目的达成某种共识。

布雷顿森林体系的两位议程制定者有着不同的预期。英国认为会出现国际收支逆差，美国则预计会出现收支顺差。"英国人想要一个能无条件借贷的计划；而美国人想要的是一个有条件放贷的计

划"（Skidelsky, 2000: 182）。两国的公众舆论都大力支持"充分
就业"，而这在英国的政治共识中体现得更为强烈。1944 年，由保
守党执政的英国政府发布了白皮书，制定了一项基本上可称为"凯
恩斯主义"的"维持战后的高水平稳定就业"计划，所有党派均在
1945 年表态支持。在美国，保守主义的财政力量更为强大，1944 年
的《充分就业法案》遇到了对其持怀疑态度的众议院因而未被通过，
之后部分法条被简化纳入了 1945 年的《就业法》中，《就业法》未
对任何促进就业的措施做出具体承诺（Bleaney, 1985: 84–90）。

图 2.2 1944 年 7 月，美国财政部长小亨利·摩根索 (Henry Morgenthau, Jr., 左) 和英国经
济学家凯恩斯（右）在布雷顿森林会议上
来源：Time&Life Pictures/Getty Images；摄影：艾尔弗雷德·艾森施泰特（Alfred
Eisenstaedt）

金本位制将汇率调整的负担推给了赤字国家：赤字国家面临着黄金外汇储备的枯竭，而盈余国家却能够轻松积累储备。凯恩斯最初的战后国际货币体系计划涉及对国际收支持续顺差的国家的惩罚。这将进一步刺激这些国家提振需求，其中一部分需求还会扩展至世界其他地区的进口中。在美国，这种设置被视为对国家政策的不可接受的干涉。凯恩斯主义的观点是，赤字国家的政策**在经济上**受到约束，但通过鼓励盈余国家扩张可以缓和这种约束。

对顺差的惩罚没有通过谈判，但是布雷顿森林体系的妥协仍然在三个方面缓和了国际收支的约束。布雷顿森林体系成立了国际货币基金组织，其成员国可以通过该组织提供的储备来应对暂时性的国际收支逆差。它允许政府无限期地维持资本管制，将国际收支差额与不可预测的短期资本流动隔离开来。最后，国际货币基金组织允许成员国在国际收支"基本失衡"的情况下进行汇率调整，但实际上汇率调整很少出现，而且还要受国际货币基金组织的监督，这意味着它无法替代通胀收缩政策。

与金本位制一样，固定汇率只能在有官方储备的情况下得以维系。持续的国际收支逆差意味着外汇储备不断外流，这迫使政府抑制需求，以便在短期内遏制流动，并限制工资和价格，以恢复更长时期内的平衡。决策者必须把"外部平衡"纳入其政策目标，但这可能与充分就业的承诺相冲突。正如弗里茨·马克卢普（Fritz Machlup）在 1950 年所指出的那样，重要的国际收支平衡是"希望与欲望的平衡"，没有绝对的"美元短缺"，只有相对于"国内希望的实现程度和目标的实现程度"的短缺（Machlup, 1950: 46, 60）。战争过后，"希望与欲望"高涨了起来。

因此，货币价值是各种政策目标之间紧张关系的纽带。或者更确切地说，是货币的**多种价值**，因为重要的是汇率和价格水平之间的关系——汇率是一国货币相对于其他货币而言的价值，价格水平则是货币相对于商品的价值。国内工资和物价与国外的相比有一定的独立性，但只有一部分是独立的。经济学家对"外部平衡"和"内部平衡"之间的潜在冲突进行了分析（Meade, 1951; Swan, 1960, 1963）。如果考虑（1）国外需求状况；（2）一国进出口的世界市场价格；（3）国内工资和其他成本，则符合充分就业的国内需求水平可能与符合国际收支平衡的水平有所不同。持续的国际收支逆差可能会迫使政府对宏观经济采取抑制措施，而大宗商品价格的动荡可能会破坏"内部平衡"。[1]

更强的汇率弹性似乎可以解决如下问题：货币调整能够一举使国内成本结构与可交易价格保持一致。当然，许多经济学家和劳工都对此展开了论证。但实现它并不容易。如果贸易对相对价格的变化不那么敏感，那么汇率下跌将在短期内使赤字情况恶化：尽管价格上涨，居民仍会购买更多的外国商品。调整这种现象需要时间，但与此同时，进口商品的价格上涨，与消费需求向国内商品的转移可能会共同助长通货膨胀。这将再次提高国内相对于可交易价格的成本，并削弱货币贬值的目标效果。[2] 这就是为什么货币贬值在发生时不能作为紧缩政策的替代品。各国政府仍然必须继续推行紧缩政策，以确保在较低汇率下保持稳定。

充分就业和物价稳定："明显不合理"？

1943 年，波兰经济学家米哈尔·卡莱茨基（Michal Kalecki）在他的一篇关于充分就业的政治特征的著名论文中预言，在资本主义经济中，充分就业将被证明是不稳定的。（再次出现的）这类问题将被披上政治色彩的外衣。从表面上看，高需求将对利润有利，如果提高工资，大多数公司都有定价能力来应对。问题在于充分就业意味着：

> "解雇"将不再发挥它作为维持纪律的手段的作用。
> 老板的社会地位会受到损害，工人阶级的自信和阶级意识
> 将增强……（Kalecki, 1943: 326）[1]

因此，工业界领袖将与受到通货膨胀威胁的食利主义者联合起来，"他们可能会找来不止一位经济学家向世人宣告充分就业明显不合理"（Kalecki, 1943: 330）。这常常被视为米尔顿·弗里德曼的预言和 1970 年代货币主义变革的标志，但事实上，在卡莱茨基撰写这篇论文时已经存在很多这样的经济学家了。他们的主要论点是充分就业必然导致货币的贬值。例如，弗里德曼的导师亨利·西蒙斯（Henry Simons）在 1945 年反对《充分就业法案》的证词中就陈述过这一论点（Stein, 1969: 199）。

经济危机改变了价格稳定和就业的政治格局，造成 20 世纪 70 年代的滞胀（高通货膨胀和高失业率的结合）——这一论点至少需要 30 年才能赢得胜利。围绕经济政策与滞胀的关系出现了很多谬论。后来人们大多认为，滞胀是凯恩斯主义经济学的一个深刻的反常现象，它也是凯恩斯主义政策的必然结果。据传 A.W. 菲利普斯（A.W.Phillips）于 1958 年发表的论文追踪了一个多世纪以来英国数据中工资通胀率和失业率的反比关系，论文发表后，凯恩斯主义者

---

[1] 该译文引自《充分就业的政治特征》，陈晓萌、田佳禾译，《政治经济学季刊》2019 年第 2 卷第 2 期。

相信失业率和通货膨胀之间存在稳定的平衡——"菲利普斯曲线"。决策者将经验规律性看作政策选择，认为自己可以接受较高的通货膨胀率，作为更充分就业的代价。他们实施宽松的货币政策，但是最终失去了对通货膨胀过程的控制权。弗里德曼（1968）在分析论证中发现了一个缺陷：一旦人们学会预测通货膨胀，他们就会调整自己的行为。如果所有市场参与者都能正确评估"实际"工资和相对价格，反映劳动力供求交集的"自然"失业率便会出现。低利率的实现只是暂时的，但人们却低估了通货膨胀。

事实上，正如詹姆斯·福德（James Forder, 2014）对 20 世纪五六十年代文献的详尽回顾中所表明的那样，决策者并没有试图利用失业和通货膨胀之间的稳定"平衡"。在**其他条件相同**的情况下，较低的失业率可能会对货币工资甚至物价造成上涨压力，这种观点并不新鲜。然而其他条件鲜有相同：劳动力市场制度、工会组织和激进派、雇主战略、竞争状况等，所有这些都会影响失业率和通货膨胀的关系，它们会随着时间的推移而改变，也可能成为政策的目标。菲利普斯（1958）的研究并没有在凯恩斯主义经济学中补充"缺失的方程式"，它表明，自 1861 年以来，英国失业率与货币工资变化之间的关系一直是稳定的，这一研究遭到大众质疑，因为它暗示"从自行车的发明到人造卫星的飞行，工资谈判一直都保持不变"（Forder, 2014: 22）。在 20 世纪 50 年代，经济学家已经看出通货膨胀很容易受动量的影响，因为工人们试图恢复过去被通货膨胀影响的生活水平，而企业则试图保持利润率。这对于解释 20 世纪 50 年代所谓的"缓慢通货膨胀"的特殊现象非常重要，当时的物价即使在经济衰退期间也在持续上涨（Beggs, 2015: 87）。

这意味着决策者对"利用平衡"持谨慎态度，因为他们早在 20

世纪 60 年代末就知道通货膨胀能够实现自我调节。可以肯定的是，
充分就业和价格稳定之间存在着紧张关系。对于西蒙斯这样的保守
派来说，这是不追求充分就业的充分理由。对社会民主党人来说，
这不是牺牲价格稳定的理由，因为价格稳定迟早会导致国际收支问
题出现，他们认为，应该运用其他管理工资和价格增长的措施来补
充需求管理。荷兰经济政策理论家扬·廷贝亨（Jan Tinbergen, 1966:
84）认为，"如果要同时追求就业目标和货币均衡，那么工资率必
须是一种审慎的经济政策工具"。

没有一个政府可以真正控制工资的制定。即使是在拥有集中工
资谈判官方系统的澳大利亚，决策者也无法将其作为工具。它本质
上是司法性质的，尽管宏观经济的论据越来越多地融入那些代表工
会、公司和政府的论据，但它们往往被其他原则打败。即使说服法
庭以稳定价格的名义限制工资，市场需求的压力也会将实际工资拉
到高于法院设定的最低水平。官方裁决会被迫赶上，否则会进一步
失去控制（Beggs, 2015: 94–101）。[3]

尽管如此，直到 20 世纪 70 年代，澳大利亚、英国、法国、日
本、瑞典以及当时的联邦德国（西德）等国家一直享有真正的充分
就业（失业率为 2% 至 3%，或更低），且不存在失控的通货膨胀。
这就揭穿了政策愚蠢地将失业率控制在"自然失业率"之下这一谎言。
事实上，20 世纪 70 年代对"自然失业率"的早期估计表明，失业率
维持在了过去 20 年的水平，如澳大利亚的失业率在 1.7% 到 2.3% 之
间（Beggs, 2015: 192–97）。直到 20 世纪 70 年代后期，人们才对自
然失业率，或者更确切但更直白地说是"非加速通货膨胀失业率"
（NAIRU）的增长和实际失业率进行了估算。[4]

弗里德曼本人并不认为"自然失业率"是真的**自然**："决定自

然失业率水平的很多市场特征是人为的和由政策制定的"（Friedman,
1968: 9）。他认为，最低工资、各种劳动法和工会的力量是提高"自
然失业率"的因素，但那些在战后长久繁荣时期失业率非常低的国
家往往拥有高度管制的劳动力市场和强大的工会，而且在随后几
十年的"解除管制"的劳动力市场背景下，它们的结果更加糟糕。
20世纪五六十年代，劳动生产率的增长相对较快，这意味着实际工
资的增长可以满足劳动力的需求，而不会侵蚀利润。这一黄金时期
随着生产率增长的下降和70年代的石油（以及范围更大的大宗商
品价格）冲击而走向终结。随着工人们开始捍卫自己的收入，在
滞胀发生之前的欧洲和其他地方，劳工抗争都出现了增长。无论
是哪种情况，恢复价格稳定都需要摧毁在长期失业情况下的劳工
组织。戈登（1997: 30）对"时变的非加速通货膨胀失业率"的分
析指出，这一现象早在20世纪90年代就出现了，"当时是劳资
和平时期，工会相对薄弱，最低工资相对较低，劳工收入份额略
有下降"。

20世纪70年代末转向持续的货币紧缩政策，这并不是导致长期
繁荣结束或失业率上升的原因，这两者都发生在政策转变之前。但"非
加速通货膨胀失业率"的概念确实降低了人们对宏观经济政策力所
能及之事的预期。"充分就业"的目标因被视为与价格稳定不相容
而被放弃。劳工运动和民主制度的扩张打破了金本位制，迫使政府
修改了价格稳定的目标，现在人们已坚定不移地将价格稳定理解为
"低速且稳定的通货膨胀"，而不是不存在通货膨胀。这种对低速
通胀的抗辩减弱了价格稳定和劳工力量之间存在冲突的看法，并且
最终赢得了胜利。

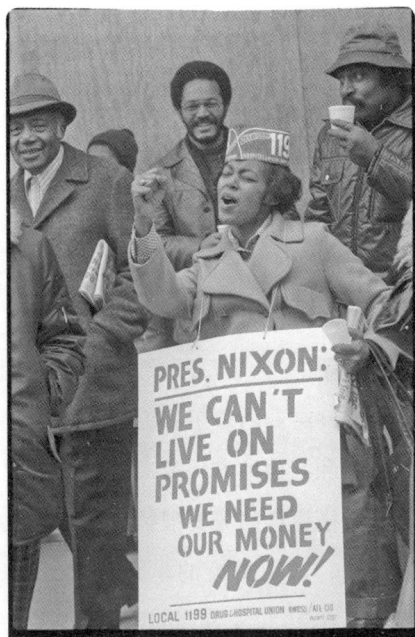

图 2.3　1973 年 11 月，纽约医院工人罢工。工会和管理层商定的 7.5% 的工资增长被联邦生活成本委员会以会造成"通货膨胀"为由而推迟

来源：Bettmann/Getty Images

受管理的货币

凯恩斯曾辩称，金本位制不是自然的，而已经是"受管理的货币"，涉及一系列政策的实践，从而将流通货币价值与黄金价值挂钩（Keynes, 1930: 8）。"受管理的货币"是在其缔造者完全没有意识到的情况下发展起来的，但在 20 世纪 20 年代，货币与黄金挂钩显然是一种选择。凯恩斯讨论了其他的货币价值钉住政策：与其他汇率、其他商品，甚至"一些综合代表性商品"保持相对固定的比率（Keynes, 1930: 22）。换言之，货币价值可以与具有代表性的一

篮子商品挂钩。但凯恩斯没有预感到目标的变化，即政策将以通货膨胀率而不是价格水平为目标。

布雷顿森林体系的正式设计中没有这方面的迹象。各国政府仍将本国货币（直接或通过英镑等其他货币）与美元挂钩，美国承诺以固定汇率将美元兑换成黄金。现在来看，布雷顿森林体系是一个转折点。至少一个半世纪以来，价格水平一直在一个稳定点上下波动，通货膨胀之后是通货紧缩。二战后，物价持续上涨，时而迅速时而缓慢（Shaikh, 2016: 244–245）。对于一个国内价格上涨速度超过国外价格上涨速度的国家来说，固定汇率意味着该国的国际收支会出现问题。但美元价格也在缓慢膨胀，美国自身陷入国际赤字，它扩大了世界储备。如果不是这样，对其他国家的外部限制将会更加严格。早在 1971 年尼克松中止美元与黄金的自由兑换之前，美元的黄金锚就是虚构的。它依靠与外国政府的合作却不检查各国政府将美元兑换成黄金的权利，而法国一再威胁要终止这种合作。

布雷顿森林体系的崩溃以及向灵活浮动汇率的转变并没有使各国政府自由地走自己的路。希克斯的"劳工标准"从未达到。到 20 世纪 70 年代，资本再次大规模流动。各国政府的货币政策一直受到市场的评判。事实证明，在固定汇率与浮动汇率之间很难保持一个中间立场：一旦投机者认为当前汇率是不可持续的，灵活的钉住政策就容易被击败。各国政府担心通货膨胀螺旋式上升，因为通货膨胀会引发汇率下跌，而汇率下跌又将加剧通货膨胀（Beggs, 2015: 165–174）。

图 2.4　黄金锚成为新奇事物。1965 年 12 月，哥伦比亚广播公司新闻制片人伊琳娜·波斯纳 (Irina Posner) 在纽约的美国联邦储备银行与被法国收回的黄金合影

来源：哥伦比亚广播公司 /Getty Images

　　一些国家仍然坚持固定汇率。在欧洲内部，固定汇率下的稳定是创建欧元的先决条件。在许多发展中国家，钉住汇率制度仍然很普遍。在布雷顿森林体系中，货币贬值在发展中国家并不少见——有时是在国际货币基金组织的监督之下，有时则不是。特别是一些拉丁美洲国家的货币，在长期性的国内通货膨胀螺旋上升中一再贬值。阿根廷、智利和乌拉圭的通货膨胀率在 20 世纪 60 年代曾达到两位数，在 70 年代激增至三位数，几乎达到进入恶性通货膨胀的边缘。现在，随着主要货币开始浮动，大多数发展中国家重新实行了钉住汇率制度，到 1979 年时，实行钉住汇率制的发展中国家比例达到 85%（Edwards and Santaella, 1992）。

　　这些发展中国家实行该制度的原因有两个。首先，它们依赖外国投资。固定汇率使投资者感到放心，相信他们的投资价值不会因汇率下跌而受损。当以外币借款时，无论怎样，货币贬值也不会减轻实际债务负担。20 世纪 70 年代，发展中国家很容易获得国际融资。石油价格的震荡对石油生产国政府来说意味着巨额的意外之财。"石油美元"不仅能为国内投资提供资金，而且还能通过西方银行循环利用，并给其他发展中国家的企业和政府提供大量借贷。拉丁美洲和东南亚地区的投资持续繁荣，而发达国家的投资则有所回落。1975 年至 1982 年间，欠发达国家的债务总额从 1600 亿美元跃升至 5400 亿美元（Armstrong, Glyn and Harrison, 1991: 284–294）。

其次，钉住汇率制度的纪律性经常受到技术官僚和保守势力的欢迎。钉住汇率对于稳定计划至关重要，20 世纪 70 年代到 90 年代间，拉丁美洲各国政府曾试图通过稳定计划来抑制通货膨胀。估值过高的汇率压低了进口价格，并对宏观经济政策设定了严格的限制。但是，难以解决的分配矛盾与国际货币体系混乱之间的冲突导致这些计划屡屡失败。从 20 世纪 70 年代末开始，实际收入紧缩加剧，当时全球发达国家的紧缩货币政策推动利率大幅上升，使得偿还债务突然变得更加困难。发达国家的经济衰退和商品价格的下跌严重影响了出口收益。尽管失业率不断攀升，政府仍在为金融资本纾困。冻结价格和工资是试图抑制通货膨胀的绝望尝试，以捍卫不断萎缩的"蛋糕"之上的实际债权（Burkett and Burdekin, 1996: 175–201）。

在这种情况下，汇率钉住制度就不稳定了，它取决于流动资本对弥合国际收支差距的持续信心。一旦这种信心动摇，资本就会外逃，政府就无法再控制汇率。这将加剧通货膨胀的压力，并增加本国货币的债务负担。在稳定计划相对成功的地方，例如，在由独裁军政府控制的智利，工人付出了沉重的代价：1983 年的实际工资比 1969 年低了近五分之一，失业率超过 20%。伯克特和伯德金（Burkett and Burdekin, 1996: 193–194）的结论是："在国内和国外债权相互冲突的环境中，钉住汇率制度最终必然会导致危机。"

到了 1990 年，发展中国家保持固定汇率的比例下降至 69%（Edwards and Santaella, 1992: 1），并且这一数字在继续下降。到 21 世纪初，只有少数几个国家严格维持着固定汇率。然而，更多的是以灵活的方式管理汇率，尤其在快速增长的东亚国家，各国中央银行采取干预措施，以防止本国货币在追求出口导向型增长战略时升值过快。东亚地区远离拉丁美洲，在 20 世纪 80 年代大宗商品价格下跌的事件中遭受的影响也要小得多。20 世纪 90 年代末的一场金融危机表明，流动资本和货币投机同样脆弱。但是这一挫折被证明是暂时的，并且导致了通过资本管制和积累巨额外汇储备来捍卫货币的战略性转变。

21 世纪初，一些人谈到"布雷顿森林体系的复兴"，即使在没有正式协议的情况下，世界各地仍在寻求补充性策略（Dooley, Folkert-Landau, and Garber, 2003）。美国、欧洲和拉丁美洲的货币大多是浮动的，东亚国家则进行干预以压低汇率。后者尤其与美国保持着大量的收支差额，其出口远远超过进口，并积累了美元储备。采用浮动汇率制的国家认为，如果经济政策保持国内物价稳定，汇率就会自行调节。其他国家则将重点放到出口竞争力上，但这取决于国内的政策纪律，从而能让合适的汇率水平变得可信，并在必要时建立外汇储备来保护汇率。这两种策略**均**涉及对货币的严格管理和稳定国内物价的承诺。

货币

货币层级

如果在布雷顿森林体系崩溃后，一个国家的货币不再与黄金或外币锚定，那么它就成了由国家发行、由信任支持的法定货币。但实际上作为货币流通的大部分并不是官方发行的货币，而是商业银行私人发行的债务。长期以来，国家发行的通货在货币层级中处于二传手地位，在流通货币中所占比例很小（并且在不断缩小）。

即使在 20 世纪初期，许多经济学家也没有将银行存款看作是完全成型的货币（Laidler, 1991: 124）。更确切地说，它们是有效利用真实货币的恰当手段。马歇尔和维克塞尔都是早期新古典主义货币理论的前沿人物，他们把"货币"一词仅保留在硬币和纸币上。但现在看来，这种对货币狭隘的定义已经变得十分尴尬。欧文·费雪的货币数量论明确地将银行存款视为货币供应量的一部分，而不是决定其流通速度的因素。到了 20 世纪 20 年代，这种观点已经被普遍接受。

一个国家的货币供应具有层级结构（Mehrling, 2013）。在现代初期，处于最顶层的是黄金本身或另一种货币。下一层是国家发行的货币，即现金和商业银行放置在中央银行的存款准备金。第三层是商业银行的存款负债。各个层级货币的"货币性"取决于其对较高级别货币的可兑换性，而这种兑换性又取决于发行机构在自己的责任范围内"创造市场"的能力，即兑现承诺并且按面值将其平价兑换成更高级别货币的能力。20 世纪见证了各国货币最终凭借自身实力发展成明确的顶级货币。以固定汇率兑换成黄金或外汇的承诺对一种货币的可接受性来说已不再是必不可少的。

这便留下了银行货币和国家通货之间的关系问题。在大多数人看来，不管是放在钱包里还是存到银行，1 美元就是 1 美元，1 英镑就是 1 英镑。对某些交易而言，现金更容易被接受，也更为方便，而对于其他业务来说，随着借记卡和信用卡的出现，银行货币将发生变化。这种货币形式是统一的，它们以同一账户单位计价，并且可以相互转换：你可以存取现金，也可以在不同银行的存款之间进行支付。这种可兑换性取决于银行履行承诺的能力。银行只需要持有足够的较高级别货币储备，以在合理的可能性范围内满足净流出，这样就可以在"高能货币"的基础上支持更大数量的银行货币。国家一般要求银行将存款准备金率保持在一定水平之上，并以通过贷出银行储备作为"最后手段"来支撑其货币的可兑换性。

这使任何建立在货币数量论基础上的稳定政策都变得复杂。即使中央银行控制了基础货币的供应，它们也会通过银行资产负债表转换为更广泛的货币供应。凯恩斯在《货币论》中（1930: II, 53）指出，20 世纪 20 年代的数据表明，通常情况下，尽管银行的存款准备金率从长远看来会有所变动，但在"所有特定时间"都相当稳定。美国和英国的存款准备金率均稳定在 9% 到 9.5% 之间，美国有着全世界最低限度的法定准备金，而英国存款准备金率稳定则是惯例。但现在看来，凯恩斯言之尚早了。在 20 世纪 30 年代初的美国，数百家银行倒闭，耗尽了全国的存款储备，使银行变得谨慎。到 1940 年，存款准备金率已经上升到超过 30%（Friedman and Schwartz, 1963: 685）。英国的情况虽没有那么严重，但这一比率也有所上升（Capie and Wood, 2012: 92）。

从 20 世纪 60 年代回望 30 年代，弗里德曼和施瓦茨（1963）将美国经济萧条的深度和其过长的持续时间归咎于"无能"的货币政策。

美联储本应利用其最后贷款人的地位和公开市场操作来预防银行业危机，并维持货币供应。他们的货币主义分析鲜明地突出了货币数量论和当时限制了中央银行行长的残余金本位制意识形态之间的差异。[5]

对他们来说，"大萧条"的教训是，金融体系"易受危机的影响，只有在……中央银行的'领导'下才能解决"（Friedman and Schwartz, 1963: 418）。美联储的错误在于"将经济衰退和银行倒闭视为即便采取了行动依然无法阻止的现象，是其无法控制的力量的产物"（1963: 419）。当然，美联储从未打算大幅削减货币供应量，但它有权通过采取非常措施来阻止这种削减，以支持那些负债占了大部分货币供应量的私人银行。这种不作为显然难辞其咎。经验表明，

图 2.5　1930 年 12 月，银行挤兑期间，美国银行纽约布朗克斯分行外的人群
来源：NY Daily News Archive/Getty Images；摄影：奥西·莱维尼斯（Ossie Leviness）

在资本主义金融体系中，中央银行不能简单地**确定**货币供应量，而只能**瞄准**货币供应量，这有赖于银行体系的培育和监管。中央银行不是技术官僚式的杠杆，而是一个具有创造性、策略性和沟通交流能力的组织。

对凯恩斯来说，如果政策是为了控制银行存款而控制基础货币，那就错了。实际上，中央银行是通过调控利率来运作的。但从这个角度看，政策也必须通过私人银行系统来对货币供应量进行引导。中央银行控制着短期货币市场利率，而对投资来说重要的是证券的长期利率。私人银行决策很重要。凯恩斯（1930: II, 66–68）观察到，银行根据其自信程度，通过在流动性强的短期票据、流动性较弱的证券以及流动性很差的贷款之间调整资产组合的方式，积极管理货币的流动性。银行的资产负债表管理与公众的资产负债表管理相互作用，共同决定了影响投资的长期利率（Keynes, 1930: I, 142–144）。同样，政策的构想也不是机械刻板的：中央银行的官员们参与了一场复杂的博弈，但他们并不是唯一的参与者。

超越银行

20 世纪 30 年代遗留了一系列为应对 1929 年后"大萧条"时代而采取的规章制度，其中最为著名的是美国 1933 年出台的《格拉斯-斯蒂格尔法案》。它改变了银行的监管规定：该法案对存款利率设置了上限（以防止出现银行间竞争的不稳定局面），建立了存款保险（以防止出现银行挤兑的情况），并为了防止商业银行"在原则上"参与证券交易，设定了商业银行和投资银行之间在法律和制度上的区别（Sherman, 2007: 3–4）。二战留下了一项同样重要的遗产，那就是大量未偿还的政府债务。这其中很大一部分出现在商业银行的资产负债表上，在那里，政府债务可以充当准备金和贷款之间的缓冲，它比前者收益更高，比后者更安全且更具有流动性，尤其在官方干预维系债券价格以保持低利率和稳定的时候。银行资金流动性充裕，货币政策依赖于存款准备金率等资产负债表监管措施来控制其借贷。

在这种环境下，新奇的事物开始出现。在 20 世纪 50 年代的澳大利亚，非银行金融公司从被高度监管的银行体系的夹缝中崛起（Beggs, 2015: 126–129）。他们通过提供类似于存款的工具来筹集资金，承诺在短时间内赎回现金，并以汽车、大型家用电器甚至工业机械的租赁合同的形式借钱给家庭和公司。它们不受银行业法规的约束：因为从法律上讲，它们是在租赁商品，而不是在贷款（Schedvin, 1992: 224）。这些机构在一定程度上通过与经纪人签订回购协议来管理其流动性，使得一个从前几乎不存在的货币市场开始兴起。到了 20 世纪 50 年代末，这些机构对货币政策提出了挑战，由于其新贷款资金流已经与银行形成竞争，因此货币政策很难约束它们。只有严重的信贷紧缩能够（暂时）让他们就范，但是这样做的代价则是经济衰退——政策的"微调"变得不可能了。

与此同时，英国货币体系运行研究委员会于 1959 年针对复杂的金融世界做出了一份报告。金融机构通过提供货币替代品和节省货币持有量的技术，找到了破坏货币约束的做法和工具。如今，货币"只是经济中更广泛流动性结构的一部分"（Radcliffe Committee, 1959: 132）。政策必须"不是基于'货币供应'（不管怎样定义），而是基于整个体系的流动性状态"（Radcliffe Committee, 1959: 42）。遗憾的是，除了一个不断变化的资金流和承诺的网络之外，"整体流动性状况"被证明是难以衡量或理解的，该报告只能通过像货币供求计划表这样简单的东西来描述而不能去分析。[6]

在大西洋彼岸，明斯基（Minsky, 1957）预测了美国货币市场两次发展的长期后果。第一次是联邦基金（即美联储持有的银行准备金）的银行间市场发展。长期以来，盈余银行一直向赤字银行放贷，而新的发展则是集中在规模和组织上。银行间的共享机制帮助整个体系节省了准备金，这意味着没有一家参与的银行真正受制于自身准备金基础：它不需要等待准备金积累便可以扩大贷款。

第二次发展则更加奇特，它涉及专门从事政府债券交易的非银行机构。这些机构借来资金并把资金再投资到公共债务上，从短期借款利率与长期政府债务收益率之间的利差中获取利润。它们像银行一样进行短期借款和长期放贷，承受着无法以可接受的利率将借款展期的风险。20 世纪 50 年代中期，银行向债券公司放贷的利率高于债券收益率，因此这些公司不得不进行调整。它们转向了一个新的盈利方式——与非金融公司签署回购协议。在"回购协议"中，借方将资产出售给贷方，并同意在晚些时候以稍高的价格（即代表利息的价差）回购资产。那些给债券公司提供资金的企业通过回购这种仍然具有很高流动性的金融工具，即若借方无法履行承诺进行回购，贷方则可以保留抵押品作为担保，从而得到了比银行存款（活期存款不付利息）更高的回报。

所有这些发展都代表了货币金字塔中出现了新的层级。非银行金融机构所发行的债务可以安全地储存价值，并能很容易地将其转换为银行存款。它们不是银行，也不在银行体系之外。非银行金融机构仍然依赖银行提供备用资金，以防它们无法展期足够的回购协议来为自己的头寸融资。1955 年及 1956 年，美联储被牵入以维持债券公司的稳定，并与债券公司订立了回购协议。否则，对债券公司的压力将引发对政府债券的抛售，并导致利率迅速上升，而这违背了货币政策目标。

明斯基指出，由于金融体系的创新"往往围绕着货币市场行为的一些技术细节展开，而且通常是从小规模开始的，因此在它们首次出现时，其对货币政策的重要性往往会被忽略"（Minsky, 1957: 172）。只有出了问题，创新才会被注意到，到那时，创新已经成为金融生活网的一部分，并且金融生活网也已经适应了这些创新。金融危机不会只影响新的工具和机构，它可能会拖累一切。因此，货币当局会发现，它们往往一开始会支持新进者，但随后就要对其进行监管。

三十年后，明斯基可以回过头来看看这一故事的剧情发展。随着国债在美国资产占比的下降，银行越来越倾向于以借贷的方式来管理其流动性。联邦基金市场发展壮大并趋于常规化。商业银行仍然无法在存款利率上展开竞争，于是他们开发出替代性融资渠道，如大额存单、回购协议，以及通过国外银行从后来被称为"欧洲美元市场"的地方借贷资金。欧洲美元市场是以美国国际收支赤字在国外积累的美元为基础发展起来的，它超出了美国监管的范围，到了 20 世纪 70 年代，它能够帮助美国银行逃避美联储的紧缩政策（Minsky, 1986: 84–85；Stigum and Crescenzi, 2007: 218–222）[7]。投资银行和许多其他机构继续与商业银行并肩成长。从 20 世纪 60 年代中期开始，新型金融机构和金融工具相继陷入危机，最终通过官方的纾困方案得以救助，随后成为金融领域的永久组成部分，如 1966 年的大额存单、1970 年的商业票据，以及 1974 年至 1975 年的房地产投资信托。20 世纪 80 年代的储贷危机也可以视为这种模式的一部分：这些机构并不是新机构，但它们已被 70 年代不断变化的金融格局所改变。

货币主义及其后

随着货币体系的日益复杂，作为货币数量论的一种形式，货币主义的兴起似乎令人困惑。如果很难在"货币"资产和"非货币"资产之间划清界限，那么应该控制的数量是多少？在一个如此善于创造新流动性形式的体系中，数量是否还是可控的？

货币主义者的回应是，提供计量经济学的证据，证明收入与对某些形式的货币需求之间确实存在着稳定的关系。而对于"货币是什么"这个问题最好凭经验来回答。货币是实现最稳定的货币需求函数的资产集合，而更稳定的货币需求函数则是"需要了解较少变量及其参数的知识，以便在给定精度条件下预测货币需求"（Laidler, 1969: 516）。

学术货币主义的数量理论比旧学派的数量理论更为复杂。正如弗里德曼（1956）所说，它是一种"重述"，特别是用新古典凯恩斯主义宏观经济学的语言进行的重述。凯恩斯背离了货币数量论，尤其强调对货币的需求不仅取决于货币和收入，还取决于利率。货币主义并不是要否认利率的作用，而是表明它相对不重要，以及货币和收入之间存在着密切的直接联系。货币主义和"凯恩斯主义"之间的斗争是关于货币需求函数的细节问题，即参数估计及其稳定性。这变成了一场占据（中间）阵地的斗争，双方都"试图把对手逼到一个极端的位置，从而将对手边缘化"（Chick, 1977: 28）。双方达成的共识是，事实介于二者之间，利率对货币需求的影响虽小但很显著，其在某些时期稳定，在其他时期则相反（Goodhart, 1989: 95）。

图 2.6　1979 年 4 月，伦敦，撒切尔手持一张 1 英镑的钞票，为通货膨胀运动宣传
来源：Central Press/Getty Images；摄影：杰夫·布鲁斯（Geoff Bruce）

政治货币主义则不同。它承诺要为货币价值问题提供技术性解决方案。只要各国中央银行承诺保持货币供应量缓慢增长和稳定，它们就能够抑制通货膨胀。如果人们相信中央银行的承诺，可能还会相对轻松一些：预期将进行调整，而无需将失业率长期保持在"自然失业率"之上。弗里德曼早就指出劳工无需对通货膨胀单独负责。[8]他有一句名言："通货膨胀始终是无处不在的货币现象"（Friedman, 1963），这句话意味着通货膨胀始终是无处不在的**技术**问题。政治货币主义要求货币去政治化，就像金本位制一样，失去其"刚性"。弗里德曼跨越了学术货币主义和政治货币主义之间的鸿沟，在一个领域提出了谨慎的论点，而在另一个领域则做出了宏伟的承诺。[9]

到目前为止，实践货币主义还远没有脱离政治。这是新右派政治崛起的关键因素。它在记者和商人中的追随者比经济学家多。在实施货币目标制的地方，实践货币主义通常是一种强制政治手段，中央银行官员往往对此持怀疑态度。但许多技术官僚能够与货币主义和平共处，并不是因为他们认为货币主义是一种轻松实现货币稳定的途径，而是因为它为需付出痛苦代价才能实现的货币稳定提供了掩护。时任美国总统卡特的经济顾问查尔斯·舒尔茨（Charles Schultze）后来称，声名狼藉的"沃尔克冲击"[①]将利率提高到了前所未有的水平，并引发了全球债务危机，这是"一项政治行动，而非经济行动"：

> 从理论上讲，美联储本可以继续提高利率，但这在政治上是做不到的……美联储可能会说："嘿，这里什么事情都没有发生。我们不是在加息，我们这么做只是在瞄准货币供应。"（Schultze，引自 Greider, 1987: 120）

在英国，英格兰银行的官员 J.S. 福德（J.S.Fforde）指出，撒切尔政府的货币和借贷目标"使当局能够从产出和就业方面退后一步，并强调工业成本趋势在这方面所起的重要作用"（Armstrong, Glyn and Harrison, 1991: 308）。这让劳工们注意到，货币工资上涨只会加剧失业。在澳大利亚，弗雷泽政府在仲裁委员会上将货币目标变成了最后通牒：在货币增长受限的情况下，工资设定的决策将决定名义收入增长中有多少是由于通货膨胀和实际产出增长导致的（Beggs, 2015: 205-206）。1981 年对金融体系进行的一项调查为货币目标制进行了辩护，此次调查不是基于货币主义者的理论观点，而是基于"它为当局控制预算赤字提供了额外的鼓励"，并表明"政

---

① "沃尔克冲击"以当时美联储主席保罗·沃尔克的名字命名，特指1981—1982年利率快速上升和随后经济衰退的状况。——编者注

府决心推行有纪律性的货币政策"（Campbell *et al.*, 1981: 53）。

用货币主义者自己的话来说，货币主义的实验失败了。因为当局对银行体系、政府赤字以及在汇率仍固定不变的情况下的国际收支的控制并不完善，目标可能很难实现。更重要的是，货币需求的可预测性崩溃了。早些时候，货币主义者可能会以高涨且不稳定的通货膨胀是导致失败的主要原因为由对此不予理睬，认为恢复货币供应稳定将解决这一问题。但这种设想并没有发生。货币紧缩引发了金融的进一步创新，改变了收入与货币需求之间的关系。货币目标不再是稳定的或可预测的"锚"（Goodhart, 1989: 46, 95–103）。

20世纪80年代中期，几乎所有地方都放弃了货币目标制（Dalziel, 2002）。到了21世纪初，大多数中央银行都不再过多地关注货币供应目标（Goodhart, 2007）。前美联储理事拉里·迈耶（Larry Meyer）评论称，"货币在当今的共识宏观模型中没有任何作用，在货币政

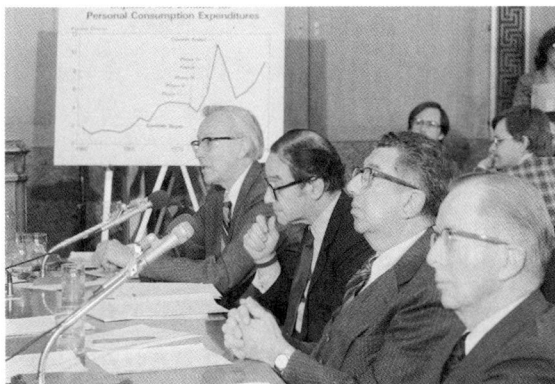

图2.7　1980年3月，经济学家在美国参议院银行业委员会就反通货膨胀政策作证。从左至右依次为：沃尔特·赫勒（Walter Heller）、艾伦·格林斯潘（Alan Greenspan）、赫伯特·斯坦（Herbert Stein）以及保罗·麦克拉肯（Paul McCracken）
来源：Bettmann/Getty Images

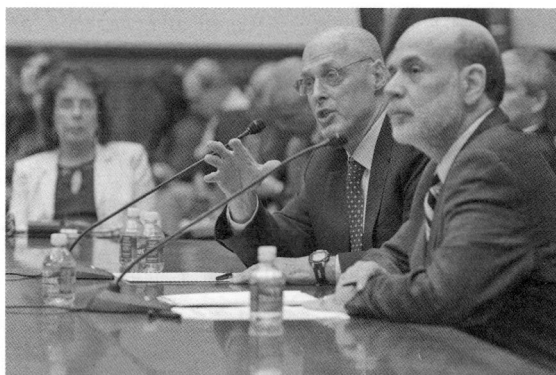

图2.8 2008 年9 月，时任美国财政部长亨利·保尔森（Henry Paulson）和时任美联储主席本·伯南克(Ben Bernanke) 在美国众议院金融服务委员会就拟议的银行纾困方案作证
来源：Getty Images；摄影：亚历克斯·王（Alex Wong）

策的实施中也几乎起不到作用"（引自 Woodford, 2008: 1561–1562）。时任英格兰银行副行长（后任行长）默文·金（Mervyn King）说：

> 随着中央银行越来越注重实现物价稳定，对货币流动的关注也越来越少。事实是，对货币关注度的下降似乎与成功维持较低且稳定的通货膨胀率息息相关。（King, 2002: 162）

与关注货币供应相反，中央银行更关注利率。无论是通过政府债券的直接买卖还是回购协议，他们都严格控制着货币市场的短期利率。事实上，控制是如此严格，以至于通常只宣布一个目标便足以引导市场。中央银行通过将准备金市场引导到目标利率上，让需求决定供给的数量。

但从另一个意义上来说，货币主义取得了胜利（de Long, 2000）。在中央银行的霸权之下，其他政策部门均处于从属地位：

央行要求约束财政政策，促进灵活汇率从而将货币供应与国际流动隔离开来，并要求改革金融监管。[10]"自然失业率"的概念取代了"充分就业"，中央银行与政府的直接控制分离，货币管理单纯地被视为技术官僚所追求的目标。正如 20 世纪 90 年代中期，时任美联储副主席艾伦·布林德（Alan Blinder）所说的那样，货币主义一直是"政治隔热板"，允许中央银行将利率提高到"令人难以忍受的高度"（Blinder, 1998: 29）。从那时起，中央银行官员们只需要对工资压力的第一个迹象保持警惕，并逐步调整利率即可。极端震荡的苦药使得"大缓和"时代（Bernanke, 2012）的到来成为可能。

货币发展

到 20 世纪 90 年代，货币政策被确定下来。似乎有可靠的战略能够让各国中央银行通过管理利率，将通货膨胀率保持在较低但正向的水平。在物价稳定的情况下，汇率可以自我调节。只要政策能够奏效，经济学家就不需要过多关注政策传导的细节，尽管专家对将金融体系视为黑匣子这一点表示担忧（Laidler, 2003; Goodhart, 2007）。

任何读过财经报告的人都清楚，在这个黑匣子内部，运作方式变得越来越复杂，整体上更难以理解。金融衍生产品已成为各类机构金融战略的基础，使它们能够分割、混合和交易各种风险，无论是降低风险、承担风险，还是从调解风险中获利（Bryan and Rafferty，2006，2016; Lee and Martin，2016）。证券化将抵押贷款从数十年来一直停留在银行资产负债表上的非流动资产转变为流动性来源，这似乎提供了一种从风险资产池中提取安全资产的方法。一个围绕货币市场的平行银行体系发展起来，其中由非银行机构（实际上通常

由商业银行和投资银行拥有或支持）进行短期借款和长期放款，通
过回购协议或商业票据来管理其流动性。随着安全性强的政府债券
的收益率下降至极低的水平，财富管理公司开始寻求更为奇特的金
融工具回报。尽管商品价格和服务价格得到了控制，但在低利率和
信贷扩张的推动下，许多国家的资产价格，特别是股票价格和住房
价格在很长一段时间内持续上涨。

　　20 世纪 80 年代，改革者将金融领域描绘成一个包裹在一堆杂
乱无章的临时法规中的链状系统，这些法规毫无理性地监管着企业。
后来，对这种"放松管制"议程持批评态度的人往往接受了与战后
"监管"金融体系之间的反差，并对这种放松感到遗憾。事实上，
20 世纪五六十年代的金融体系从未被完全驯服过，它从来不是政策
制定者设计的机器，而是有机的、不断发展的事物。政策是一种人
工选择的力量，但这个花园是紧密相连的生态系统，在那里，很难
从花丛中分辨出有害的杂草和传粉者中的害虫。

　　在这样的环境下，监管绝不能简单地遵循计划蓝图来实施。这
样的监管将阻碍银行业务或金融工具的发展，以至于新的类似业务
将会出现。银行将开发新的金融工具，或者不在银行监管范围内的
非银行机构将接手这项业务。那种认为单一的"监管"体系盛行于
战后时期、在 20 世纪 70 年代不堪重负并最终在 80 年代和 90 年代
摆脱束缚的观点是错误的。事实上，早期的体系从未停滞不前，监
管和金融创新彼此响应。

　　2007—2008 年金融危机中的"影子银行"行为不能完全归咎于
"放松监管"。当然，它们涉及过曾经被禁止的事物，但也受到了那
些仍然（或最新）被禁止的事物的驱动力的影响。银行监管改革并不
是单向的。针对国际银行监管的巴塞尔协议涉及一项以资本要求为中

心的新政策计划。资产负债表外的工具是一种银行突破资本约束的活动方式。美国影子银行系统在企业现金池中为其流动负债找到了一个现成的市场——由于联邦存款保险所覆盖的存款规模受到限制，大公司将目光投向了货币市场，在那里它们可以通过回购协议对其所持有的资产进行担保（Poszar, 2014: 25–26；另见第六章《货币与时代：货币的本质与危机后的改革建议》）。

　　从这座金融花园中衍生出来的危机基本形式，以及危机引发的反应，都不会让明斯基感到意外：流动性紧缩之后，中央银行将金融支持范围扩大到更为广泛的工具和机构。正如佩里·梅林（Perry Mehrling, 2011）所说，美联储不仅作为贷方，而且也作为在最后关头不得已的**做市商**，在货币市场中充当紧急买家（或贷方），并在此过程中在自己的资产负债表上获取大量抵押贷款支持证券。"影子银行"系统将继续存在，货币主义及其正统和非正统学说也将继续发展。

货币与日常生活：现代的不稳定性和创造性

泰勒·C. 内尔姆斯（Taylor C. Nelmes）、简·I. 盖耶（Jane I. Guyer）

日常的不稳定性和创造性

"现代"所涵盖的这近一个世纪，可能是世界货币史上最为动荡和最富创造力的时代之一。这个观点可能会让一些人感到惊讶，因为现代也是国家货币和地方性货币统一的时代（Gilbert and Helleiner, 1999; Helleiner, 2003b）。然而，在"现代"，动荡以多种形式多次卷土重来，如两次世界大战和不可计数的局部战争、"大萧条"与"大衰退"，以及随之而来的全球金融危机。此外还有经济生活中反复出现的困境，包括物价调控和商品准入的变化，特别是在战时配给的制度下，就业和工资制度的变化，以及紧缩政策的转变和回归。通货膨胀和货币贬值时常对货币价值以及公众对日常使用货币的信心产生干扰，这种干扰因地点和时间的差异而大不相同，但对这种干扰的恐惧在专家和大众的想象中变得标准化。后来，随着金融工具和支付技术的多样化与数字化，货币的形式也开始发生改变。

通过在布雷顿森林体系中建立国际监测、计量和支持系统，包括世界银行和国际货币基金组织等机构，以及国内生产总值（GDP）和消费者物价指数（CPI）等指数，现代社会也实现了从殖民地和国家经济规划调控时代的转变。随后几十年，殖民统治被废除，随之出现许多新的国家货币，其中一些货币，如西非和中非的非洲"法郎"，合并成与宗主国相关联的货币区域集团。20 世纪 70 年代，布雷顿森林体系崩溃，1991 年苏联解体，在新独立的后社会主义国家中掀起了新一轮的国家货币浪潮，货币不稳定的情况再次出现。随着"软"货币经济体对"硬"货币的依赖日益增强，"软"货币和"硬"货币之间的界限变得更加明显。

同一时期，许多货币开始采用十进制。过去，这些货币之间的数值构成有所不同（Tschoegl, 2010）。例如，在 1971 年以前，英国货币的 1 便士等于 4 法寻（或 2 枚半便士），1 先令等于 12 便士，1 英镑等于 20 先令，1 基尼约等于 21 先令，这样的价值换算反映了过去铜、黄金和英镑的价值。这几类货币彼此之间的相对价值以及与国家发行纸币之间的相对价值，直到一战之后才与金属挂钩，而那时各国政府无法保证货币可顺利、准确地实现兑换。1971 年，货币十进制的推行最终消除了英国货币物理单位与货币交换价值之间的关系，同时实现了对面值类别的标准化。现在的 1 英镑等于 100 新便士，而不是 240 便士，"十进制日"标志着"一个旨在摆脱帝国束缚的新时代"的到来。对一些人来说，这样的转变也意味着，一个前现代但更富有诗意（和更具英伦风范）的"鲍勃"（先令）和"制革工"（6 便士）体系不幸消逝了（Bayley, 2011）。在英联邦其他地区，如 1957 年的印度或 1966 年的澳大利亚，也已经采取了这一做法来努力重塑国家货币形象；再如 2007 年，加纳塞地的面值减少了四个零（Dzokoto *et al.*, 2010）；或是 2016 年印度意外地废除了最大面值的卢比（Dharia and Trisal, 2017; Guérin *et al.*, 2017）。其他由国家主导的货币改革和临时干预措施变得越来越频繁，尤其在二战后的殖民地独立和苏联解体之后，而这一切都丰富了现代货币不稳定的历史。

图 3.1　1971 年 2 月 15 日，英国十进制日前夕，一个小男孩在伦敦哈罗德百货公司认真观看十进制推行后展示的新货币
来源：Keystone/Getty Images；摄影：弗兰克·巴勒特（Frank Barratt）

动荡不安的局势，影响了人们在日常生活中对货币的理解和态度。对很多人来说，货币不稳定已成为一种常态，货币的实践不断发展以符合人们的预期，人们找到了处理和理解其不确定性和不可预测性的方法。货币作为价值和记账单位的标准的传统功能，如

国家支持的债务清算工具、商业和人际交流的媒介、可以随着时间的推移保存价值的储蓄工具等，也在不同形式的价值、实践和期货预测之间被重新调整和分配。有时，这些调整包括长期存在的选项，如朋友和家人的关系网、贵金属的耐久性，以及数字技术的承诺。

因此，在现代的大部分时间里，官方和普通民众的做法都是具有创造性的，以应对甚至有时是利用政治、经济、法律、技术和社会等领域的货币世界的不断变化。货币总是处于政府和人民之间，前者赋予并且维系货币的记账单位职能，而后者则使用货币，用其清偿彼此的债务，并进行个人和集体投资等活动（Hart, 1986; Desan, 2014）。在这里，我们把注意力集中在"日常"生活中的人身上，他们通过创造性的大众评论文化和管理文化来提出自己的需求，以适应这种生活方式，这些文化把货币，特别是现金（但又不局限于现金形式），变成具有多种目的的货币形式。也就是说，我们关注的是货币在语言和物质上的社会生活，涉及地方、区域、国家和全球的语境。由于人类学和社会学对上述领域也有关注，所以我们引用了大量人类学和社会学相关的文献。[1]

有时，人们会认为现代货币对使用者强制性地做出了一些规定，但是人们多样化实践活动的历史向我们展示了一些不同的东西。例如，考察多种物质形式货币的用途及使用方式，"强调货币的语用性、用途、可供性和蕴涵"，以及货币的意义和道德（Maurer *et al.*, 2013: 52）。货币实践中尤其重要的，是人们在面对经济的动荡和货币的不稳定、政治边界的移动和边界之间流动性的变化、经济和道德的交叉入口、货币连接点，以及技术不断变化时的创造性。我们所说的"创造性"是指拉韦（Lave, 1993: 13）所说的"利用手头上的社会、物质和经验资源进行即兴创作的开放式过程"，面向

已知前沿领域的具体问题。正如特鲁伊特所写（Truitt, 2013:12），如
果"货币的属性不是普遍的，而是因历史构成，受社会调解和政治调
控的"，那么这些属性在实践中也总会受到发明和创新的约束。[2]

的确，想要应对现代货币及这个时代所有的动荡，需要熟练地管
理现金资金，并将现金与其他交易和储备媒介相结合，用于不同多变
背景下的多个社会和经济目的。因此，日常货币管理依赖新的和现有
的实体资源及机构性资源，包括预算和记账、储蓄和支出、支付和兑
换等技术，以及实践和经验技能；同时，货币管理还受到来自文化和
道德上的承诺，以及对合理使用价值和积累价值的期望的影响。

我们将在以下各部分内容中专门探讨货币在日常生活中的多样
性，同时重点关注通过语言、储蓄技术和兑换等形式进行的货币管
理。我们讨论了货币管理的单位和动态，即人们如何借助创造性的
方式和替代机构来处理日常问题和家庭财务的道德困境，其揭示了
如小额现金慈善的道德原则，以及在启动和利用巨额资金流动方面
的技能。之后，我们考虑了日常货币生活中的不稳定状况，着眼于
人们如何面对贫穷、流动，以及在最后一部分内容中讨论的技术变革。
在整个过程中，我们会跟踪人们基于这种不稳定性的预期和反应而
进行的创造性实践。

多种多样的货币

与精英或专业技术相反，"日常"是用于谈论普通或大众事物
的一种可能方式。作为对现实的一种表达，它既普通（共享的）又
平凡（平庸的）。就其词源意义来说，"日常"提供了一种谈论世
俗的方式，即那些属于这个世俗的现实世界的东西。作为学术上

的关注重点，日常生活本身就是一项现代发明。正如德塞尔托（de Certeau, 1984: v）所写，"日常"反映了各种研究分析方向的转变，从"拥有专有名词和社会标志的主角"，以及它们所代表的宏观抽象，转向"配角的合唱"。在 19 世纪末和 20 世纪初的欧洲，一些学者尝试记录资本主义现代化的影响，例如：涂尔干（Émile Durkheim）提出的关于工业化和城市化对社会和人们心理的影响；韦伯（Max Weber）提出的有关文化的世俗化和合理化；卢卡奇（Georg Lukács）提出的关于日常生活的商品化；等等。这些记录反映了一种对人类行为的新颖的转喻性理解，其中，平淡、惯常和亲密的人类行为为系统、结构或全局性的人类行为留下了痕迹，提供了线索。正如盖伊·德博尔（Guy Debord, 1962）所说，日常成为"衡量万物的标准"。

在现代社会，人们通常用这种日常的方式来描述**货币**。格奥尔格·齐美尔（Georg Simmel, 2011；另见 Allen and Pryke, 1999）在 20 世纪初变革的背景下曾写道，货币在提供单一抽象会计标准的同时，也越来越多地调节了现代社会都市主体的日常心理和社会生活。然而，货币因此而产生某种"无色性"的论点被用作社会和文化背景下研究货币的**陪衬**，由此来强调货币超越空间和时间的各种日常意义、物质性和用途（Nelms and Maurer, 2014）。货币代币的多样性和活力，以及诸多真实存在的、丰富多彩的用途，是由现代社会日常货币观所提供的最重要的经验。

货币的多样性超出了形式和功能的严格范畴。货币的可分割性或可互换性、流通性或流动性、数量、会计核算、等价能力得不到保证，货币的品质和能力所呈现的意义，以及其引发的道德责任，也同样没有任何保证。例子比比皆是：如家庭、节庆、慈善、旅行、赌博或财富游戏以及娱乐和教育实践等方面中的货币。作为身份和差异的标志，货币是地方、国家、民族、种族、宗教、等级或地位的边界之间的标志。货币也是支出、消费、储蓄、信贷和债务的媒介与衡量标准，是政治技术和主权、自治和忠诚的象征，以及冲突和想象的场所。此外，货币亦可作为文化、精神和伦理价值观的载体，如抱负与野心、美德与邪恶、尊严与绝望、尊重与遗憾、荣誉与耻辱。简而言之，今天的学者强调的是"现代"货币在形式和功能上的特殊性与地方性，而不是统一性与普遍性。对于货币供应和高级金融工具的总指数，以及现金和息票来说，都是如此。

无论是在"发达"的西方国家，还是在发展中国家，长期以来，人类学家和社会学家都强调这种实用的、实体的并具有代表性的多元化货币特征。货币人类学是建立在相对的，甚至是百科全书式的，对特定的文化和功能的价值形式以及仪式性和礼节性支付媒介的描述之上的，通常被归类为"原始"货币（Firth, 1929）。20世纪中叶的研究描述了殖民者或统治国家的"现代"货币对这种"特殊目的"货币的腐蚀性影响，"特殊目的"是波兰尼（Polanyi, 1957）创造的术语，用以表示服务于有限功能的价值形式。西非地区的蒂夫族的一篇著名记载描述了殖民货币到来后，道德等级领域（每个领域都有自己的价值衡量标准和交换媒介）之间的传统分歧消失了（Bohannan, 1959）。

其他一些研究则是对"现代""前现代"或"非现代"价值形式的并存，以及随之而来的货币现代化的目的论提出质疑，暗示了前殖民时期的货币是如何普遍流通的，以及"西方货币"本身为什么是"特殊目的货币而非一般目的货币"（Melitz, 1970: 1021；另见Parry and Bloch, 1989）。从中国到西非地区，多元、交叉且不可还原的价值形式早已遍布世界各地（Martin, 2015）。盖耶表示，像蒂夫族这样的族群，世代都在区域贸易网络不断变化且不平衡的地域内活动，不仅在文化上处于静态的"交换领域"内部和各"交换领域"之间，而且跨越国境，沿着非洲和非洲以外的路径传递和交换价值。与此同时，与其他地区一样，在太平洋地区，"社会科学关于全球资本主义扩张将很快淹没传统美拉尼西亚经济的预期推论，已被后者的活力和弹性证明是错的……在对社会再生产至关重要的正式交换系统中，国家货币和进口商品混杂在一起"（Robbins and Akin, 1999: 1; 另见 Foster, 1998）。在某些地方，如印度尼西亚，新货币并没有摧毁"人们想象的视野"，但它的"异化力量"仍然点燃了"乌托邦一厢情愿的梦想"（Rutherford, 2001: 323, 321）。

也就是说，货币变化是累加性的而不是替代性的（Maurer, 2015），是不同形式和功能之间的循环激增，它需要在政治、经济和社会领域，尤其是在后殖民世界中具备创造性。人们不仅可以将官方货币"社会化"或"驯化"，还可以结合其他形式和价值单位（如牲畜和房地产、仪式代币和社区资金、财富和"虚拟"会计单位、促销卡和息票、航空里程和复杂生态系统中的虚拟游戏积分）对其一起管理（Neiburg, 2016; Maurer and Swartz, 2017）。这些技术和实践与它们所接触的殖民地货币，和国家货币一样"现代"。而这些技术和实践所展现的就是货币**和**现代性的多元。

即使在国家货币方面，世界各地人民的日常生活也在不同规模上被加速货币化，国家、地方和当地货币都在以各自的方式实现制度化，资产分布在不同数值面额、材质界面和记账单位中。"一个国家，一种货币"这一神话般的思想从来都不成立，国家货币之间的国际竞争和互补由来已久（Cohen, 1998）。[3] 事实上，协调一种以上货币的需求可能正在增强（Cohen, 2004; Dodd, 2005）。"硬"国家货币和"软"

国家货币之间的差异、移民和难民人口的增加，以及创造替代货币或补充货币的努力，都让货币的多样不再只停留在字面意义上。随

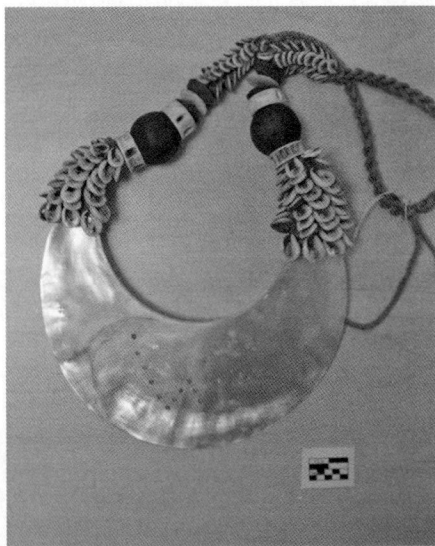

图 3.2   上图为一条巴布亚新几内亚高地的基纳贝壳项链；下图为一张巴布亚新几内亚 5 基纳面值纸币的局部照片，纸币上绘有贝壳等贵重物品
来源：货币、技术与普惠金融研究所，CC BY-SA 2.0

着人们的日常创造性地打开了新的视野，价值和交换的形式也以独立和在情境上趋同的方式运作起来。

对多种货币的管理往往是针对"硬"货币和"软"货币的区别而言的（Guyer, 1995: 2011）。在整个 20 世纪，伴随着新的国家政治方案，激增了几十种新的国家货币。然而，这些后殖民主义和后社会主义货币中的大部分都因结构调整而贬值，并随着外汇市场的后布雷顿森林体系的建立而不再稳定。即便其他地区的决策者和中央银行官员已将控制通货膨胀置于其他诸如增长或就业等实质性经济优先事项之上（见第二章《货币及其理念：在专家政治和民主制度之间》），也依然无济于事。这种不稳定性重建了殖民地地缘政治和社会经济格局，人们一度认为，这种格局将被压缩为单一资本主义世界体系。[4]

由于对保持稳定价值来源的国家货币，特别是美元（Eichengreen, 2010）的需求在整个现代社会中都趋于稳步增长，尤其是在不同货币形式以不稳定汇率进行交易的部分地区，因此，现代世界是一个日益**多币种化**和**美元化**的世界。硬通货在国际上被各国政府（由中央银行储备，用于钉住或保护本国货币）、银行和企业（用于标价和跨境支付管理）以及普通民众（将高价值纸币转变为价值储藏手段）所广泛使用。事实和法律定义的美元化在文化与政治上的影响因地而异。[5]美元化制度引入了新的货币管理模式，可以用硬通货及其"与储备和期货类似的功能"（Guyer, 2016: 222）来进行管理。在"软"货币经济中，人们面临着如何储蓄、赚钱和消费的实际挑战，而货币的购买力往往在不透明的逻辑下出现波动。人们同时还面临着这些问题：这种不稳定对国家主权和个人机构意味着什么？或者对价值和不平等本身意味着什么？当将美元与其他工具和资产一起

交易时，人们会得到何种**社会**公平及差异？ [6]

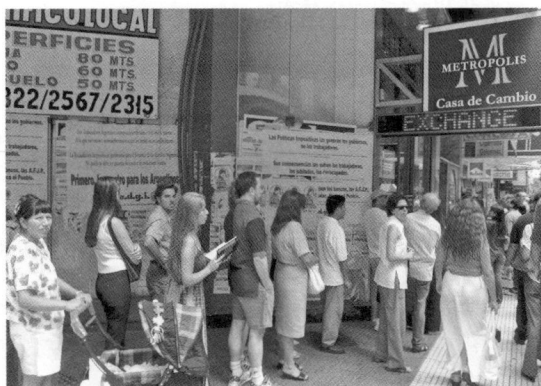

图 3.3 2002 年 1 月，阿根廷布宜诺斯艾利斯，在货币兑换处外排队等候的人群
来源：Getty Images；摄影：基克·基尔森鲍姆（Quique Kierszenbaum）

图 3.4 1993 年 8 月，巴西里约热内卢的一名超市员工在悬挂新的价格牌。彼时，巴西政府为抑制通货膨胀而取消旧货币"克鲁塞罗"（cruzeiro），采用新货币"克鲁塞罗雷亚尔"（real cruzeiro）
来源：法新社/Getty Images；摄影：胡利奥·佩雷拉（Julio Pereira）

同样地，人口迁徙路径、边境地带和难民营的存在也给货币的日常管理带来了机遇与挑战，尤其是从互通和流通的时空语用性角度来看（Bolt, 2014; Yeh, 2016; Trapp, 2018）。跨政治经济边界和跨相关交易媒介的价值交换（如跨境汇款）经常引发货币在社会用途和道德意义上的争论（例如，Levitt, 2001; Pribilsky, 2012; Pedersen, 2013; Paerregaard, 2014）。[7] 例如，长期的汇款资金流动可以在调和跨越地缘政治分歧的亲缘关系网中唤起人们的愿望和希望，如移民和其故乡的家人之间（Singh, 2013；Thai, 2014; Small, 2018）；或如在东亚许多地区，通过焚烧以当地货币或美元计价的"冥币"，调解世界与神或祖先之间的分歧 (Kwon, 2007; Chu, 2010; Truitt, 2013)。在 20 世纪的前几十年里，这些跨地缘分歧的问题具有重要的意义，因为二战以来最严重的难民危机，使家庭和整个社会急于在全世界范围内寻找新的生活。正如我们所写的那样，有关难民财政困难的报道越来越多，内容涉及以美元或欧元支付的旅途费用、假货和浮动汇率带来的影响，以及难民"资产"——土地和住房、贵重金属和珠宝，甚至他们身体器官的价格。

最后，世界各地的人们还在基层层面投入了努力，在本地引入补充货币或社区货币（Blanc, 2010）。这些努力跨越了硬通货和软通货之间的差别，有时是为了应对危机而出现的，从而提供了应对货币或信贷短缺的谋生战略。经典的例子有"大萧条"时期的代币实验：从 1932 年奥地利小镇沃格尔发行的邮票到 1933 年加州皮斯莫海滩被当地企业标记并接受的贝壳（Feingold, 2015: 17），这种实验除了欧文·费雪外并无其他人认可（Fisher, 1933; Champ, 2008）。后社会主义情境下的使用替代价值形式和物物交换，也与之相仿佛（Woodruff, 1999; Humphrey, 2002; Pine, 2002; Rogers, 2005）。21 世

纪的阿根廷是另一个例子：在该国的比索与美元按一比一比率挂钩
的可兑换制度崩溃后，成千上万的人加入了易货俱乐部，同时，人
们发行的地方性债券开始流通（Luzzi, 2010; Ould-Ahmed, 2010）。

　　许多人不仅将本地货币视为"失败"的国家货币的替代品，而
且认为它是一种"解放的"政治实践（North, 2007: xv）。例如，在
美国进行的伊萨卡小时券①和伯克希尔股票②实验，英国的布里斯托尔
英镑③及布里克斯顿英镑④实验，瑞士的长期 WIR 系统⑤实验，以及
巴西福塔莱扎的帕尔马斯银行（Banco Palmas）提供的无息小额贷款。

图 3.5　2015 年 6 月，越南河内，妇女在街上焚烧所谓的"鬼""灵"或被称为"冥币"的
东西
来源：Getty Images；摄影：杰里米·伍德豪斯（Jeremy Woodhouse）

---

① 伊萨卡小时券是美国纽约州伊萨卡镇使用的本地货币，是美国最早、规模最大的
　本地货币体系。1 张伊萨卡小时券的价值为 10 美元，可兑换成美元，也可用于纳
　税。——编者注
② 伯克希尔股票是一种在美国马萨诸塞州伯克希尔地区流通的本地货币。——编者注
③ 布里斯托尔英镑是英国第一个城市范围的地方货币。——编者注
④ 布里克斯顿英镑是英国的依附于布里斯顿的货币。——编者注
⑤ WIR 系统是瑞士的一种补充货币体系。——编者注

类似的货币实践方案出于社会目的,通过在地域上划分货币流通范围,鼓励当地消费并促进当地发展,从而恢复了货币价值。这类方案通过提供一种替代性交换手段的同时,限制了当地财富外流,消除了建立外债关系的必要性,通过加强地区性的经济联系,促进了社区的自治和团结。某些方案通过推行储存成本(也称滞期费)的措施来阻止货币囤积,以促进更公平的财富分配。因此,尽管有些货币本身是昙花一现的,但这种基层的货币改革出现在货币的不稳定性和创造性的交叉点上,对货币与国家、地区、市场之间一对一联系的设想构成了挑战。

理财

货币的多样性和不稳定性呼吁并有时需要具有创意的理财方式。用通俗的话来说,在各类贫乏状况和可预见的条件下管理财务的单位与动态,一直以来都是现代社会日常的主要关注点。在这一部分,我们主要基于家庭管理的背景,重点讨论现金的使用。随着雇佣劳动形式的出现和其在欧美世界的传播,多数人的报酬形式主要是现金,包括纸币和硬币。作为一项政治和技术成就,广泛使用并接受现金对人们的日常生活产生了重要影响。作为一种货币形式,现金在术语、材质和语用学上都被证明具有独特的灵活性和意义。因此,现代社会的现金是家庭单位、社会网络两者内部和两者之间交易活动的核心,被长期存在的道德哲学、工作及沟通的大众文化、家庭管理习俗、反复的不稳定以及政府和发展机构的干预所影响。

专款专用(earmarking):经济与社会

在现代,当人们对经济与社会、资本主义与社群、交易和互动的市场与非市场领域等相互矛盾的逻辑感到困惑时，货币仍然保持着一种矛盾的道德立场。人们对关于货币如何穿越经济和社会生活的边界，以及"引导一个道德困惑的世界"（Macfarlane, Bloch and Parry, 1989: 17）的问题感到焦虑，阿列乐·威尔基斯（Ariel Wilkis, 2013）形象地指出，这种焦虑是"猜疑"。当货币通过日常记账和交易实践活动实现跨领域流通时，便具有了更高层次的社会和道德意义。这种流通不仅引发了"敌对世界"的混杂：庸俗的经济混杂着传统的、公共的、熟悉的、亲密的或个人的等特质；并带来了具有创造性的应对措施〔Zelizer *et al.*, 2005; Rossman, 2014; Bandelj, 2015；另见第四章《货币、艺术与表现形式：六位艺术家，两次危机（1973 年、2008 年）》〕。[8]

常见的一种创造性应对措施是根据资金来源和（或）预期目的，对巨额资金和资金流进行预算，也就是在特定的日历上为具体目标和人员精心制定和计划特定的金额。维维安娜·泽利泽（Viviana Zelizer, 1997）对此提出了重要的概念创新，将这一做法命名为"专款专用"。在对美国人寿保险和儿童价值评估研究（Zelizer, 2010）的基础上，泽利泽撰写了一本书，书中谈及了货币在国内交易、礼物赠予、慈善、福利以及诸如红利或奖励等可自由支配的支付方式中的作用，由此证明"人们总是指出差异，提出质疑，发出指令，却无视所有的工具性计算"（Zelizer, 1997: 30; 2010）。在此过程中，人们通过心理、数字和"锡罐"会计①将看似可以替代的"现代"货币转化为特殊的社会资源和道德资源（4）。她总结道，货币在所谓

---

① "锡罐"会计，指在营运良好的年度，储备部分资金降低盈余；在营运不佳的年度，则运用这笔资金来提高盈余。

分离的"社会"和"经济"领域之间建立和维持人际关系方面，起着至关重要的作用："我们所见之处，人们要处理多重的社会关系，于是创造着不同种类的货币……"（1）。

专款专用和特定用途的实践做法是日常货币创新的普遍形式（Carruthers and Espeland, 1998; Carruthers, 2010; Bradford, 2015）。在不同背景和语言中，以不同的规则和技术来实现这些创新是一项重要的研究课题。[9]正如泽利泽（1997: 30）所说，在经济发生变化的时刻，如现代的初期，货币的道德实践变得更加重要，当"日益以消费者为导向的文化"为许多人提供了一个日益壮大的"商品和服务世界"时，那便是"为他们的想象力和钱包展开竞争"的时候。现代后期提供了重要的类比：非正规和临时的就业条件使许多人在日程安排和预算、工资和长期福利方面处于"朝不保夕"的状态，越来越多的工人在远离亲人的地方，在跨越地缘政治边界、面对汇率波动的背景下，用不止一种货币来解决自己的生活。

语言：词汇与俗语

货币语言的创造性体现在货币的类别、数值以及材料等许多词汇方面，这些词汇反映了当地的历史、文化与政治。很多货币词汇，包括某些面值的名称，都来自货币本身。名称或借用过去甚至古代的重量和度量衡词汇（Grierson, 1977），或参考了物理成分（因此有了5分的"镍"币nickel，即使后来名称变了），或使用人名（"本杰明"，特指100美元纸币），或颜色（"greenbacks"代表"美钞"）。[10]其他的联系也比比皆是：在英语的货币俚语中，"奎德"（1quid，即1英镑）是几个世纪前的词语，源自拉丁语"以物换物"（quid pro quo）。在厄瓜多尔的货币正式美元化之前，由前总统政府发行的 1 苏克雷硬币被以总统之名命名为"阿约拉"（ayora）；而在另一时期，在一位以嗜酒著称的副总统任期内重新发行的 50 分硬币有时也被称为"醉汉"（西班牙语为 borracho）。

　　民众也开发了各种词汇，以另一种方式来区别货币。"肮脏"和"洁净"，"大"和"小"，"热"和"冷"等货币的有形品质被调用起来，围绕货币种类人为地划定了一条线，用以标志货币的力量、购买力或其他特征，从而使其变得不可替代（Lemon, 1998; Cattelino, 2009; Peebles, 2012; Walker, 2017）。从语言学角度来说，这些词语常常反映出社会认可的财富与未被认可的财富之间的焦虑（Roitman, 2005）。"苦钱"（Shipton, 1989）、"热钱"（Walsh, 2003）、"脏钱"（High, 2013），甚至"屎钱"（Hutchinson, 1992）都指不名之财，是从道德不明或失德的活动中获得的利润，如盗矿、赌博、卖掉祖辈的土地、以非传统谋生方式赚钱等，如果这些利润没有恰当地被消费或投资，则会被认为是受了污染、被腐蚀甚至具有毁灭性的。布洛克和帕里（Bloch and Parry, 1989）认为，当货币在社会再生产的长期投资（通常以家庭或社区为中心）和个人的短期获取和积累（通常通过市场交换）之间循环时，这种财富的区别就会显现出来。拒绝承认货币和集体存在联系可被视为一种背叛。古斯塔夫·皮布尔斯（Gustav Peebles, 2012）指出，正是在这种情况下，货币被宣判为肮脏和危险的，必须被"加工"或"清洗"。这些都是无处不在的货币俗语。[11]

　　随着货币数字化和移动基础设施的多样化发展，货币语言也随之扩展并变得多元。例如，在美国，21 世纪的支付应用程序 PayPal 和 Venmo 开始被当作动词来使用。我们也会在后面讨论到，作为手机金融服务的先驱——肯尼亚的移动货币服务 M-Pesa，它借用了斯瓦希里语中的"pesa"一词来指代货币,而这个词本身就是从印地语的"钱"(paisa)衍化而来的,paisa 是 19 世纪末印度移民工人来到肯尼亚当地修建铁路时,从英属印度引入肯尼亚的货币的一小部分(Singh, 2013)。货币词汇一如既往跨越了语言的界限,带来了不同的行为与意识形态,同时也保留了当初发行这些货币的当局的印记。拥有两座铸币厂那么大神庙的罗马女神朱诺·莫内塔(Juno Moneta),现在谁还会把她与"金钱"(money)[①]联系起来呢?

大众文化,特别是文学和音乐,也为货币语言的发展提供了素材,这类语言通常极具地方色彩。在 20 世纪中叶的英国,人们还在引用狄更斯的作品《大卫·科波菲尔》中米考伯先生的话:"如果一年赚 20 英镑,只花掉 19 英镑 19 先令 6 便士,结果便是幸福的。如果一年赚 20 英镑,却花掉了 20 英镑 6 便士,结果就是痛苦的。"一个人微薄的收入以及他通过每年的储蓄将一部分现金转移到价值储存中的能力,很大程度上决定着他对生活的感受是幸福还是痛苦。事实上,认为人们应该巧妙运用小额货币的想法也被体现到俗谚语汇之中,例如,一个人想法的价值("1 便士"),或警告("不要为了半便士的焦油而毁了一艘船"[②])。其他形式的传统文化还提供

[①] 英语的 money 一词来自拉丁语 moneo,意为"警告",以罗马女神朱诺·莫内塔的名字命名。公元前 390 年,朱诺在卡皮托林山的庇护所里饲养了一群鹅,她向罗马将军就高卢人即将入侵罗马发出警告,从而拯救了罗马。罗马将军为了表达感谢,在山上为她建了一座庙宇。约一百年后,第一座罗马铸币厂就建在神庙附近,硬币正面印有朱诺的头像,被称为"莫内塔"。此后,她被认为是金钱的保护者和财政的守护者。——编者注

[②] 这句话英文原文为 Don't spoil the ship for a ha'p' orth of tar (half-penny-worth)。意思是不要在小事上省钱而导致一个大计划的失败。它最初的意思是为了半便士的焦油却损失了一只羊或一头猪,后隐喻不要因为在琐事上花微不足道的钱而遭受更惨重的损失。 编者注

了另一面的经验教训。例如，中世纪流行于加勒比海地区的卡利普索音乐就是在货币贬值的威胁下给日常生活以文化层面的评论，而在 20 世纪末的美国嘻哈音乐中，对财富和非正式营利行为的描述成为经济独立的宣言，并反映了经济层面的种族不平等。在这些案例中，随着货币数量的性质的凸显，货币可以量化的假设被推翻了。

存储：储存与隐藏

纸币和硬币的物质特征给日常理财带来了问题，也提供了可能性。个人随身保管、存放于家中、与可信的第三方（如小企业或雇主）合作等携带和储存货币的方式，为创造性的日常实践提供了机会，因为人们希望保护现金，以防被盗、丢失和避免来自火灾、洪水或更常见的物理损害。各式各样的货币存储器具便足以说明。在一战后的欧洲，人们将纸币储存在烟盒中，或藏在烟囱后面的壁龛里。随着下层阶级吸烟人数的扩大，烟盒被不断用于日常生活中。保障现金"安全"的需求逐渐体现在一些俗语中，如"猪猪存钱罐"，藏在"床垫底下的钱"，或存放于非法基金里，或作为补助提供给孩子的"零花钱"。在英国，特别是在人群密集的地方，小偷小摸的风险日增，"扒窃"已然成为一种见怪不怪的事，人们身上的口袋变成了一种负担，并逐渐被挎包取代。为了更安全地携带财物，人们对衣服上的一些口袋重新做了设计。与过去相比，蓝色牛仔裤被剪裁得更加贴合身体，后口袋的尺寸做成钱包大小并采用铆钉设计以防被撕裂。此外，这些较小的口袋也可以用夹克外套盖住，这给小偷行窃增加了障碍。

现金的物理易损性也在货币的数字化过程中起到了一定的作用，特别是通过手机中的金融服务。正如我们下面将讨论的，这些服务并没有完全取代现金，而是在带来新的不稳定性的同时重塑了现金的含义和用途。在大众的观念里，床垫在储存钱币的物品中仍占据突出的地位，本地的街角商店也通过允许顾客存储工资或赊购商品来充当日常资金的保管人。

尽管如此，作为一种理财技术，手机的出现凸显了储币物的一个重要方面，即隐藏和揭露货币在性别、种族和阶级等文化方面的政治现象。作为地位或权力的标志，手机是一种独特的便携式通信技术，无论是从手机本身可以传达的内容（个人信息和货币价值），还是从通过手机传达的信息这两方面看，手机都适用于调解透明度和隐私。它是地位和接近权力的象征。手机可以用来满足人际需求，通过"允许一个人在没有在场的情况下接触和履行相互义务，维系亲密关系"，提高了人们对增加可接触性的期望（Kenny, 2016: 258; Singh, 2013）。然而，作为一种理财方式，手机也可以用来限制交易的公开程度，从而调解亲缘关系和社区中关于分享或重新分配财富的压力，比如会加强妇女对个人储蓄的自主权。但是移动货币也会加剧人们对隐私及这种隐私背后隐藏事物的担忧，从而引发在财富炫耀问题上性别与世代之间的紧张关系（Kusimba *et al.*, 2015）。

上面说的这些例子都是新技术影响下的老生常谈的焦虑，如"秘密地"转移货币，为便于发展不正当恋爱关系而隐藏货币，或使用货币炫耀社会地位与权力。在 21 世纪的巴布亚新几内亚，类似的动态机制可以在口袋这一"旧"技术中找到（Pickles, 2013）。口袋可以用来隐藏和揭示财富，从而控制人们如何接受价值的重新分配（吝啬或慷慨）。口袋与手机一样成为被怀疑和抱怨的对象：有些人被污名化（被怀疑为赌徒或妓女），有些人则被称颂（如去教堂做礼拜的人）。因此，本地逻辑为如何管理"零花钱"提供了不同的理解，但又揭示了一个共同点，那就是存储和隐藏货币不只是单纯为了保护现金，还为了统计、核算现金。口袋和手机都是用于财务预算和道德预算的技术手段。

未来：赠予与赌博

历史上，许多日常理财，特别是穷人管理的财务对象，使用的一直是在处理完较大额度的债务和税收负担后剩余的现金收入。剩余的这部分收入必须划分为两份：一是用于购买眼下迫切的生活必需品（即使在现有资源因收入而停滞的情况下，各类现代生活必需品的范围也会发生改变并逐渐扩大）；二是通过个人和集体用以规划未来的储蓄和投机而进行的投资。这类投资并不完全符合一般的货币功能的定义。藏匿在现代生活的大众文化中的赠予和赌博就是例子。

在整个现代社会，赠予一直被认为是所谓的非社会甚至是反社会的特殊的商业性选择行为。但是人们支出货币的原因多种多样，目的也不尽相同（Yan, 1996; Wilkis, 2013）。想想小规模的自愿捐款（例如，什一税要求民众向君主支付道义上合理的费用后，这类捐赠在很长时间内普遍存在），给乞丐和流浪汉的硬币，为教堂服务募集的资金，或者诸如英国盖伊·福克斯之夜庆祝活动上的"给盖伊 1 便士"①和在某些节日"救济穷人"这样的习俗。在整个现代社

---

① "盖伊·福克斯之夜"又称"盖伊·福克斯日""篝火之夜"或"烟花之夜"，为每年 11 月 5 日主要在英国举行的纪念活动。其始于 1605 年 11 月 5 日的事件，火药阴谋案成员盖伊·福克斯因暗算英国国王詹姆斯一世未遂而被捕，后被处死。人们为国王在事件中幸免于难而庆祝该节日。节日当晚，孩子们制作毛绒玩具，带着它在街上四处找人，请求他们"给盖伊1便士"，这样便可筹集资金，燃放烟花爆竹，再焚烧这个毛绒玩具。——编者注

会，像德国的**小费**（酒钱）或土耳其的**谋生钱**（面包钱）这样的小额现金礼物，通常是对街头或公共交通上援助请求的惯性回应。在现代社会的福利国家建立之前，工人阶级中的慈善捐赠更为普遍。恩格斯（1993: 284）指出，"穷人远比资产阶级更能给予穷人更多的帮助……这种帮助与奢侈的资产阶级所给予的漫不经心的施舍完全不同"。人们通过这种捐赠获得了自己的道德价值感，尽管捐赠微不足道，但正如恩格斯所说，它也引起了人们的担忧，人们认为这种捐赠加剧了不平等，并不有利于团结。

欧洲以外的地区也有类似的习俗，这些习俗因后殖民独立而复兴，但仍植根于古代圣经中有关"什一奉献"的规定：将收入的一部分（"十分之一"）捐赠出来。从伊斯兰教五大支柱之一的《古兰经》到基督教慈善机构，无论是被解读为无私的精神之爱，还是蒙受神恩，为提高未来财务能力的投资，布施都是亚伯拉罕传统中的重要行为。南亚的宗教教义和社区也提出类似要求。当人们不去响应宗教的命令或不去实现宗教的期望时，赠予的特点也会随之转变。例如，当赠予通过家庭和邻居之间的互助人际网络流动时，它就可以成为一种"关怀"。当被纳入政府转移现金或社会福利金等国家援助计划体系内时，赠予便会卷入有关公民的"权利"或"依赖"，以及国家的"责任"或"挥霍"的争论中。[12] 当赠予通过私人慈善机构和人道主义组织实行时，它被形容为"发展"。而当赠予嵌入政治庇护关系（Ansell, 2010; Bjorkman, 2014），或被装进非正式交易的信封（Praspaliauskiene, 2016）中时，对某些人来说，它可能就变成了"腐败"或"贿赂"，同时成为另一些人的"互惠"或"义务"（Humphrey, 2002; Sneath, 2006）。

赠予的道德哲学和精神意识形态强调动机或意图的纯洁的重要

性。然而，在这些领域，学者强调了赠予的社会和伦理方面的算计与纠葛。无论赠予如何体现"免费"这一特征，无论无私的表现有多么重要，赠予都会带来义务，并可以被用来强化等级制度。然而，正如埃丽卡·伯恩斯坦（Erica Bornstein, 2009: 643）所说，赠予不能在下面任何一个方向上进行："强把给予的冲动变成理性的责任，就是抹杀它的自由；把赠予变成纯粹的冲动行为只会加剧社会不平等。"这一论点也与马塞尔·莫斯（Marcel Mauss）和恩格斯的观点相呼应。这样来看，现金捐赠不但没有破坏或淡化人际关系，反而做了很多有意义的社会工作。例如：清偿债务、履行神圣的义务、培养自我的道德意识、投资公益事业、建立社区，或维系之后可以服务于其他目的的社会关系。

赌博是一种与众不同的投资，反映了一种尤其在不可预测时期出现的不同寻常的希望。从历史上来看，一方面赌博是投机、风险和概率，另一方面它还是某种运气、机会和戏法，赌博始终在这两种具有文化特定性的认识论体系之间游走。长期以来，赌博一直是一种用来理解多种金融实践和投机活动的范例，有时它也只是被单纯地诋毁为轻率的或不道德的行为。然而，赌博作为一种日常行为并不具有跨文化的普遍性（Binde, 2005; Pickles, 2016）。在欧洲，长期以来都是富人在冒险游戏中赌博，但到 20 世纪 20 年代初，诸如赌球或赛马等小额赌博活动在工人阶级中变得更加流行。在美国，现代社会的赌博（如办公室体育赌局、家庭扑克之夜）既平凡无奇，又局限于特殊的边缘空间（拉斯维加斯、河船赌场），这些局部动态情况影响了与赌博相关的学术讨论。

在后殖民世界的许多地区，从斗鸡到打牌，再到地下彩票，日常的赌博活动已经固定在人们的记忆中。在这些背景下，赌博往往

带有性别特征，且这种特征深藏于当地习俗和人们的偏见中，人们

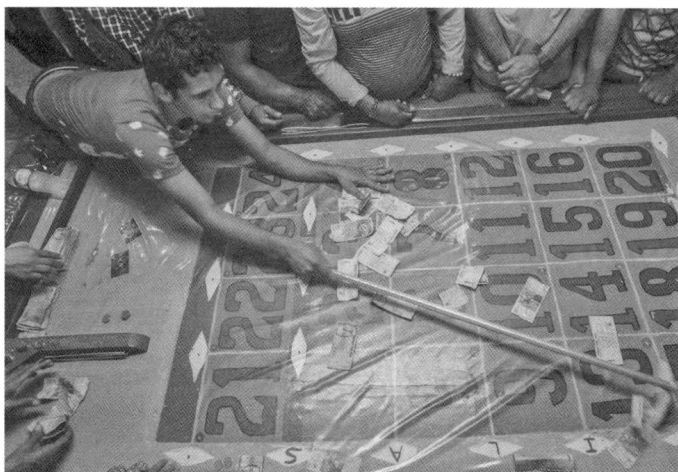

图 3.6 2017 年 10 月，咖啡收获的旺季，在哥伦比亚咖啡产量最高的城市之一的玻利瓦尔城，咖啡采摘者在拿到报酬后参与赌博活动

来源：法新社 /Getty Images；摄影：华金·萨缅托（Joaquin Sarmiento）

图 3.7 2013 年 3 月，内华达州拉斯维加斯，米高梅大赌场酒店的顾客参与美国大学篮球赛博彩活动

来源：Sports Illustrated/Getty Images；摄影：克里斯·法里纳（Chris Farina）

更期望男性利用收入来追求不确定收益，而被视为家庭或社区财务管理者的女性，则被认为应更加谨慎地对待风险。赌博还常常与社会经济不平等联系在一起，人们常认为，赌博通过再分配加剧或改善了这种不平等。因此，赌博也常常与"快钱"金字塔式传销（Cox, 2018; Verdery, 1995; Musaraj, 2011）以及魔法、巫术和占卜的"神秘经济"有关，人们通过这些方式在财富和贫穷共生的海洋中飘荡（Comaroff and Comaroff, 1999; Klima, 2006）。

家庭：贫困与教育

随着时间的推移，穷人如何生活，通过何种渠道获取资金，由谁来调节和管理资金，这些已逐渐成为现代社会的核心问题，在公共生活和私人预算中，人们通常将重点放在家庭上。在二战后的英国，卡罗琳·斯蒂德曼（Carolyn Steedman, 1986）的个人家族史为我们提供了一个私人预算方面的实例，凸显了人们在收入方面的不易。斯蒂德曼的父母虽然有工作，但没能挣到足够的钱，所以母亲收留了房客赚租金。斯蒂德曼的母亲曾给孩子们上过一堂现代中产阶级道德的常识课，她说："如果你想得到一些东西，你就必须出去工作。没有人会平白无故给你任何东西，这个世界上没有任何东西是不劳而获的。"就连小费都是根据支付能力和社会地位高低来评估的，她的母亲曾把一枚六便士的硬币扔回给了一位有权有势的顾客，并说道："夫人，如果你付不起更多的钱，我建议你留着它。"

货币的日常使用中经常被忽视的一个功能就是作为教育工具。正如斯蒂德曼所认为的那样，货币对教育孩子至关重要，人们不仅仅应该教育孩子关于预算和节俭的技巧，而且还要教育他们有关储蓄和消费的道德规范（Zelizer, 2002; Pugh, 2009）。有时，家长会利用旧硬币和纸币，比如本章作者盖耶的母亲就曾用藏在一个刺绣钱包里的几内亚金币来向孩子传达关于节俭、财富和不稳定的历史教训。这些旧时的货币遗物被收集在玻璃瓶和金属罐里，罐子都是银行作为促销品分发的，也能从工艺品商店里买到，还被专门标上"假期基金"或"大学储蓄"之类的字眼。货币也被应用到桌游中，比如《地产大亨》（*Monoplay*，也译为"大富翁"，其第一版旨在展示私有财产如何以牺牲房客为代价来使业主变得富有），《人生之旅》（*Life*，目标是在玩家的"一生"中赚取比其他玩家更多的收入），或者"疯狂购物中心"（*Mall Madness*，一款让玩家尽可能快速地从不同

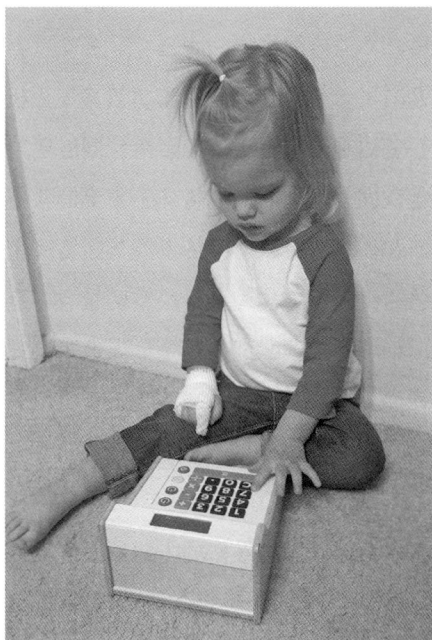

图 3.8　2018 年，泰勒·C. 内尔姆斯的儿子在玩一个由瑞典宜家公司制造的功能强大的玩具计算器收银机
图片由作者本人提供

的商店购买商品的竞争游戏）。事实上，许多儿童玩具都是纸币、硬币和（越来越多的）其他支付技术的仿制品，比如作者内尔姆斯送给儿子的玩具计算器收银机。

在对穷人成长过程的描述中，斯蒂德曼向我们展示了收集与货币有关的"故事"是多么有价值，这些故事是在特定的生活环境中由特定的人讲述的。货币的家庭故事在描述当代美国的贫困状况和不平等方面也起到至关重要的作用。关于次贷和房产止赎危机，工厂倒闭和后工业布局（Walley，2013），以及人们在面临金融排斥、工资停滞、收入波动和不平等的情况下将目标锁定到边缘金融机构等（Rivlin, 2010; Aitken, 2015; Baradaran, 2015），所有这些情况都沿袭了埃伦赖希[①]的传统风格，并且充斥着在过去的经济报道中总结的经验（2001）。例如，她的故事里讲述了危机和去工业化对劳动力不稳定、负债和金融无保障的影响。同时还展示了这些影响是如何融入阶级认同、性别政治和种族不平等的斗争的，而这些斗争本身是由工作和住房所有权、经济发展与经济民主的民族神话所塑造的。这些描述将家庭定位为金融决策的核心，最终描绘了在这些转变中人们的创造性实践，即人们是如何通过诸如支票兑现和工资日贷款等替代性金融服务手段，来管理工资供应和消费需求的暂时失衡（Servon, 2017），以及如何通过新的互惠和拒绝的论述来应对债务道德的（Stout, 2016a; 2016b）。

总而言之，货币如何进入人们的生活以及之后如何被管理，这

[①] 芭芭拉·埃伦赖希（Barbara Ehrenreich, 1941— ），美国社会学家和记者，以关注底层群众生活的报道而闻名。曾化身女服务员、清洁工、看护以体验底层人民的疾苦，并写出了《我在底层的生活：当专栏作家化身女服务生》（*Nickel and Dimed : Undercover in Low-wage USA*）一书，呼吁社会关注贫困人群。

些问题有正式的界定方式，与社会生活有关，且往往由家庭的边界
调节。尽管长期以来，家庭一直是治理单位，但随着社会经济流动
从集体项目到个人责任的转变，家庭有了新的含义。例如，家庭成
为消费者价格指数数据的基础，用于评估货币价值变化对购买力的
影响。后来，各国政府和非政府组织制定了个人和家庭收入标准，
如世界银行制定的国际贫困线（日收入 1.90 美元，为 2015 年 10 月
更新的数据）。也就是说，家庭已经成为管理日常金融关系和评
估这种管理的结构单位。即使在 21 世纪的全球金融危机前后，在
各行各业的金融化持续快速发展之际，人们对家庭的关注，如对工
资、预算和债务的密切关系的关注，亦显示了金融化的资本主义经
济如何依赖着家庭的日常关系，尽管它们否认这一点（Martin, 2002;
Allon, 2010; Langley, 2010; Adkins, 2015; Bear *et.al*, 2015）。

发展：日常金融

21 世纪初，围绕贫困上家庭（尤其是南半球国家）的金融行为
的研究兴起了一项新的科学和发展计划。这一研究范式把对贫困和
日常货币行为的研究结合起来，与民族志学者过去的发现相呼应，
并坚持认为，穷人的金融生活连简单质朴都难称及，他们只会通过
管理货币、非货币资产及工具的不同"投资组合"，在如何储蓄、
投资和消费方面做精打细算的决定（Bannerjee and Duflo, 2011）。记
录这些"穷人投资组合"的"金融日记"持续展示着多样的储蓄、
信贷和债务承诺，它们以各种形式存在，而这些形式即使能用货币
对其重新评估，却也不是严格意义上的货币（Collins *et al.*, 2009）。
事实上，虽然穷人在某些情况下表现出对现金的偏好（Stix, 2013），
但他们许多人的金融生活通过实物债务和非货币储蓄工具来进行，

这与上述的货币多样性相呼应。

在贫困家庭面临的金融挑战中，"最根本的挑战不光是家庭正在应对的低水平收入，还有收入的不规律和不可预测性，以及没有足够的金融工具来有效管理这些不均衡的流动"（Collins *et al.*, 2009: 16; 另见 Rutherford, 2000）。支出也常常是不规律和不可预测的，当贫困家庭面临这些现金流困难时，可能会突然发现自己需要大量资金。因此，他们必须想方设法（如通过预售农作物或利用人际关系和亲属关系获得非正式贷款）来应对风险，并迅速筹集一笔资金。詹姆斯·弗格森（James Ferguson, 2015）同样描述了现金收入的不可预测性与转向其他替代性融资策略之间的联系，强调了债务对南非中产阶级的影响。

换言之，贫困经济学因货币的相关暂时性变得复杂，特别是当它们涉及日常的经济突发状况以及俗事时，比如需要筹集资金的人对亲属、邻居、雇主、政府和他人在金钱方面的索求。弗格森（Ferguson, 2015）和克拉拉·韩（Clara Han, 2012）分别在撒哈拉以南非洲和智利记录了这些"贫困的互助关系"（Ferguson, 2015: 119）：团结性和依存性构成了向穷人提供支持的重要分配渠道和网络，因为它们是以现金和信贷方式来管理的。此外，还有民间自发建立的金融自助团体和凝聚力强的组织，这些组织以当地的信用和义务文化①为基础，与亲属关系、赞助或与家庭密切相关的社区制度联系在一起，有时基于数百年的旧有经验，有时则由开发活动的参与者重新制定。[13]

---

① 义务文化是认为个体之间有义务在资金方面互帮互助的社区文化。

图 3.9　2015 年，全球金融危机后的美国亚拉巴马州伯明翰市，宣传汇款、支票兑现、短期发薪日和产权贷款的路边广告牌
来源：彭博社 /Getty Images；摄影：加里·特拉蒙蒂纳（Gary Tramontina）

　　有人正努力将"财务福祉"① 的评估模式从全球发展中国家引入美国，以揭示人们对后金融危机时期贫困状况的新认识。例如，埃丁等人（Kathryn J.Edin et al., 2015; 另见 Halpern-Meekin et al., 2015）将世界银行 2 美元 / 天的贫困标准强加在美国身上，更加强调日常需求的持续性，而不是紧急需求的间歇性。他们发现，在不稳定的工作和生活条件下，多数家庭必须以高度可变和反应迅速的方式转换收入和支出。人们会通过多种方式来获得收入，如卖血，性交易，获取免费产品，并想方设法创造预算。乔纳森·默多克（Jonathan Morduch）和瑞秋·施奈德（Rachel Schneider, 2017）同样也跟踪了财务无保障家庭的生活经历，使用财务日志记录人们储蓄、借贷和利用社区支持来维持生计的方式。我们还要补充一点，解决大多家庭财务不足和不平衡问题的任务落在了妇女和有色人种身上。例如，

① 财务福祉是一种安全感，指的是个人有足够的钱来满足自身需要。

女权主义研究长期以来关注的看护职业的性别问题，而 21 世纪早期的"黑命贵"（Black Lives Matter）等社会运动，再次揭示了贫困种族化及其与治安和监禁政治的交集。

移动货币

全球范围内移动电话的迅速普及，为日常的货币创新提供了又一种资源，引发了关于新技术与现有货币实践的交叉问题，同时进一步丰富了货币的形式（Maurer, 2015）。东南亚和撒哈拉以南非洲地区率先将移动技术用作货币转移、储蓄和记账的平台。没有哪个"移动货币"方案能像 2007 年由肯尼亚萨法利通信公司（Safaricom）推出的 M-Pesa 移动支付形式那样成功并风靡非洲。M-Pesa 的即时性和流动性使移动货币能够发挥重要的民生功能，同时作为人们应对不断变化的金融需求的资源（Suri and Jack, 2016）。金融需求包括定期的变化，如季节性农业变化，以及不可预见的事件，例如，2007 年年底、2008 年年初肯尼亚大选后的暴力事件，在此期间，许多人通过 M-Pesa 代理商获取现金以逃避暴力，或用以购买食物和水（Morawczynski，2009）。M-Pesa 以前所未有的速度和规模抓住了发展、慈善、工业、政府和学术等领域行动者的想象力，成为通过移动技术将正规金融服务拓展至穷人用户的潜力典范。从简单的存储和转移价值开始，用手机提供基本银行功能的梦想迅速在全世界传播。

图 3.10　2013 年 7 月，肯尼亚 M-Pesa 的一家代理商在检查客户身份
来源：货币、技术和普惠金融研究所，CC BY-SA 2.0；摄影：伊万·斯莫尔（Ivan Small）

　　然而，移动货币并非来自商人或慈善家的计划，而是起源于一种创造性的日常实践。受肯尼亚人的启发，M-Pesa 的设计目的是方便小额信贷的记账和还款。和世界各地的人一样，肯尼亚人使用预付费的手机通话时间（即所谓的"通话时长"）来进行交易——用它来送礼或进行短期储蓄，在某地将现金转换成电子信用额度，然后在另一个地方再转换回来。通话时长具有独特的灵活性：它是一种商品，可以像其他任何商品一样买卖，也是一种交换媒介和价值储存（表现如谈话和文本）的手段，从字面上说它还是一种交流方式，可以说，通话时长本身就是"社交生活"（Maurer, 2012: 601）。因此，移动货币是移动技术和电信网络的"再利用"，用于盈利和发展，以及日常的社会和经济生活。因此，它也调动并依赖于现有的社会关系，比如客户和零售商之间作为现金流入流出点的关系，以及人们为了货币和手机而发展的现有行为模式和技能（**Maurer et al.**,

2013; Taylor and Horst, 2013）。

无论采用哪种方式，移动货币和当地的储蓄及兑换文化都会互相影响，并融入亲属体系、地位等级制度以及对使用和滥用财富的相关预期（Rea and Nelms, 2017; Maurer *et al*., 2018）。例如，库辛巴（Kusimba, 2016）和其同事认为，在肯尼亚，M-Pesa 以可识别的文化方式被使用，通过妇女之间建立的关系来流通财富，比如母亲和其在外成家的女儿，或住在肯尼亚的祖母和她远在芝加哥的外甥女的关系。它们不属于男性间财富交换和继承的父系关系，有时甚至被掩盖而不为男性所知。这种通过母系关系流通的财富被用于多种目的：通常不会（像经营发展从业者所希望的那样）作为创业资本，而是用于支付学费、教堂捐款，或是成年礼和婚礼的费用。正如泽利泽预测的那样，特定的交易具有特定的社会意义：作为爱的象征，作为代表自己出席婚礼或葬礼的替代，作为移民子女仍然对原生家庭保持"有用"印象的一种方式（Kusimba *et al*., 2015: 10）。移动货币的流动性通过亲属关系、朋友关系、恋爱关系和合作关系的纽带传递，既受创造性日常实践的推动，又受其制约。

随着移动货币的发展，它也被纳入了一个新的"普惠金融"议程，该议程将扩展正规金融服务，将其视为缓解贫困的关键，并试图利用移动技术来实现该目标（Schwittay, 2011; Gabor and Brooks, 2016）。这种"为无银行账户的人提供资金"的努力与旨在利用贫困人口的社交网络和经济资源在所谓的"金字塔底层"获得新收入来源的营销策略相重叠（Prahalad, 2006; Elyachar, 2012; Roy, 2010）。这些对普惠金融（如商业建议、发展计划和慈善事业）的不同承诺，对货币的日常语用等研究也有着深远的影响，特别是因为支持者越来越多地将现金视为"穷人的敌人"（Donovan, 2015:

625）。如果说移动货币曾被视作"通往现金的桥梁"（Eijkman *et al.*, 2010），那么现在，人们认为它"比现金更好"。

现金的终结？

新统一的国家货币对现代初期的日常生活至关重要。然而，21 世纪的特点是，与替代现金和建立非现金金融体系的努力相关的"普惠"项目在持续且不均衡地扩大，这种扩大包括从推广存款银行业务到引入签账卡，以及后来的信贷和借记系统等（O'Dwyer, 2018；见第一章《货币及其技术：让货币在现代流通起来》）。20 世纪中叶以来，特别是在美国和欧洲，银行存款和非现金支付工具（如信用卡或借记卡）的使用量一直在增长。20 世纪下半叶，银行业在二战后调整了住房政策和抵押贷款条例，将中产阶级和贫困工人作为目标客户。银行精巧地设定了人们获得制度化信贷的方式，从而使个人和家庭债务变得越来越普遍，尽管有时这种方式会带有掠夺性的特点，就像 2008 年抵押贷款危机爆发之前，或出售学生贷款时那样。数字化普惠金融被包含在此类信贷扩张的服务中，特别是在发展中国家发展小额信贷的努力中，伴随而来的是人们对小额信贷作为个人赋权和社会进步的项目的批评也在增加（Karim, 2011; Taylor, 2012; Schuster, 2015）。尽管如此，小额信贷，如次级贷款和学生贷款，最初都被宣传成一个社会经济普惠性的民主项目（Copestake *et al.*, 2016）。

在现代的末期，移动技术的普及和普惠金融议程的兴起使人们开始质疑现金的未来。随着移动货币现象重回欧美地区，移动货币联合电子支付手段和金融技术开展了其他实验，其中许多实验得到

了风险投资的支持（Tiessen, 2015; Kremers and Brassett, 2017; Nelms
et al., 2017; O'Dwyer, 2018）。实验包括面向消费者的在线购物或个
人之间转账的应用程序等，这些应用程序通常依赖于现有的支付和
通信基础设施（可联想美国的 PayPal 或 Venmo 以及中国的支付宝
或微信支付）；还包括私人公司发行的用于封闭环境使用的电子代
币或优惠券（如虚拟世界货币），以及加密安全协议、分布式记账
平台（如比特币；见第五章《货币及其阐释：幻想小说中货币的未
来》）。这些实验被嵌入现有的价值生态系统：从航空公司的飞行
里程和顾客积分卡，到贵金属和现金本身，以及现有的实践手段，
如收发跨境汇款。

　　这些多样的"金融科技"实验的激增，将焦点转移到了现金本
身的成本和收益上（Scott, 2016）。21 世纪初，对现金的批判之声
日高，并通过"无现金联盟"这样的组织融入主流。该组织成立于
2012 年，是一个由政府、企业和国际机构组成的以联合国为基础的
合作网络，旨在"加快从现金支付向数字支付的过渡"（Better than
Cash Alliance, 2018）。批评者认为，现金由于其物质性而增加了固
有成本；由于容易被盗和腐坏，可能会给其运输和储存过程带来困
难甚至危险；还可能对环境带来巨大影响。现金可被用来洗钱、逃
税，用于腐败事件和其他黑市犯罪或非法交易。我们还发现，现金
资助了恐怖主义，并被用在毒品和枪支市场。一些专家认为，在金
融危机后，中央银行利率徘徊在接近零的水平，但大体从 2009 年开始，
工资停滞不前，经济增长缓慢，现金创造了一个禁止通过降息刺激
经济的"下限"，因为人们可以单纯地囤积现金以避免消极事件发
生（Rogoff, 2016）。

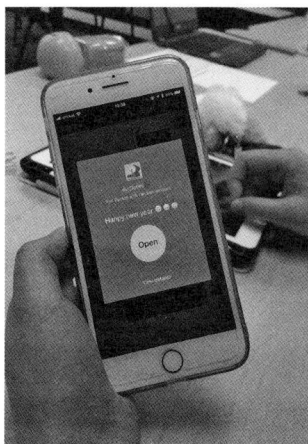

图 3.11 上图为红包，红包是在春节或其他特殊场合，如新生儿出生、结婚、毕业时送给朋友、家人或他人的一个装有现金的红色信封；下图为 2018 年，一名学生通过微信支付向朋友发送的数字红包
来源：jyppe.com, CC BY-SA 3.0（上图）；下图由刘晨丹妮（音译）和泰勒·C. 内尔姆斯提供

这些批评试图强化无现金的好处及其历史必然性，从而重新唤起 20 世纪中叶人们的无现金世界的梦想（见第一章《货币及其技术：让货币在现代流通起来》）。反现金的论调为政策干预提供了正当理由，例如，欧盟逐步取消 500 欧元面额纸币的发行，以及印度政府出人意料地推出了去货币化政策。本章撰写于 2017 年，正

值自动取款机发明 50 周年，许多人认为，货币的未来可以在瑞典这样的国家实现。在瑞典，大多数银行分支机构不再接受或持有现金存款，使用银行卡的人比使用现金的人更多，教堂也通过一个名为 Swish 的实时对等网络移动支付应用程序接收礼拜日的捐款（Henley，2016）。

　　然而，去现金化也存在新的风险，为强调这些风险，一个支持现金的游说团体正在组建（Lepecq, 2016）。[14] 现代货币实验的商业模式以评估价值流动的费用以及利用个人与交易数据两者的结合为基础，其中，前者通过私营基础设施进行，这些基础设施是信用卡公司和银行盈利的主要途径，而后者则主要用于营销。随着越来越多的资金通过这些渠道流动，很多新的问题出现了，比如基础设施故障、欺诈、网络安全和身份安全威胁，以及关于隐私、数据安全和易受第三方监视的漏洞。

　　简而言之，现金的可兑换性能激发它在日常生活中"惊人的适应性"（Bagnall *et al.*, 2016: 2）。现金是公开发行的，由国家支持和维护；现金被广泛接受且没有明显的技术障碍；只要不对其流通收取费用，现金是免费的；现金的交易可立即结算。现金的可携带性降低了处理成本，其可互换性也使预算变得简单明了。尽管存储现金的成本是真实的，但它们却是渐进的，原因是它们会让个人储存更多的实物货币。网络或电话形式的储蓄和交易变得越来越普遍，世界上大部分的货币总价值以数字形式存在于银行和中央银行的分类账目上，但即便如此，现金也不会消失。[15] 现金仍然有如下作用：作为廉价交易的手段（回到之前的话题，比如将现金作为礼物）；担当备用支付工具的应急角色；为那些既认可交换工具主义又坚持人与人之间互动交流行为准则的人服务；对于穷人、临时工、移民和难民来说，现金仍为他们提供了一个无障碍的价值储库。这些人在现代全球人口中占有相当大的比例。

因此，我们应该质疑有关无现金的普惠性的说法（Dalinghaus，2017）。人们对有关等级隔离的世界产生了新的担忧，在这个世界中（正如一份报告中所述），"那些收入最低的人群由于对传统货币形式的依赖而与主流商业生活脱节"（Forrest, 2017）。现金对公共生活的作用变成了全新的探索领域："如果我们找不到一个普通的支付生态系统，就可能会发现自己游走在分裂的城市中，被机器的哗哗声和冰冷而坚硬的验钞声隔开。"

货币和日常生活研究的结论方向

现代社会的动荡一直持续到了 21 世纪，为货币和日常生活的研究提供了一系列前沿领域和新的方向。即使二战带来混乱与创伤，但后殖民地时代国家富有创造力，与之相比，在就业、家庭管理、基础服务（包括金融服务）和技术不断变化的情况下，人们的日常生活变得愈加难以规划和预测。面对时断时续的不可预测性，针对货币的预算和计算成为常见的挑战，同时也为大众的创造性提供了必要条件。国家货币和国际汇率之间的博弈仍然非常重要，人们也通过结合和转换不同形式的价值、实践、制度和文化资源；挪用和适应当地的习俗，从互助，到相关的专款专用，再到以拼凑的方式将多种收入来源捆绑在一起，以及通过发明其他管理家庭和社区经济的方法，来一次又一次地恢复自己对货币的信心。

新的日常货币管理文化正在出现，这些文化背离了那些已成为现代社会支柱的东西。在现代社会，各国统一了国家货币，中央银行和私人银行系统控制了货币的供应和流通。货币多样性和流动性仍是我们所属的跨国贸易、移民以及新民族主义时代重要的经验，同时，本土主义又使企业和发展机构提高了对货币与金融、技术变革及其阻力的兴趣。尤其是数字化和移动金融系统的日益普及，为创新带来了新的机遇，也带来了新的不稳定性。

随着货币技术和制度的不断变化，人们每天使用和理解货币的方式也在改变。货币管理机构和普通民众仍在探索新的金融技术和私人发行的有价代币将如何与包括现金在内的本国货币、外国货币和习惯货币①共存。事实上，现代社会最令人惊讶的一点是，即使货币移动化了，现金依然存在，尤其是作为日常生活的一部分。如果说在肯尼亚等地实施移动货币服务的努力教会了我们什么，那一定是在日常实践中，货币的形式和功能都异常多样。随着货币和金融的数字化，这种多样性将如何体现？新的交易形式、定价动态、预算实践模式和多币种中介将如何出现？这些是货币改革的前沿问题。

以上这些问题都很重要，需要用探索性的民族志模式来处理，以跟踪、研究和解释货币在日常生活中的作用。在这一试验性的时刻，人们赚钱和消费、建立和维护价值存储、专款专用和预算、投资和捐赠、赠予和赌博等诸种方式都变得危险起来。因此，我们需要重拾人们对货币的信心以及其道德哲学和大众文化。这类机会仍在精

---

① "习惯货币"又称"非法偿货币"，指人们因习惯而接受的货币，与国家在法律上赋予强制流通能力的法偿货币相对应。

心设计和试验中。货币将如何在现有的社会单位（家庭、家庭网络、捐赠社区）中发挥作用并改变它们，这是一个尚待解决的问题。因不稳定工作获得的不定期收入要如何集中和管理？这些收入将如何被指定用途，如何储蓄或投保？此外，日常理财真的是字面意义的"日常"吗？每天，每家每户，每个人都必须利用自己手头上的资源，应对眼前将出现的任何挑战。在这种情况下，货币和生活的未来会是什么样子，我们无法确定。

第四章
Chapter 4

货币、艺术与表现形式：
六位艺术家，两次危机（1973年、2008年）

马克斯·海文（Max Haiven）

引言

在现代，人们通常认为货币和艺术是截然不同的两种事物，但其实它们是相辅相成的。尽管人们宣称货币和艺术毫无关联，但实际上它们是由晚期资本主义体制和制度的特殊性所促成的关系亲密的伙伴。虽然艺术和货币的出现都早于资本主义，但二者在资本主义中呈现出的形式与作为资本主义的一部分而呈现出的独特形式之间有着重要的联系。如果说货币是冷静的、理性的、基础的和世俗的，那么艺术则是充满激情的、富有想象力的、高尚的和超凡的。事实上，艺术品的货币价值正是有赖于为买家提供购买某种商品的机会来适应货币的影响的，而该商品的价值在某种意义上是不可商品化的。与之相反，现代货币管理的宏大主张是避免任何狡猾的伎俩，让经济学和金融风险管理在科学层面上保持冷静（见本卷第二章《货币及其理念：在专家政治和民主制度之间》）。我们知道，艺术品的货币价值是一种气质和想象力的过剩，使人们原本理性的时钟发条陷入混乱。这不仅是因为当代艺术收藏家中最大的群体是金融家，也不单纯因为艺术世界的热情心脏跳动在现代金融大都市中，而是因为货币和艺术有着奇特的对称性。

图 4.1　2014 年 6 月，佳士得拍卖行伦敦总部的夜场拍卖会
来源：Getty Images；摄影：莱昂内尔·德里迈（Lionel Derimais）

在这一章中，我描述了货币和艺术对称性的一个部分，其中重点探讨随着金融化的发展，货币与艺术之间的这种纠葛是如何演变的。我从 1973 年和 2008 年这两个现代金融化历史的关键危机时刻中挑选了六幅激进艺术家的作品来阐述。这六幅作品要么是一种有形的媒介，要么是一种促进艺术、政治、文化批判和发明的推动力，它们都与货币直接相关。通过对作品的批判性研究，我们可以看到艺术家是如何理解他们身处的宏大的经济环境，并在其间发现自己、理解形势变化，以及追踪货币本身的命运的。这类艺术家抓住

了我在这一章开始时所面对的矛盾：货币和艺术似乎是不共戴天的仇敌，但事实上却有着深厚的亲密关系。正是这种亲密关系赋予了货币艺术特别是激进的货币艺术以美学和批判的分量。在金融化的今天，对货币和艺术的这种态度显得尤其重要（Velthius and Coslor, 2012）。

之所以选择 1973 年和 2008 年作为关键年份，有如下几项原因。在尼克松将美元从金本位制中脱离出来的两年后，即 1973 年，石油输出国组织欧佩克（OPEC）引发的第一次石油危机，将这些石油生产大国的经济推向了极端。与此同时，美国支持的"智利政变"使新自由主义自由市场政策的试验成为可能，在未来几十年内这些政策的实施将彻底改变世界。1973 年，金融界见证了布莱克-斯科尔斯公式（Black-Scholes formula）的发明，该公式可以为衍生工具定价，并彻底改变了金融风险利率；纽约建成了数字化的世界贸易中心；芝加哥开设了世界上第一家专门的期权交易所。与此同时，美、苏、中三国之间紧张关系得到缓和。1973 年，也几乎是美国工人购买力达到顶峰的一年（取决于衡量标准），自那以后，美国工人的购买力保持稳定或（总体）下降。这一年也代表着社会运动与资本主义再生产秩序斗争周期的一个高潮。由于以上这些事件和其他更多的原因，我们认为，把 1973 年作为金融化兴起的时间节点是合理的。

批判性的、激进主义的艺术不仅可以使我们了解美学和文化，还可以让我们了解关于政治与经济方面的很多东西。我之前探讨过金融与想象力之间的联系（Haiven, 2014）。我认为，首先，"虚拟资本"的兴起取决于是否创建了可维持"想象财富"主导地位的制度，其中"想象"并不意味着"不真实"，根据科尔内留斯·卡斯

托里亚迪（Cornelius Castoriadis, 1997）的观点，它将创造意义的社
会共享过程巩固成为持久的社会制度，以及更具广泛意义的价值形
式和价值秩序。其次，我认为经济金融化已经让人类的话语、情感、
主观性和习惯发生了更深层次的转变，即使对于那些缺乏金融服务
业经验或不了解金融的人来说也是如此。换言之，金融化不仅是
一种政治经济的改革，而且是一种社会和文化的改革，在经济金融
化的过程中，金融的度量、隐喻、观念、价值范式、逻辑和影响力，
在社会制度治理和社会生活再生产中变得越来越有价值，以至于成
为现实中起主导作用的工具。最后，我提出这一观点："金融"本
身就是一种想象技术，是让整个资本主义及其特权官员了解日益复
杂的世界体系的一套技术（Haiven, 2011）。

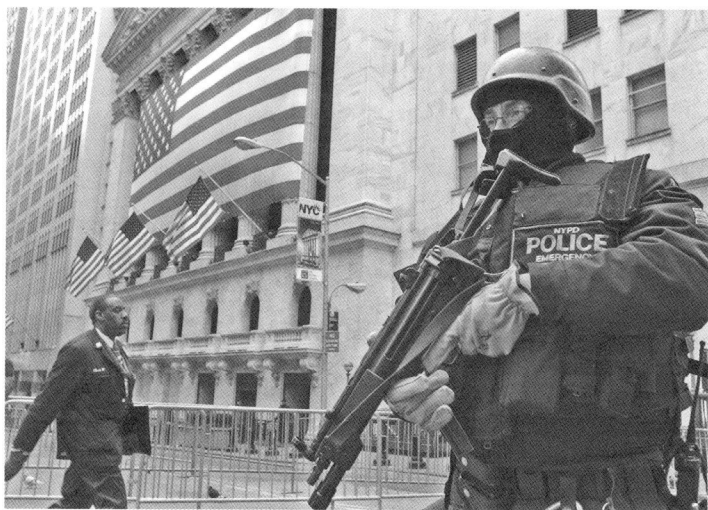

图 4.2 2003 年 3 月，警察在纽约证券交易所外站岗
来源：Getty Images；摄影：斯蒂芬·彻宁（Stephen Chernin）

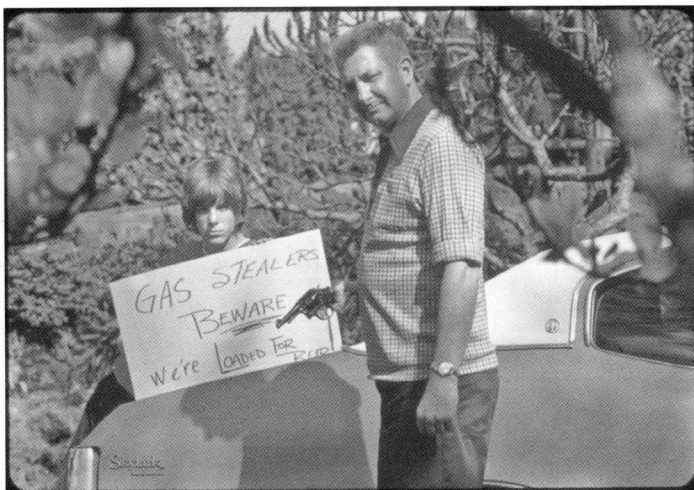

图4.3 1973年石油危机期间，一对父子发出警告信号
来源：Smith Collection/Gado/Getty Images

　　通过撰写本章，使我对艺术，尤其是具有批判性的当代激进艺术产生了兴趣（Haiven, 2015a; 2015b），这种艺术将货币作为一种具有创造性和批判性特点的媒介。在深刻反思金融化的时刻，我们就可以走进这些艺术品，这种反思也可以为经济金融化过程中其他隐形的矛盾提供一些研究线索。我把这种艺术看作独特的作品，通过它们进行批判性的反思，同时也将它们看作其所属艺术系统的表征。

再生产的三种理论

　　在分析本章所涵盖的这两个时期的六位艺术家时，我运用了一种关于资本主义再生产（以及资本主义条件下的再生产）的三种理论，我在其他地方（Haiven, 2014）对此进行了更详细的讨论。第一

种理论分析了资本主义寻求自我再生产的方式；第二种理论试图解
释资本主义作为一个系统、社会制度和个体之间的再生产周期；第
三种理论集中讨论了对生活和社会进行再生产的（典型的女性化）
劳动行为，以此作为一种重新定义剥削和反抗的手段。这三种理论
为资本主义内部斗争和反资本主义斗争提供了关键方法，形成了一
个三角形框架，让我们能够注意到资本主义积累及转变的历史和地
域的特殊性。这三种理论使我们意识到资本主义的系统性矛盾，这
些矛盾为抵抗资本主义提供了机会，同时也促使资本主义以其自身
再生产的名义进行重组。最后，我发现在这个三角框架中，对文化
的描述不是经济学的次要、残余或偶然的元素，而是一种整体且辩
证的力量。

重要的是，这三种再生产方式鼓励我们尽量不要把资本主义看
作一个整体的系统，而应该更多地把它看成一组容易发生危机并且
由危机驱动的转换力量。正如哈利·克利弗（Harry Cleaver, 2000）
所说，这些危机虽然看起来可能属于结构性的或内部的，但最终总
是源于抵抗和反叛。大卫·哈维（David Harvey, 2006）所称的这些
危机的"补救措施"从来没有解决潜在的矛盾，而是将危机提升到
了一个新的水平，给社会斗争带来了新的矛盾和挑战。三种再生产
方式让我们看到，在每一个历史时刻，不同再生产形式之间的紧张
关系都可以被解读为危机、矛盾和斗争的关键断层线，尤其是在货
币方面。

资本主义循环的再生产

再生产的第一个领域建立在马克思（Karl Marx, 1981; 1992）对
资本主义积累的分析之上。沿用古典政治经济学家的研究成果，马

克思认同资本主义下的"资本"不是凭空获得的。资本是一种始终在运转的力量，它不是基于土地或贵金属的稳定性，而是基于全社会劳动力的安排（Itoh and Lapavitsas, 1999; Nelson, 1999）。马克思的标志性贡献是确认了这种劳动力的安排从根本上是建立在剥削的基础上的，因而本质上会因受到由制度内部矛盾或工人斗争引起的反复危机的影响而被撕裂。这些危机大多与干扰资本循环的矛盾有关，而货币在其中发挥着关键作用（Harvey, 2006）。举几个例子：利润率下降，资本主义企业之间的竞争迫使价格过低，从而对个体企业的再生产构成威胁；因交换价值而非使用价值驱动着制度性生产优先权，这种优先权导致了商品生产过剩（或消费不足）；过度剥削工人阶级，使其没有足够的货币购买资本主义生产力的果实（即工人阶级卖给自己的生产力），并以此来实现自我再生产；以及与资本主义流通在时间和地理上的限制有关的各种矛盾等。相关的例子还有很多，而这一框架一直是现代或晚期资本主义时代对货币和金融理解的核心。

有两件事对我们的目标至关重要。首先，无论这些危机的根源是什么，它们往往体现在货币这一资本的循环媒介上（Lapavitsas, 2013）。其次，正如罗莎·卢森堡（Rosa Luxemburg, 2003）、列宁（lenin, 1948）及其他人（Harvey, 2003, 2006; Panich and Gindin, 2012）所表明的那样，资本主义的对策是通过制度发展或系统性的改革，将矛盾转移或提升到了更高的层面。例如，正如哈维（2006）所阐明的那样，银行和金融部门的出现帮助资本主义"解决"了货币循环在时间和地域上的矛盾，为可流动的商业票据（银行票据、信用票据等）和临时的安全投资（在资本主义企业中重新分配利润）提供了制度基础（Lapavitsas, 2013）。亦正如卢森堡（Luxembury,

2003）所指出的，一旦殖民主义和帝国主义在一个特定的国家内加速发展到极限，也就意味着在循环中进行资本再生产不仅产生了新的劳动力和原料，开辟了新的市场，而且还为消耗军费和缓解在民族主义环境下因过度积累及征召工人阶级造成的紧张局势提供了机会（Harvey, 2006）。简而言之，资本主义的内在矛盾表现为货币循环中的危机，而这些危机为斗争和（通常是暴力的）资本主义重组提供了机会。

阶级制度的再生产

再生产的第二个领域来自法国社会学家和社会评论家（Foucault, 1978a, 1978b; Bourdieu, 1990, 1993, 2005; Althusser, 2014）以及英国文化研究领域先驱（Hall, 1996a; Hoggart, 1998; McRobbie, 2005; Williams, 2005；也见 Giroux, 2001）的研究成果。两个思想学派都试图打破马克思主义者对资本主义再生产的教条化的解释，这种解释忽视了个体行为的作用和国家机构的中心地位，特别是在战后工业化的西方，在那里，大众媒体和监管型国家从阶级冲突中崛起，从而进行资本主义再生产和调节（Hall, 1996b; Williams, 2005）。对同样见证了工人、学生、囚犯、精神病患者和艺术家之间新一轮基层斗争的一代批评家来说，社会制度在调解资本主义积累的同时产生了共谋的、易控制的或专门的对象，这一点至关重要（Katsiaficas, 1987; Ross, 2002）。同样重要的还有战后一个更加庞大的中产阶级的兴起，由此中产阶级个人的欲望和抱负被予以关注，从而集合了更多孤立的公民消费者（Plant, 1992）。在某种程度上，这些理论家关心的是，在对生产的所有权或控制权没有发生任何实质性变化的情况下，如何通过增加工人的可用性资金来改变对资本主义文化政治的传统理解。

因此，这些学者关注的是如何实现阶级身份和制度的再生产，继而阶级又是如何对社会制度进行再生产的。对这些学者来说，制度是权力的领域，尽管没有直接屈服于资本，但却有助于资本及其主体的再生产。学者的分析集中于学校、媒体、监狱、画廊、官僚机构、军事场所、公共场所以及后来被称为"艺术世界"的各种机构（包括博物馆、美术馆、拍卖行、经销商、艺术学校、杂志社和慈善基金会）中半自治的等级体系和价值循环。用皮埃尔·布尔迪厄（Pierre Bourdieu）的术语来说，"资本"（象征性的，文化性的）的不同形式通过这些机构半自治地进行循环，不能简单地将其方式理解为垄断资本的阴谋（Beasley-Murray, 2000）。接着，这些学者试图通过制度环境和主观性来理解权力是如何在货币之外或与货币一起使用和再生产的。他们还试图描述货币的逻辑和规则是如何对社会生活领域进行渗透和重组的，其中，这些社会生活领域最初被认为是对这些逻辑和规则免疫或过敏的。

社会生活的再生产

再生产的最终领域是在唯物主义女权主义对马克思主义的批判中产生的，与 20 世纪 60 年代末 70 年代初更普及的女权运动的第二次浪潮同时出现。这些批评家既拒绝在资本主义制度内部寻求改革的自由女性主义，又拒绝将性别压迫理解为态度和性格问题（自然的或后天培养的）的文化女性主义。他们试图将妇女理解为独特的被剥削的工人，她们的劳动是资本主义积累和再生产的核心（James and Dalla Costa, 1979; Mies, 1986; Fortunati, 1995; Firestone, 2003; Federici, 2005, 2012; James, 2012; 另见 Fraser, 2013）。与传统马克思主义侧重于将拿正式工资的工人的能力进行商品化的方法相反，唯物主义女权主义者将注意力转向这种劳动力商品，即工人本身的生产上，并将父权家庭确定为工作场所。所有那些传统上期待妇女去做的或强加在妇女身上的繁衍性劳动，如抚育子女、日常家务，顾惠邻舍，都成为女权运动斗争的中心轴（Ferguson and McNally，2015）。例如，"家务劳动工资"运动（Wages for Housework）的目的是解决资本主义对妇女繁衍性劳动的依赖与将这类劳动排除在有偿经济之外的矛盾（Weeks, 2011）。这种理论范式的出现是及时的。到20世纪60年代末，由于坚定的激进主义，禁止或限制（白人）妇女在资本主义中参与经济的法律和习俗正逐渐减少。妇女在经济和法律上自给自足的前景给女权主义思想者带来了一个难题：应在多大程度上使妇女获得金钱，以此作为赋予权力和实现富足的手段，同时又应该在多大程度上对此予以怀疑？资本主义能否在不剥削女性繁衍性劳动的情况下生存？

近年来，随着有关情感、关怀和其他类型的繁衍性劳动日益商品化（例如，通过正式和非正式的"服务部门"），社会再生产理论被更广泛地应用于理解这个时代工作和生活性质的变化。这个时代是由不稳定的工作、福利国家的衰败或武器化所定义，也由在组织和体制内复制身体、思想和灵魂的微妙的、无名的、无偿的和必要的微观劳动所定义（Luxton and Bezanson, 2006; Haider and Mohandesi, 2015; Stakemeier and Vishmidt, 2016）。

图 4.4 一张未注明日期的"家务劳动工资"运动海报，由女权主义学者、教师和活动家西尔维亚·费德里奇（Silvia Federici）存放于伦敦求救室（MayDay Room）[①]
2013 年 1 月 28 日，CC BY–NC–SA 4.0.

1973年的三件货币-艺术作品

艺术在资本主义制度下的特殊地位，使那些与货币打交道的艺术家有可能发表独特而具有挑衅性的见解。艺术是一种劳动形式，

[①] MayDay Room是一个教育慈善机构，妥善保存着社会运动、实验文化和边缘化人物与群体的激进表达等方面的历史资料。它的建立是为了保护资料，并将其与当代斗争联系起来。MayDay是国际通用的无线电通话遇求救讯号，起源于法语词m'aider，意为"帮帮我，救命"，采用MayDay的拼写是因为发音与法语接近。——编者注

也是一种商品，为了保持制度的合法性和市场价值，它必须不断地以新方式拒绝自身的商品化，即使这种拒绝有时采用了一种粗鲁的、颠覆传统的方式对待商品化，就像在达明·赫斯特（Damien Hirst）、村上隆或者杰夫·孔斯（Jeff Koons）等超级明星的作品中所发生的一样（Taylor，2011）。货币本身作为一种媒介（无论是硬币、纸币、信贷还是债务）或一个主题被纳入其中时，可能会使这些紧张关系更加恶化，以至于使原本看似僵化的货币文化政治变得柔韧或具有延展性。

除了交换媒介、记账单位、价值储存媒介，货币还有一种"功能"——作为想象力的媒介（Haiven，2015b）。硬币和纸币长期以来一直是展现审美的画布，尽管它们通常被强权所垄断，并用来传播统治者和国家的形象，以加强政治合法性和强化主权意识（Helleiner，1998；Hymans，2004，2010；Lauer，2008；Papadopoulos，2015）。然而，货币对普通人来说也是可获取的。有关货币的重要艺术用途的完整谱系超出了本章所探讨的范围（见 Haiven，2015a）。但是艺术和艺术家一直想尝试去理解，并且在某些情况下挑战自己作品的货币价值（Shell，1994；Crosthwaite，Knight and Marsh，2014）。这种主题吸引了诸多艺术家（Siegel and Mattick，2004），2008 年后，艺术和艺术家作为资本主义经济激进批评者的角色变得更加清晰（见 Sholette and Ressler，2013）。

以下三位激进的艺术家和其艺术作品直接以货币为手段，作为应对和挑战当代资本主义再生产条件的方式。每件作品都受到 1973 年的一个主要矛盾的鼓舞或启发，同时指出了即将到来的变化。此外，每件作品都专注于一个特定的再生产领域。在这些艺术家与作品之间，我们可以对影响现代金融化和货币转型的力量进行三角剖分。

约瑟夫·博伊斯（Joseph Beuys），《艺术=资本》（*KUNST= KAPITAL*，197?—198?）

从 20 世纪 70 年代初开始（具体日期难以确定），西德雕塑家以及表演和概念艺术的先驱约瑟夫·博伊斯将各个国家的钞票当作画布和一系列挑衅性信息的传播系统（Rösch，2013: 21—23; Opitz, 2015）。其中最主要的信息是"艺术 = 资本"，他用钢笔、蜡笔、马克笔和油漆在数不清的钞票上潦草地写上这几个字，再将这些被涂画的钞票送回市场重新流通。这并不是什么新潮的手段。至少从 19 世纪初开始，流通中的法定货币就已经被用作政治表达的媒介，从女性参政论者刻有"妇女选举权"字样的硬币，到被监禁的伦敦工人阶层囚犯的爱情信物——这些工人犯有伪造或处理伪造货币这样的轻罪，因此就等待着被流放到殖民地出卖劳力（Shell, 1994; Field and Millet, 1998）。事实上，在魏玛时期，纳粹还将这一技术用在贬值的德国马克上，作为传播反犹思想的宣传手段（Sandrock, 2007）。

人们很容易将博伊斯的这种干扰性创作理解成对 20 世纪六七十年代艺术日趋商品化的愤世嫉俗的反应，因为这在当时的美国和德国都曾是一个激烈的话题。其一部分得益于战后的繁荣；一部分因为政府对抽象表现主义艺术的支持，并以此作为一项旨在促进"西方自由"的冷战战略，故而，艺术市场蓬勃发展，"当代"或"现代"艺术正成为一个众人皆知且令人向往的艺术流派（Saunders, 2001）。

然而，尽管博伊斯在某些方面接受并利用了浪漫主义艺术家的形象，培养出了个人崇拜，并自称是一个承担着艰巨社会责任的新萨满①，但作为在其他作品和演讲中都常见的话题，博伊斯的"艺术＝资本"这一信息不是对艺术日益向货币靠拢的某种担忧或愤怒的谴责。相反，该公式代表了一种普遍的与马克思主义价值理论相似的不可简化的中心思想，即博伊斯希望这个思想可以成为社会主义人文精神哲学的基础，能够超越西方资本主义和东方共产主义的恶的无限性②（或虚假的辩证法）（Beuys, 2010）。

博伊斯创造了"社会雕塑"一词，用来描述融合了人类行为的作品，并与战后的其他艺术家一起消除了艺术家和观众之间的区别。在写有"艺术＝资本"的钞票作品中，每一张钞票都转变成一件社会雕塑，通过回归流通而得到自身的完善。博伊斯的一个著名的观点是，"所有人都是天生的艺术家，有权运用想象力来改变世界"。但是，继马克思（或许还有人类学家马塞尔·莫斯）之后，在资本主义剥削关系下，这种想象力的潜力并没有丧失，但是却为复制商品的利益而被重新定向了，也就是工人被迫购买的商品。劳动剥削和商品流通的主要媒介是货币，但很大程度上货币的价值是被想象出来的，尤其是纸币。然而，博伊斯并没有简单地认为货币是一种想象，而是借货币的功能来对其进行评判。作为一种流通手段，他利用货币去传播一种激进的信息（"激进"的意思是指这种信息试图从根源上破坏货币的稳定）。作为一种记账单位，他将货币解释为一种共享的人文主义账本，其中想象的能量可以转化为（异化的）

---

① 萨满一词为"shaman"的音译，泛指部族宗教或精神领袖一类的人物。
② 恶的无限性，指形而上学的无限性。黑格尔将无限性分为"真正的无限"（好的无限性）和"否定的无限"（恶的无限性）。他认为"恶的无限性"只是对有限事物加以简单的否定，是有限事物的无穷重演，这种恶性重演从来没有离开有限事物的范围，并没有达到真正的自由。

物质财富。作为一种价值储存手段，他使用货币来揭示其中被加密的信息：人类自身的集体想象潜能被残酷地颠覆了。可以说博伊斯是在解释莫斯的观点，即货币是"我们梦想的假币"，它是我们自身固有的想象力，作为一种世俗的象征回归到了我们身上（Graeber,2001）。

博伊斯利用了当时的几个固有矛盾。例如，民族国家依赖货币作为再现想象共同体的工具，有时可能会与资本主义利益的需要相矛盾，好比美国和西德在 20 世纪 60 年代末经历的领土范围限制积累的扩张（Cleaver, 2005）。对于凯恩斯主义的监管型国家来说，20 世纪 60 年代末也标志着一个严重的危机时刻的出现，相对于工人的经济实力，这类国家的利润和资本主义财富份额都在减少。占领国家权力和资本主义循环相交的对象（即钞票），是博伊斯努力激发激进想象力过程中的一个重要姿态。事实上，在货币能够准确地代表价值的这一说法还站不住脚时，博伊斯便发现了货币体系的脆弱性。

汉斯·哈克（Hans Haacke），《现代艺术博物馆民意调查》（*MoMA Poll*，1970）

另一位西德艺术家汉斯·哈克（2016）同样利用资本主义再生产的矛盾，创作出了意义深刻的激进作品。1970 年，这件名为《现代艺术博物馆民意调查》的作品，在 20 世纪 80 年代末被认定为早期具有影响力的"制度性批判"的一部分，艺术家通过这件作品可以引起人们对更广泛的权力体系运作方式的关注，它存在于画廊或博物馆的制度环境中，存在于艺术家自身的作品中，甚至存在于艺术家的主观性或经济参与中。（Osborne, 2002; Metzler, 2013）。

哈克申请参加了一个由新兴艺术家创作的作品组成的评审展览，这次展览旨在展示能鼓励观众参与的作品，这在当时是一个相对新颖和大胆的尝试。得益于受过良好教育的城市中产阶级的增长、旅游业的发展，以及美国政府和资产阶级因渴望促进"现代艺术"的自由和个性发展以作为冷战时期的一种宣传形式而给予的慷慨捐助，现代艺术博物馆已成为一个受大众喜爱的，以达到娱乐和教育目的的场所。在这次评审展览中，哈克的民意调查作品要求参观者就一个当前的时事热点，在写着"是"或"否"的两个透明投票箱中进行选择并投票。在被邀请出席后，哈克在最后一刻透露，这次投票的问题是："纳尔逊·洛克菲勒州长没有谴责尼克松总统的越南政策的这一事实，是否会成为你在 11 月不给他投票的理由？"并邀请参观者回答："若'是'，请将选票投到左边的箱子里；若'否'，请投进右边的箱子。"

洛克菲勒不仅是标准石油公司和大通银行商业帝国的接班人，还是一位重要的共和党政治家，曾三次被提名为该党总统候选人，并多次被尼克松政府任命为安全和军事委员会的负责人（Smith，2014）。洛克菲勒在华盛顿和奥尔巴尼就职以前，曾长期担任现代艺术博物馆董事，在哈克进行民意调查时，洛克菲勒的哥哥和嫂子都是受托人（Haacke，2009）。他们共同给馆长施加的巨大压力并不足以说服他撤走哈克的作品，但这确实导致了馆长在几个月后被撤职，也就是该作品展出结束之后。哈克保存了博物馆的访客记录和这件作品的投票记录，并统计了投票结果。"是"这一选项轻松获胜。

哈克的干预行为设立了一个意识形态的陷阱：迫使货币作为博物馆的必要条件，刺激着那些通常不可见的事物暴露在阳光之下。这也是现代艺术博物馆针对越南战争所做的一系列行动中的一部分，这些行动试图让人们注意到艺术和文化在美国资本主义和海外帝国主义的再生产中的勾连（Bryan-Wilson, 2009）。然而，也正是在这一时刻，"当代艺术"对社会批判的兴趣得以进一步发展。因此，哈克和其他激进艺术家参加了展览。他们之所以能够占领这一空间并成功介入其中，是因为资本制度再生产中存在的矛盾，这正是哈克的作品试图阐明的观点。

正如布尔迪厄（Bourdieu, 1984; 1993）著名的言论所述，艺术品位绝不是一种纯粹凭直觉或自然出现的事物。尤其是在现代，人们的品位会被教育、被精炼、被操纵，以此变成产生和积累文化与社会资本的一种手段，而这大多是在富裕阶层中进行的。然而，随着资本主义在欧洲的兴起，艺术也成为一个独特而世俗的门类。一旦艺术与宗教或工艺相结合，新兴的资产阶级（与被其所取代的贵族阶层相反，除了获取金钱外，该阶级不具备任何阶级合法性）就对单一的、可商品化的艺术品产生了兴趣，购买和收藏这些艺术品证明了其在智力和精神上的优越性（Haiven, 2014）。具有讽刺意味的是，这恰恰是一个沉迷于基础且世俗的货币流通并由此而产生的阶级，他们需要一些源于且能反映浪漫主义想象的超然领域艺术品（Bürger, 1984）。围绕着购买商品以及诸如参观画廊、拍卖等公共仪式组织起来的艺术鉴赏活动成为资产阶级再生产的核心（Baudrillard, 1981; Clark, 1999）。

购买艺术品以及参加艺术鉴赏活动的回报不仅是主观的和可共享的。新兴资产阶级们坐在相同的董事会会议室里或参加相同的活动，给这些本来相互竞争的资本家提供了一个合作和联手的机会，以自身阶层的利益结成联盟并签署协议（Currid, 2007; Thompson, 2008; Thornton, 2008）。与此同时，让自己作为艺术的赞助者，成为"更高级"人类事业的推动者，以及非异化劳动①的艺术追求的捍卫者，这些都可能被视作资本家购买的补偿或赦免——对在工厂和田地中最初为他们创造财富的异化劳动的剥削的补偿或赦免。此外，以欧洲白人男性精英产品为中心的经典艺术，围绕着该群体的统治权，创造了一个意识形态的合法领域；对艺术成就的叙事垄断证明了对妇女、有色人种、殖民地人口和工人阶级的所谓仁慈统治是正当的（Fanon, 1963）。最后，艺术品收藏和鉴赏带来了一系列经济回报。虽然艺术品是流动性很差的资产，但长期以来，它们一直被用作长期投资、储蓄工具或贷款与房地产的抵押品（Horowitz, 2011）。向博物馆捐赠或出借艺术品不仅能让艺术品收藏者获得自我满足和来自同行的赞誉，而且还能给予其减免税收和偷税漏税的机会（Davis, 2015; Steyerl, 2015）。更通俗地说，对艺术（尤其是当代艺术）的投资为富人提供了一种准金融游戏，一种模仿"真实"市场的形式，在这样的市场中，金融投机的社会心理力量在想象力的世界伸展开来（Velthius, 2007; Malik and Phillips，2013）。

所有这些动机对洛克菲勒家族来说无疑都起到了作用，并且有助于在 20 世纪 70 年代初塑造现代艺术博物馆的制度生态。20 世纪 20 年代，纽约的金融家创办了现代艺术博物馆，自那以来，该博物馆一直为他们的利益服务，同时宣称要服务于公众利益和艺术利益。但现代艺术博物馆的独特之处在于它极具示范性：从一开始就致力于收集和展示"现代"艺术（Wilson, 2009）。

---

① 非异化劳动指还没有发生异化的劳动，即人类自由自觉的活动本身。异化劳动是马克思在《1844年经济学哲学手稿》中首次提出的概念，又称劳动异化。马克思用它来概括私有制条件下的劳动者同他的劳动产品及劳动本身的关系。他认为，劳动是人类的本质，是人类自由自觉的活动本身，但在私有制条件下却发生了异化。

　　但到了 20 世纪 60 年代末，艺术家们意识到并开始质疑他们在资本主义和帝国主义再生产中的罪过，同时也试图逃避和拒绝现代艺术的文化资本和商品化的循环，但这种循环已经开始将艺术家这个群体纳入其中了（Bryan-Wilson, 2009）。资本主义为现当代艺术品收藏和展览创造了新制度框架，同时，也为与之截然相反的政治和激进主义美学打开了大门。

　　这一矛盾只是对 20 世纪 60 年代后期更广泛再生产危机的一个具体反映，在这场危机中，许多受压迫和被剥削的人们反抗资本主义和帝国主义制度，因为他们的出生只是为这些制度服务（Katsiaficas, 1987）。随着民权运动逐渐演变为黑人权力运动，帝国的种族化主体拒绝在监狱、执法部门、学校、卫生部门、住房和大学等机构再现种族等级制度。第二波女权运动浪潮和同性恋解放运动同样拒绝性别、婚姻和性行为制度，这些制度曾是战后中产阶级幸福神话的核心。学生群体也向保守的教育机构发起反抗。当时，人们虚张声势地呼吁战后"协议"中要有"自由"和"繁荣"，这一协议本应使资本主义免于崩溃，并避免暴动事件的发生（Day, 2005）。然而妥协方案正在瓦解。换句话说，与资本主义再生产密切相关的制度和身份已岌岌可危。

　　哈克对现代艺术博物馆的干预恰恰利用了这些矛盾，不仅在其自身的艺术领域内向权力发起挑战，还提出了艺术需要优先考虑的几点意象：如政治参与性、艺术共享、明确挑战社会规范，以及钝感美学等。哈克的行为反映了资本主义再生产核心制度的内在矛盾以及对该制度的反抗，同时也为这类反抗做出了贡献，他坚持认为反抗者是为民主制度再生产而服务的。

莉·洛萨诺（Lee Lozano），《真实货币艺术品》（*REAL MONEY PIECE*，1969）

莉·洛萨诺是女权主义和概念艺术史上一位具有开创性的古怪而又神秘的人物。洛萨诺实践的核心是交互式、持续性行为艺术的实验性作品，作品基于对她自己或他人的一系列简短而严格的指导说明（Molesworth, 2002; Koch, 2011; Spears，2011; Lehrer-Graiwer, 2014）。其中的典型代表是她 1969 年的《现金艺术品》，也被称为《真实货币艺术品》，该艺术品以她笔记本中的记录的形式出现，并以下列说明作为开始：

> 注：这件艺术品的开始是，罐子中有 5 美元，10 美元，20 美元——约合价值 585 美元的钞票，钞票被卷成两个或三个未解开的小包放在罐子内。这笔钱来自罗尔夫·里克（Rolfe Ricke）出售其画作《开关》(*SWITCH*) 的所得。向来客提供咖啡、无糖百事可乐、波旁威士忌、混搭饮品、冰水、大麻和钞票。打开一个装着真钞票的罐子，像糖果一样把它送给客人。
>
> 1969 年 4 月 4 日

这些说明是对她本人（以及或许未来还希望复制这个作品的艺术家）的指示，接下来，从 1969 年 4 月 4 日至 7 月 9 日的每天的实验日志里，她记录了访客、朋友和其他艺术家的反应。这些反应是多变的，从异想天开到贪婪，从欢笑到愤怒。"当我将罐子送给卡尔滕巴赫（Kaltenbach）时，他把所有的钱从罐子里拿出来并检查，然后再把它们放回罐子里。说他现在不需要钱"。（4 月 27 日）"沃伦·C.

英格索尔（Warren C.Ingersoll）拒绝接受。他说我'对待金钱的态度'令他感到非常不安"。（5月1日）"宝拉·戴维斯（Paula Davies）和玛丽莲·勒纳（Marilyn Learner）突然造访。两个人都没有拿（这些钱），但宝拉后来说她在'控制自己'"。（5月23日）然后在6月6日她写道：

> 艾伦·萨雷特（Alan Saret）再次造访并创作了一件货币艺术品，他将钞票分成两堆放在地板上，他把每一张钞票都折叠了一下然后按压，最后摆出像"脚印"的形状。看起来很不错，我要让它们在地板上待一会儿。

《真实货币艺术品》是在洛萨诺创作《大罢工》（*General Strike Piece*）的几个月后问世的，其中包括以下对自己的说明：

> 循序渐进地但坚决避免出现在与"艺术世界"有关的官方或公共"住宅区"典礼或集会上，以寻求对彻底的个人和公共革命进行研究。只在公众场合展出能进一步分享与个人和公共革命相关的思想与信息的特定艺术品。

几个月后，洛萨诺创作了更极端、更具毁灭性的艺术品：《决定抵制女性》（*Decide to Boycott Women*，为此她拒绝与女性交流）和《离经叛道》（*Dropout Piece*，作品中她不仅切断了与艺术界的联系，还经常在强力麻醉剂的帮助下，试图打破自己所有的艺术习惯）。根据传统的评测标准，1969年可以说是洛萨诺事业的辉煌时期，并在第二年的纽约惠特尼博物馆的个人展览中达到顶峰。然而，在1972年至1981年期间的某天，她消失了，此后直到1999年去世，她都一直没有再展示过艺术品，也未与家人以外的人有过交流。

虽然女性主义艺术和艺术批评直到 20 世纪 70 年代后期才真正出现，但洛萨诺是诸多被认可的女性艺术家之一，这些女性艺术家将性别、性和身体作为激进艺术实践的核心（Wark, 2006）。在艺术实践过程中，洛萨诺采纳并批评了在表现、观念和极简主义艺术中的男性主义趋势（这些趋势都是在 20 世纪 60 年代及之前出现的），以此来批判美国战后以物质为基础的艺术日益商品化和帝国主义对艺术的利用。对洛萨诺而言，"彻底的个人革命和公共革命"不仅意味着与某个事业或团体团结一致，也不是为某一事业做宣传，它体现的是通过日常生活、社交活动、习惯模式、评价期望和不同性别的身体所展现的个人行为背后存在的极其严谨的反思审视能力。洛萨诺的作品是对社会再生产领域的一种激进研究，是对矛盾的一种近乎绝望的追求。

在《真实货币艺术品》中，洛萨诺明确地使用货币来应对这些挑战，避免采用更哲学或更传统的"政治"货币方法。洛萨诺将货币作为一种社会媒介而隔离出来，在某种意义上，货币不仅可以调解人类的社会事务，还可以在人际关系、情感和认知层面制造矛盾，并使情况变得复杂。同时，货币也是一种艺术媒介，一套具有创造性的表达材料（Haiven, 2015a；2015b）。在一系列实验中，洛萨诺将现金作为"自变量"进行了准科学隔离，使其在通常情况下对社会关系无形的影响变得显而易见。

这件艺术品揭示了在纽约激进艺术圈子里四面楚歌的情谊背后，隐藏着巨大的不平等：洛萨诺本人一直被经济问题困扰，其中一个原因是她是一个实验型激进艺术家，从根本上反对商品化；另一个原因是性别压迫阻碍了她的成功，甚至一些和她类似的艺术家也是如此。然而，她工作室的许多访客都是富有的收藏家和捐助者，或者某种程度上成功的艺术家。这件艺术品揭示了这些人与货币的关系中被忽视的断层线。

《真实货币艺术品》也更普遍地阐明了货币在社会再生产中的作用。作为一个独自生活在纽约的离婚人士，洛萨诺的经济困难直接说明了女性对男性伴侣存在着依赖，因为男性可以获得更高的工资和更理想的职业。即使在更为激进的艺术圈内，金钱作为礼仪性社交的话题仍然是被禁止的，货币还在继续构建和界定社会关系。向访客提供"像糖果一样"的金钱不仅损害了货币的价值，还将私人竞争的标志美化为礼物般的圣事，削弱了货币的传统逻辑，并为截然不同的社交互动模式创造了条件。

货币是资本流通的世俗代表和日常生活媒介，而这两者之间却存在着矛盾。从传统的经济学角度来看，货币的唯一作用是在公共领域调解商业活动，充当交换价值的度量标准和标志。然而，正如我们所知，在私人领域，货币在充当人际关系和文化价值的密码或替代品时，也有着多种用途和特殊意义（Zelizer, 1997，另见本卷第三章《货币与日常生活：现代的不稳定性和创造性》）。因此对洛萨诺来说，这是一场"彻底的个人革命和公共革命"，要求人们审讯货币，因为它既是资本在流通中的再生产媒介，又是社会再生产媒介。人们还应质疑货币在公共领域协调生产劳动和在私人领域协调再生产劳动的权力。

2008年的三件货币-艺术作品

上述三位艺术家首先揭示了资本主义的矛盾和再生产危机，这些矛盾与危机在为社会和艺术运动创造机会的同时，也引发了资本主义本质的系统性变革。在探讨反映 2008 年危机的三位艺术家的作品之前，让我们简要回顾一下 1973 年后三个再生产领域发生的三次重大变化。

在资本流通方面，1973 年是费希尔·布莱克（Fischer Black）和迈伦·斯科尔斯（Myron Scholes）发表著名论文的一年，论文概述了衍生产品定价公式，这是一次数学和理论上的发展，并从根本上改变了金融领域，乃至整个全球经济（Bryan and Rafferty, 2006）。简而言之，布莱克-斯科尔斯公式连同计算机技术和网络技术的进步，将金融从实体交易平台和传统投资转移到一个由少数技术领先公司、投资银行和对冲基金主导的算法投机赌博的广阔世界（MacKenzie, 2006; Pasquale, 2015）。因此，布莱克-斯科尔斯公式是加速跨国资金流动和提高非物质化资本流动的核心，从而带来全球供应链、品牌和公司数量，以及与"全球化"相关的一系列其他力量的增长（Li Puma and Lee, 2004）。

马丁（Martin, 2015b）认为，金融化是资本主义适应非殖民化运动的一种手段，到 1973 年，非殖民化运动已在很大程度上成功破坏了世界体系的稳定。这种适应非殖民化运动的方式包括间接债务统治、破坏"发展"和秘密"平叛"等手段，以利用新殖民主义政治取代直接殖民主义，部分原因也是为了应对反殖民斗争。总部设在前殖民地首都的无固定组织架构的金融机构，以及诸如国际货币基金组织和世界银行之类的跨国机构取代了代价高昂的帝国主义方法，在使前殖民者致富并维持殖民依附关系的同时，提供了（想象的）自治。对马丁来说，金融化还提供了一种方法来回应那些殖民地国家的中青年和边缘化人群的"非殖民化"要求，如种族正义、女权主义、学生、同性恋者和反主流文化运动所表达的诉求，这是资本主义转向包容并试图分裂这些斗争的手段，并通过提供一种更灵活、更个性化的经济体系和容忍各种再生产的方式来平息这些斗争。事实上，自 20 世纪 70 年代初以来，在实际工资（经通货膨胀调整后）稳步下降的地区，个人债务推动了消费主义的扩张和新金融化主体的产生（Lazzarato, 2012）。

这一转变是由体制再生产层面向与新自由主义相关的政策和意识形态的转型所促成的，该转变同时也推动了此次转型。1973 年，因美国的干预，智利发生了一场军事政变，支持市场的独裁者奥古斯托·皮诺切特（Augusto Pinochet）上台，这为自由市场的拥护者提供了检验很早以前所提出的关于人口控制理论的绝佳机会。皮诺切特的美国顾问"强烈建议"他雇用芝加哥大学自由市场专家米尔顿·弗里德曼的学生。由此产生的放松管制、私有化和贸易"自由化"浪潮使新自由主义初具雏形，并将在未来三十年里成为全球霸权（Harvey, 2005; Klein, 2007）。除了这一系列以市场为导向的政策方案外，新自由主义还表示重塑公共和私人机构的价值观、重新设定衡量标准及协议，让受市场驱动的效率、工具主义、业务外包和简化，以及机构风险管理的理想得以实现（见 Springer，Birch and MacLeavy, 2016）。更通俗地说，新自由主义监督并促进了个人抱负的提升，推动了竞争和基本美德的自我完善，并抬升了强制性生存战略的高度（Giroux, 2008; Hall，Massey and Rustin, 2013）。

新自由主义金融化也推动了工作组织的转变，这反映在对"认知资本主义"（Vercellone, 2007; de Angelis and Harvie, 2009）或资本主义的"新精神"（Boltanski and Chiapello, 2005）的新学术方法上。这些转变通常也可以追溯到 1973 年，作为全球工人斗争周期的顶点，资本主义需要通过采取更灵活、更个性化和更多样化的态度来应对（Hardt and Negri, 2000; Katsiaficas, 2006）。与全球发达国家的去工业化以及新式通讯和生产技术同步配合，作为工人阶级基础的"大众"的观念和现实逐步让位给日益不稳定的、短期的并基于契约的劳动和消费模式（Berardi, 2009）。这种模式在当今以网络或线下平台为媒介的"零工经济"中达到顶峰，但具有讽刺意味的是，在这种零工经济模式下，新的"模范工人"已不再是蓝领阶层的"终生职业者"，而是对长期固定关系敏感的艺术家，这样的经济模式让他们能够基于天赋和激情来设计自己的职业生涯（Harvie, 2013; McRobbie, 2015）。

向这种新形式资本主义的转型同样要求社会再生产、主观思想和日常生活水平的转变。消费主义的增长伴随着社会制度、集体保险形式（比如那些由和谐社区和福利国家提供的保险）以及强制性劳动力流动性的衰退（Federici, 2012）。随着越来越多与社会生活再生产相关的工作被私有化和商品化，服务业成为可推广的模式——甚至"生产性"劳动也可被视为一种可出租的"服务"（Hansen, 2015; Katsarova, 2015）。要达成这些转变，需要给人们培养一整套新的主观思想，鼓励每个人把自己看作一个有竞争力的企业家，把我们生活的方方面面，从友谊到爱好，从外表吸引力到教育程度，看作一个资产组合，以备将来能从中得到回报（Holmes, 2002; Martin, 2002; Haiven, 2014）。

即使在 2008 年全球金融危机之后，这些转变仍持续并加速进行着。它们不仅代表了资本主义条件下三个再生产领域逻辑的转变，而且还代表了三个再生产领域之间的相互瓦解。尽管在 20 世纪 60 年代末和 70 年代初，艺术家似乎有可能介入这些领域中的某一个，但近

年来，类似于这样的社会制度：既不是由全球资本循环构成，也不
是由社会再生产和主观思想转变构成，已变得难以想象。同样，任
何此类制度在某种程度上也将依赖于社会再生产的金融化和主观思
想，进而成为全球资本循环再生产的一部分。哈尔特和内格里（Hardt
and Negri, 2000）运用经典的马克思主义术语将这一刻描述为社会对
资本主义的"真正的包容"（而不是形式上的包容），在这个过程中，
社会体系从剩余价值的产生转向"生命政治①的生产"，即生活本身
的生产。简而言之，新自由主义金融化下的资本主义不满足于通过
将社会制度和社会再生产置于从属地位，同时又赋予它们相对的自
主权来保证资本循环的再生产。相反，今天的资本主义以复杂多变
的新方式整合了三个再生产领域。艺术家如何应对这种情况将是本
章最后一部分的主题。

接下来，我将以由远及近的时间顺序介绍另外三位艺术家，首
先是关注社会再生产领域的艺术家，然后是制度再生产，最后是流
通领域。不过显而易见的是，关于这三者的区别，我的部分观点似
乎经不起推敲了。

格海曼根图（Geheimagentur），施瓦茨银行（"Schwartzbank"，2012）

2012 年，德国艺术戏剧团格海曼根图（德语意为"秘密机构"）
在已破产的前煤矿开采城市奥伯豪森的中心放置了一个经过改造的

---

① 生命政治是法国哲学家米歇尔·福柯（Michel Foucault）提出的概念，福柯将生命
政治的概念表述为"从总体上治理人口"的生命权力，将安全机制、人口、治理与
政治开放结合在一起加以考量。

白色运输集装箱（Broll, 2012; geheimagentur, 2012; Jalsovec, 2012）。
奥伯豪森依赖化石燃料的经济被全球资金流动所影响，使其经历了
一场严重的经济和社会危机。格海曼根图的运输集装箱是全球化力
量的一座苍凉纪念碑，这种力量剥夺了奥伯豪森的繁荣。而这曾经
的繁荣也包括了施瓦茨银行（"Schwartzbank"的德语字面意思为
"黑色银行"，是在 2008 年金融危机中被认定为"可疑金融机构"
的双关语）发行的一种当地货币的新单位"科尔"（写作"Kohl"
或"Coal"）。市民可以通过为社区提供一小时的服务来赚取科尔，
如照顾孩童、清扫街道或为老人跑腿。格海曼根图与当地企业、社
会服务机构以及其他商业和公共机构进行了谈判，同意以与欧元等
值的方式接受科尔。这种暂时性的双重货币的流通目的不是为了取
代法定货币，而是为了在一个看似注定要被经济淘汰的城市空间中
开辟一个重要的间隔区。

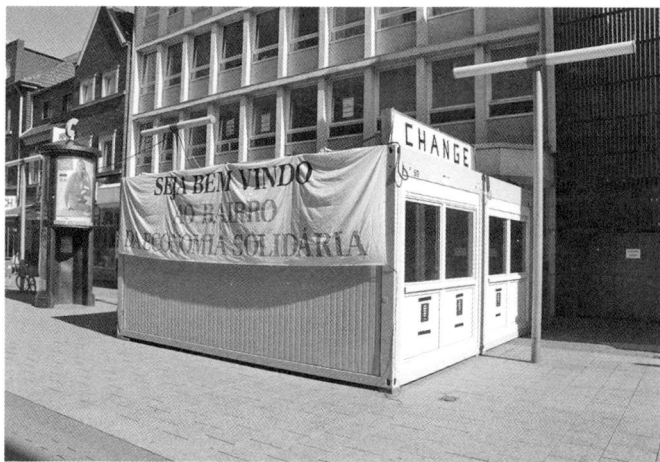

图 4.5 2012 年，格海曼根图的"施瓦茨银行"
来源：汉堡大地剧院

施瓦茨银行的野心旨在揭示城市社会再生产领域中其他非商业价值在发挥作用，尽管这些价值观没有被宣扬，也没得到回报，但对于城市和社区的再生产至关重要。格海曼根图试图通过创造一种有效运行的平行货币，重新验证作为资本主义秩序再生产基石的劳动形式，但在这种劳动形式中通常找不到任何价值，特别是在经济萧条的地区。

重要的是，格海曼根图从"第三世界"为"第一世界"引入了一套技术，其货币基础来自帕尔马斯银行，该银行是由巴西福塔莱萨社会运动为防止资本逃离危险动荡的社区而建立的一家社区银行。因对本地借贷双方账户的成功管理，并为基层企业提供了资本和资金流动性，帕尔马斯银行在国际报告中被引述为一家值得称赞的社会企业和小额信贷机构（Jayo *et al.*, 2009）。虽然帕尔马斯银行采取的上述举措确实存在很大的风险，可能会成为民间新自由主义重组和小额信贷欺诈的载体（Bateman, 2010），但对施瓦茨银行来说，帕尔马斯银行的特殊成就和面临的挑战与其重要性相比都是次要的。帕尔马斯银行为以财政谨慎而著称的德国人提供了向全球发展中国家学习"金融知识"和金融敏锐度的机会，颠覆了将德国银行业（尤其是德意志银行）提升到全球领先地位（Varoufakis, 2016）的殖民主义论调。同时，帕尔马斯银行的经验教训也有效修正了那些太过普遍的经济理性叙事。例如，帕尔马斯银行对客户试图欺骗其银行系统的行为持鼓励和赞赏的态度，并据此加以反思，用于改进其货币的设计，以促进客户金融行为的多样化，包括礼赠、易货交易以及为共同利益展开的合作（出处见：www.schwarzbank.org/）。

格海曼根图探讨了洛萨诺作品所揭示的货币贬值与秘密劳动的问题，不仅通过给予报酬的方式来认真对待再生产性劳动的价值，而且还精心制定了一个承认和奖励这一价值的公共仪式。此外，艺术团体利用并颠覆了人们将艺术视为拯救城市经济的工具的热情。2005 年前后，随着理查德·佛罗里达（Richard Florida, 2004; 2005）关于所谓"创意阶层"价值的畅销书的风行，以及得益于多种城市规划和国家政策导向，将"文化"视为后工业景观中经济增长的关键，艺术日益成为城市振兴的催化剂（Yúdice, 2003; Harvie, 2013; Rosler, 2013）。自 20 世纪 80 年代以来，民间一直流传着各种指控，指责寻求低租金和工作室空间的艺术家代表了"中产阶级的冲击力量"，在他们被更富有的专业人士替代之前，这些艺术家首先取代了不太富裕的种族化社区居民。到 21 世纪初，利用艺术来振兴城市经济的模式已被纳入政府的官方政策（Cameron and Coafee, 2005; Lees, Slater and Wiley, 2008）。尽管公共艺术预算被大幅削减，但依然很难在全球发达国家（或越来越多地在全球发展中国家）里找到一个没有投资"艺术中心"或不将自己重新定位为全球文化前沿的"下一个"热点城市。格海曼根图的计划反映了在这样的社会环境中，即像奥伯豪森这样的城市，已经放弃了使用任何传统经济发展工具来实现经济复苏的希望，热切地期望艺术家来尝试一下。

然而，格海曼根图的银行并没有承诺施瓦茨银行将吸引来自创意阶层、国家或国外的投资，而是专注于庆祝和分享社区本身的富裕和充足。从这个意义上讲，就像博伊斯"劫持"法定货币一样，科尔充当了经济交流和创造社会意义的工具，释放了现有经济参与者的共同创造潜力。

南希·弗雷泽（Nancy Fraser, 2016）将眼下这岌岌可危的政治形式描述为关怀危机，资本主义的再生产开始危及社会生活的再生产。弗雷泽通常支持恢复福利国家，以此作为提供公平、可靠（有丰厚报酬）的关怀劳动的手段。但还有另一种方法（Federici, 2014），这种方法虽然不会完全放弃反新自由主义的斗争，却将再生产劳动理解为一种激进主义的土壤，并提倡将社会再生产的基层实践视作实现彻底社会变革的平台。格海曼根图的行动领域是关怀危机，因为它影响的是全球资本主义下被遗忘的地区。但是，当资金用尽时，艺术在多大程度上能够刺激新形式的关怀和再生产劳动呢？这应该是艺术的任务吗？

扎克·高夫（Zach Gough），《布尔迪厄：社交货币》（*Bonrdieu: A Social Currency*，2014）

回到制度再生产领域，我们将再次审视一部激进式艺术和制度批判作品，但这一次它专门参与了该主题的会议和活动。2014 年，在由纽约、墨尔本和俄勒冈州波特兰的社会实践艺术家和研究人员参加的重要聚会上，加拿大社会实践艺术家扎克·高夫前后三次策划了一种用发明出来的货币"布尔迪厄币"（Bourdieux）来玩的演示游戏。游戏规则如下：

> 起初，货币的分配和与会人员的身份有关：主题演讲者拿到的最多，一般演讲者和小组成员也会拿到很多，艺术家得到一些，其余的一般与会者仅获得一点点，而一般公众则一分也拿不到。
>
> 邀请人们以任何他们认为合适的方式，用货币兑换具有社会价值的信息和物品。电子邮件地址、创意、灵感、影响力、联系信息、圈内笑话、URL 链接、网页坐标、PDF 文件等信息和物品都可以用布尔迪厄币进行买卖。
>
> 鼓励参与者讨论他们如何在艺术环境中拥有权力，以

及如何在社会参与的艺术作品中积累社会资本。会议结束时，与会人员利用自己积累的布尔迪厄币在拍卖会上竞拍极具社会资本的奖品。

与洛萨诺一样，高夫利用货币（或其替代物）创造了一场假的仪式，一场揭示了与金融化时刻密切相关的价值、商品化和新自由主义主体形成的潜在仪式。高夫继续说：

> 该游戏项目旨在揭示社会和文化资本中已经出现在学术讨论中和社会参与式艺术的会议上的经济。它还显示了我们的权力经济是如何模仿或在与我们的金融经济类似的规则下运作的。此外，该项目将货币作为社会关系的抽象表现形式，探索了量化价值的危险。

高夫的艺术行为与制度批判的先驱安德里娅·弗雷泽（Andrea Fraser, 2012）最近发表的评论产生了共鸣，这些评论甚至呼吁富有批判精神的激进艺术家去参与金融化任务。面对许多批判艺术家与1%做斗争①的承诺，弗雷泽对产生出这类作品并可流转的艺术世界展开探索，探索它是如何被货币和金融阶级侵蚀的。原因不仅仅是金融家（或那些因金融而变得富有的人）在艺术品收藏家中占据了最大比例，而且他们垄断着博物馆、美术馆和资助机构的董事会（Taylor, 2011），还因为艺术界与高级金融界的纠葛以及垄断资金对艺术机

---

① 经济学家约瑟夫·E. 斯蒂格利茨(Joseph E.Stiglitz) 在《不平等的代价》（*The Price of Inequality*）一书中论述了由1%的人掌控了大部分政治、经济资源的社会，是如何利用一系列手段勾结政治与经济，合谋掠夺了另外99%的人的财富。因此，与1%做斗争即指的是全世界99%的人民与1%的精英集团之间的斗争。

构和活动带来的吸引力，包括那些公开（通常很夸张地）寻求拒绝和摆脱这种影响的机构和活动。

图 4.6　2014 年，扎克·高夫的《布尔迪厄：社交货币》的游戏艺术
摄影：扎克·高夫

图 4.7　2014 年，扎克·高夫的《布尔迪厄：社交货币》的游戏艺术
摄影：扎克·高夫

20世纪的艺术史告诉我们，昨天的"局外人"是当今艺术界的创新者，也是未来最受欢迎的艺术商品的创造者（Rosler, 1997）。女权主义艺术、表演艺术和概念艺术的商品化和市场化证明，艺术市场的结构反映的是更广泛的金融市场不断寻找边缘的、前沿的、先进的新事物，以此作为未来盈利的机会（Malik and Phillips, 2012）。同衍生产品时代的金融一样（Martin, 2015a），金融技术可以产生价值，这种价值来自对不能即时实现商品化的过程进行推测的赌博，艺术市场不需要直接通过艺术品商品化来获得价值。在大型跨国艺术博览会上，为引起轰动并吸引人们对待售艺术品的关注，或仅为了提高自身声望，各大美术馆和经销商会定期委托非商业性的"踢馆"表演和干预活动。表演性和概念性作品可以通过增加资助者、策展人、博物馆馆长甚至活动家等象征性资本的方式来获得支持和培养，这些支持者也会因他们的胆识和远见而得到赞扬（Thompson, 2008; Horowitz, 2011）。

然而，要注意到这种新自由主义的转变，虽然非商品化、非物质化的艺术品和艺术工作者也被招募，但并不意味着这样的转变消除了激进艺术的其他价值。和博伊斯一样，高夫对艺术的态度并非愤世嫉俗和嘲弄的，而是富有同情心的，并渴望变革。高夫对艺术的态度并不意味着要求废除这种艺术品金融化的流派，而是要求改进策略。正如我们所看到的，艺术对资本和资本家的持久吸引力的一部分来源于艺术对逃避或超越资本主义形式的承诺，而资本主义形式正是艺术产生的条件。在现实中，艺术和货币总会纠缠在一起，随着货币和艺术品金融化改变了两者的本质，让这些纠缠变得更加棘手且矛盾。尽管高夫的游戏或艺术仪式可能会让人感到不舒服和被亵渎，但它呼吁参与者完善他们的策略想象力，并聚焦他们的政治视野。

正如克莱尔·毕晓普（Claire Bishop, 2012）所指出的那样，自 20 世纪 70 年代以来，当代艺术向"参与式"和互动性的转变（已经在博伊斯、哈克、洛萨诺的作品中展出）同样是艺术激进主义的产物，这种激进主义旨在打破艺术家和观众之间的等级制度，寻求一种体验消费的新自由主义倾向，并要求艺术对广大公众的消费而言必须是"无障碍"的。对毕晓普来说，"参与"本身常常被视为一种政治美德，参与的方式使认知资本主义的要求变得不再透明，而认知资本主义要求我们每个人都成为自我管理的"积极"参与者。

"参与式"艺术要想成为政治上的权宜之计，就需要更巧妙地参与金融化时刻。在这种时刻，货币不再是威胁艺术贞洁的外来力量，而是艺术（甚至激进艺术）出现条件的组成部分。因此，高夫的作品带来的不是一个愤世嫉俗的陷阱，而是一个激进想象力的集体实践（Holmes, 2012）。布尔迪厄币与高夫其他更多的作品，如《全球不稳定工作者歌集》（*Precarious Workers of the World Songbook*），《平民年鉴》（*Commoner's Almanac*）或《激进想象力体育馆》（*Radical Imagination Gymnasium*）产生了共鸣，每一部作品都鼓励艺术家将自己看作非资本主义或反资本主义转型的工人和催化剂：是的，艺术家是资本的主体，但同时具有特殊的技能与潜力，这种技能与潜力也许会揭示出彻底脱离资本主义关系或在最薄弱之处进行抵抗的时机。

高夫的艺术干预涉及了一个奇怪的命题，即在金融化社会制度中，艺术家并没有把自己塑造成不守规矩的不满者，而是模范工作者。正如安杰拉·麦克罗比（Angela McRobbie, 2001）在十年前所指出的，艺术家已经成为新自由主义时代里灵活多变、适应性强、受激情驱动的极不稳定工作者，在这个时代，长期安稳的工作被无情的"零

工经济"所取代，即便是体力劳动者和服务行业从业者也如此。身
为理想化工作者的艺术家的新浪漫主义使他们能更自由地创作，并
拓宽其随心所欲的生活方式，而这种新浪漫主义也包含了他们在工
作场所中施展准人类学艺术优势，其价值准则、等级制度和风俗习
惯，更好地引导了艺术家实现自我个性最大化的道路。高夫的作品
含蓄地提出了一个问题：如何利用这些艺术才能，以其他价值的名
义去破坏或颠覆金融化社会制度？

努里亚·古埃尔（Nuria Güell）和莱维·奥尔塔（Levi Orta），各种艺术干预项目（2015年至今）

如何利用金融流通工具来破坏或挑战该制度呢？ 2015年，加泰
罗尼亚的艺术家努里亚·古埃尔与古巴艺术家莱维·奥尔塔合作，二
人从一家公共艺术机构获得了一笔赠款，并用这笔钱在巴拿马创建了
一个避税天堂。这一行动发生在一起避税丑闻中，该丑闻涉及著名政
治官员和西班牙王室成员，其中多数人支持过2008年金融危机和随
后的欧元区危机后强加给西班牙的新自由主义紧缩政策。该政策导致
出现了史无前例的房屋止赎率，公共服务削减，失业率飙升，财富
流向企业、银行和外国投资者，甚至引发了政府以严厉措施压制和
平息异议的现象。古埃尔和奥尔塔找到了马德里的一所私立商学院，
这所商学院以新自由主义取向而闻名，其教职人员曾是多名政客的
主要顾问，古埃尔和奥尔塔就如何获得法律服务以建立避税天堂，
以及如何使他们通过一个秘密账户挪用公共艺术资金向其进行了咨
询。随后，古埃尔和奥尔塔向加泰罗尼亚的合作社和反资本主义企
业关系网提供了账户的使用权，试图利用离岸账户不受惩罚的合法
性和匿名性特征，将其作为拒绝西班牙政府政策的一种手段。

在第二项干预项目中，古埃尔和奥尔塔成立了三驾马车^①财务抗命咨询公司，为同样研究和挪用资本的技术提供了平台。例如，三驾马车财务抗命咨询公司利用空壳公司为与社会运动相关的组织和个人提供虚假发票，从而让他们免于纳税。在第三项干预项目中，古埃尔和奥尔塔派出了两家当代艺术机构的策展人，他们获得了 9500 欧元的企业赞助费，创建了一个"自持创意经济奖"。虽然古埃尔和奥尔塔帮忙确定了该奖项的得奖标准，但他们并没有坐在评审席上，而是利用内部信息来帮助他们偏爱的候选人——"自由合作社"（Freedom.Coop）平台申请并获得奖项，该平台促进了反资本主义倡议之间的合作，从而以艺术为工具，将企业财富转移到激进者手中。虽然古埃尔和奥尔塔自豪地以自己的名义宣布这些项目皆是艺术，但他们还是谨慎地将自己与项目管理分离，以免承担刑事责任。

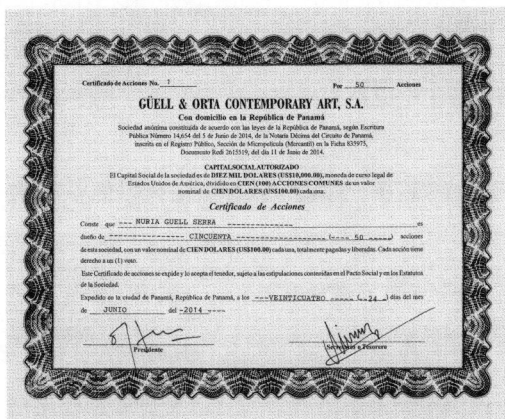

图 4.8 2014 年，努里亚·古埃尔和莱维·奥尔塔的"堕落的政治艺术"
来源：ADN Galeria

---

① 此处的"三驾马车"特指欧债危机下的国际货币基金组织、欧盟委员会与欧洲央行。——编者注

　　古埃尔和奥尔塔的作品是艺术和激进主义风潮中诸多尖端技术的一部分，这类技术试图以其他非资本主义或反资本主义价值观的名义，挪用和侵占全球一体化的金融体系。当资本循环的再生产在全球范围内提升并越来越不受民主制度的影响时，这种艺术便表现出一种后愤世嫉俗的实用主义（通常以破坏所谓的民主制度的方式）。尽管这种激进的艺术可能会参与到"警醒""揭示"和"解决"权力过度的传统中，但它的成功并不取决于能揭示权力过度的时刻，就好像我们不会一看到艺术便立刻大彻大悟并认清真相，从而变得激进而去参加某些革命运动一样。像古埃尔和奥尔塔这样的艺术家，对民族国家及其遗留制度能够重新规范全球资本主义的潜力持怀疑态度，一部分原因是他们认为全球资本主义机构根深蒂固，无法被民众意志所遏制，还有一部分原因是，作为针对 1973 年的艺术和艺术家的研究者，他们并不怀念凯恩斯主义的时代。

　　相反，古埃尔和奥尔塔以及其他许多年轻艺术家，对于利用"艺术"所具有的奇怪半自主性和制度流动性的特征来挑开全球资本的毛细血管十分感兴趣，并乐于将精力和资金转到现有的反资本主义的艺术替代品中。在大西洋彼岸，另一个类似的尝试是"占领华尔街"运动的分支机构"罢免债务滚动禧年"①（Strike Debt's Rolling Jubilee）平台，该平台通过众筹资金进入次级贴现债务市场，以购买并免除随机人群的医疗债务（McKee, 2016）。正是这些艺术替代方式，如前面提过的合作社和反资本主义企业关系网，被艺术家视为对想象力的真正干预，这不仅是因为它们代表了不同的人类合作模

---

① 为"占领华尔街"运动的一个组成部分——"罢免债务"委员会发起的滚动禧年项目，以志愿者众筹的方式筹集资金买断和注销债务，并称其为"集体拒绝式债务抵制"。

式，还因为它们提供了食物、住房、信息、思想和关怀等实质性内容，这些过程都是在崩溃体系的内部以及与体系的抵抗中进行的。古埃尔和奥尔塔认识到，在紧缩政策的影响下，资本主义循环的再生产是以牺牲公民的社会再生产为代价才得以持续和加速的，在公共服务被削减，税负以递减的方式被重新分配，公民权利受到限制的同时，财富和社会资源被跨国公司、金融机构和精英们所拥有。他们的目标是扭转那些资金流动，把资金从金融资本流动转移到基层，以恢复社会再生产手段。从这个意义上讲，古埃尔和奥尔塔的作品与当代艺术产生的共鸣较少，却与世界各地的社会运动的共鸣更多，这些社会运动正在创造新的经济网络、谋生方法和并行货币体系，以寻求侵占和颠覆全球资本主义。

艺术作为这项任务的载体之意义重大。在获取资源和避免法律后果方面，古埃尔和奥尔塔的成功，部分归功于艺术在紧缩时期获得的残余声望和意识形态豁免权。尽管困难重重，"艺术"仍旧为"可能性"保留了一层保护膜，或者更乐观地说，保留了疯狂和愚蠢。或许这与如今的社会精英对当代艺术的热情有关，反过来，当代艺术需要资源和放纵，需要能为激进艺术家提供活动空间，让其获得一定的财富。又或许这与新自由主义民族国家的忧郁有关，新自由主义民族国家拒绝曾经用来维护财政主权的干预措施，如今转而支持"文化"作为其独有的行动领域之一。无论如何，古埃尔和奥尔塔都是一代艺术激进分子的一员，他们把艺术、艺术世界和艺术市场看作征用和试验反资本主义替代品的机会。在这里，释放或启发艺术本身的潜力几乎没有希望，而要以一种后愤世嫉俗、功利主义的方式，将艺术作为其他民间创造力、激进想象力和反资本主义经济合作项目的平台。

第五章

货币及其阐释：幻想小说中货币的未来

谢里尔·文特（Sherryl Vint）

2006 年和 2007 年我去参加学术会议，会上有时髦的社会理论家做学术报告，认为这些与最新的信息技术相结合的全新证券化形式，将预示着时间的本质以及从可能性到现实这种关系的本质隐约出现改变。[①]（David Graeber, 2011: 18）

然而，对我而言，所有社会科学家、新闻工作者和时事评论员、工会和各个派系的积极分子，甚至所有民众都应该对金钱、金钱的度量、围绕金钱的事实和金钱的历史抱以严肃的关切。有钱人不可能不捍卫其利益。[②]（Thomas Piketty, 2014: 577）

[①] 该译文引自大卫·格雷伯：《债——第一个5000年》，董子云、孙碳译，中信出版社，2012，第15页。
[②] 该译文引自托马斯·皮凯蒂：《21世纪资本论》，巴曙松等译，中信出版社，2014，第595页。

对未来人类社会组织的展望必然包括未来的经济体系，而货币在人类事务中的作用至少早在柏拉图的《理想国》中就已成为政治投机的一个要素。柏拉图认为货币具有破坏性，托马斯·莫尔（Thomas More）的《乌托邦》（也就是给乌托邦主义赋名的那本书）也同样质疑货币，认为消除货币是实现正义的必要条件。近期的幻想小说中大多认为货币是必然存在的，但在这些作品里，仍然将关注点集中在相似的问题上：从市场经济对古希腊的破坏性影响，到银行业的兴起加速了中世纪欧洲封建制度的瓦解，再到我们所处的全球资本环境，经济的变化是对其他社会变革的强力催化剂。本章的重点是幻想小说是如何回应和预测了现代经济体制已经改变并将继续改变日常生活模式的。

长期以来，在西方文化中，货币的表征都与非现实世界联系在一起，如18世纪的乔纳森·斯威夫特（Jonathan Swift）和丹尼尔·笛福（Daniel Defoe）在作品中流露出的"邪恶与投机对等"的讽刺。在20世纪，人们对货币神秘化的担忧变得更加强烈，因为货币开始脱离实物形态（实物形态可以是诸如黄金这样的商品，或诸如钞票这样的标示物），变成了看不见的电子数据。布雷特·斯科特（Brett Scott, 2014）指出，在20世纪，现实中银行的运作方式越来越像游戏世界中的银行，就像一部小说中所写的："如果你放在银行的钱有350英镑，这仅仅意味着银行在其数据中心为你记录下了这一笔。"利·克莱尔·拉伯奇（Leigh Claire La Berge, 2014: 84）认为，金融化经济中的货币似乎是虚构的，因为它具有一定的时间差，是"对未来财富的所有权"，而文学作品可以描述政治经济所不能描述的这种情况。保罗·克罗斯韦特（Paul Crosthwaite, 2014: 39）同样认为，对货币的"超自然描绘"突显了金融系统的虚幻和不切实际的特点，因此我们有可能"沿着不同的替代路线重新构想这些系统"。这种说法与幻想小说中的技术相呼应,使货币似乎变得越来越非物质化,一个面向未来的时代成为描绘金融的理想选择。幻想小说通过幻想世界可能会有的不同模样,表达了对货币及其在社会组织中扮演的角色的焦虑与关注。

皮凯蒂在《21世纪资本论》(*Capital in the Twenty-First Century*, 2014)一书中称,货币已经从文学作品中消失了,因为资本的转移和固定资产的回报率破坏了文学想要表达的东西。19世纪的小说内容几乎都提到了资本,因为土地和固定租金回报率之间的关系在当时是人尽皆知的,小说可以用这种关系来传达关于人物阶级的信息(133, 207)。这种关于货币的具体信息在现代已不再是小说的基础,但尼基·马什(Nicky Marsh)和拉伯奇等评论家认为,20世纪和21世纪的文学家找到了其他的表达方式。马什(Marsh, 2008: 2)在研究英国小说时称,英国小说反驳了金融言论里的"禁用神秘性"的说法,而拉伯奇(2014: 4)在美国文学作品中发现了一种新的审美观,这种审美观来自金融经济的"当前和未来之间的紧张关系与可能性"。幻想小说为人们提供了十足丰富的文本档案:正如本章开头引文部分中格雷伯所暗示的,现在的货币本身看起来几乎就是一种幻想小说。奈杰尔·多德(Nigel Dodd, 2014: 6–7)认为,货币是"社会的一种强大而必要的幻象",他对"通过我们组织货币的方式来改善社会的可能性"的兴趣也同样与幻想小说内容中的共同目标相呼应,这种目标就是在物质世界中通过表现形式的革新来实现变革。

在21世纪,幻想文学和其他文学融合,认为世界变得更像科幻小说的想法扩展到了货币领域,不仅出现了数字货币,还有金融体系中持续出现的金融危机,在这个金融体系中,衍生品和债务抵

图 5.1 20 世纪 90 年代前后，香港证券交易所内部
来源：The Image Bank/Getty Images；摄影：加里·克莱尔（Gary Cralle）

押债券等工具使经济本身既是虚构的事物，同时也是一种技术。尽管 20 世纪 30 年代和 40 年代，作为黄金时代的幻想小说的内容中曾设想通过科技创新来实现经济的惊人进步，但这些小说里的内容往往只是单纯地基于一种假设，即资本主义市场经济将继续存在下去，并在这个经济体系内奖励创新者，即使这一体系设想了一些新货币，但新货币也通常是由一个全球性政府发行的。我们在伊萨克·阿西莫夫（Issac Asimov）所写的《基地》（*Foundation*）系列小说（1942—1953；1981）中可以发现，经济作为社会引擎这一点得到了更明确的关注。《基地》系列小说预测了一个银河帝国未来数千年的历史，该帝国通过数学治理方式来组织，而这需要的是计划经济。[1]

本章的其余部分将着眼于幻想小说的例子，通过这些小说来审视三个核心问题，这些问题同样也困扰着货币社会理论家，影响着公众辩论。它们是：货币的价值来源是什么，以及货币衡量的价值单位是什么？把货币理解为一种技术意味着什么，以及通过研发新技术来创造和分配货币会带来什么样的变化？在全球金融危机之后，鉴于现在更强调货币作为债务而不是货币作为资本的属性，我们该如何理解货币？

货币与价值：货币衡量的是什么？

幻想小说中，一个反复出现的与货币有关的主题是货币与黄金的关系，这说明了人们对于货币社会理论中黄金的意义的广泛关注。乔治·艾伦·英格兰（George Allan England）的《金色的荒芜》（*The Golden Blight*, 1916）是诸多变形故事中的一个，这些故事要求我们思考，如果一项技术能够将某物变成黄金或将黄金变成毫无价值的东西，将会发生什么。对英格兰来说，这将使人类从对资本家的迷恋中解放出来。更具创新性的故事是弗兰克·奥罗克（Frank O'Rourke）的《速溶黄金》（*Instant Gold*, 1964），这本小说的创作灵感来源于罗斯福第 6102 号行政命令，该命令试图通过禁止个人持有黄金和暂停美国公民用纸币兑换，来防止民众囤积黄金。故事中，一家公司出售一种名为"速溶黄金"的粉末，当粉末与水结合时，会产生比粉末的购买价格高出 60 美元的黄金，而政府必须买下这些黄金。《速溶黄金》这本书讽刺了通过创造更多的货币却没有获取黄金等价物而使货币贬值的政策。在未来，美国摆脱了外国控制债务的阴影，因为美国现在拥有可偿还这些债券的黄金。这场金本位制危机最终将导致我们在 1971 年后采用所有货币都以美元计算的浮动货币体系（见本卷第二章《货币及其理念：在专家政治和民主制度之间》）。

图 5.2 1993 年，新泽西州一家银行的金库里存放着大量兑换货币的黄金
来源：Keystone-France/Gamma-Keystone/Getty Images

　　这些有关黄金的故事揭示出未来思考货币的主要困难，其中之一就是对货币究竟是什么的困惑。大多数人认为，货币至少由三个要素组成：抽象的价值单位、债务和信用的记账体系以及价值储藏。然而，目前尚不清楚这三者是如何相互关联的。货币是像黄金一样的实物商品吗？或者说，能否将货币的本质更恰当地理解为一种借贷体系，而金币则是这些价值的象征？自从金属货币被发明以来，我们往往认为货币既是一种价值的标志，又是一种具有内在价值的东西：金币总是可以熔化并出售的，有时价值可能超过其面值。[2]
伊丽莎白·费里（Elizabeth Ferry, 2016）指出，即使在 1971 年之后，人们对黄金"固有"价值的信念仍然继续影响着我们对货币的看法。她认为，对黄金价值的这种信心加深了人们对纸币的怀疑和对数字加密货币比特币的积极态度，例如，比特币关于开采金矿的符号性

的影射 ① 将人们对黄金的这种信任态度转移到了技术上。³ 这些故事引发了关于黄金是否具有任何"固有"价值的讨论，如埃德加·爱伦·坡的短篇小说《冯·肯佩伦和他的发现》（*Von Kempelen and His Discovery*, 1849）中所写，一旦发明了一种将黄铜转化为黄金的方法，黄金价格就会大幅下跌。然而，许多幻想小说内容中对未来货币技术的预测，包括我们此后亲历的变化（从硬币到纸币再到电子信息，以及新的支付系统，如信用卡和借记卡），并没有从根本上改变这些货币技术所锚定的最本质的事物。

或许，货币不应被理解为商品（如黄金）和交换媒介（如记账系统），而是"一种社会技术：一系列组织我们生产、消费以及我们共同的生活方式的思想和实践"。（Martin, 2015: 33）。这一定义最能够反映幻想小说中对待货币的方式，它们更多的是关注通过货币支持的各种社会秩序，而不是用来衡量其价值的单位。即使幻想小说中乐于想象新的货币单位，但人们的注意力也仍然集中在由这种新货币所构建的其他社会互动的方式上。从埃里克·弗兰克·拉塞尔（Eric Frank Russell）的《一无所有》（*And Then There Were None*, 1951）中的一种通过提供与人们从社区获得一样多的东西来努力避免享受过多帮助的互助制度——"ob 货币"；到科里·多克托罗（Cory Doctorow）的《魔幻王国的毁灭》（*Down and Out in the Magic Kingdom*, 2003）中所写的在货币无关紧要的后资源匮乏世界

---

① 比特币从诞生之初就一直被用来和黄金做比较，它们都被视为是游离于法币之外的货币，但同时又有着商品的属性。因而比特币也被称为"数字黄金"。在比特币世界里，矿工们验证交易、构造区块、寻找哈希值、延长区块链，最终获得区块奖励和交易费，好似在沙子中淘金，这个过程被形象地称为"挖矿"，这和真实世界中的开采金矿有着异曲同工之处。

里以社会名望作为衡量指标的"whuffie 货币";[4] 再到安德鲁·尼
科尔（Andrew Niccol）执导的电影《时间规划局》（*In Time*, 2011）
将时间本身定义为一种货币，使人们看到了不公正的经济秩序是如
何在延长富人寿命的同时缩短了负债者的寿命的。现实中，本地货
币的例子反映了一种与之类似的认识，即经济交换单位从根本上讲
始终是人与人之间相互作用的衡量标准。例如，在一定区域内采用
伊萨卡小时券或布里克斯顿英镑等货币的目的是保持本地汇率的兑
换。"手工现金"[①] 的设计通常反映了它试图强化的社会秩序的价值
（Crane, 2015）。

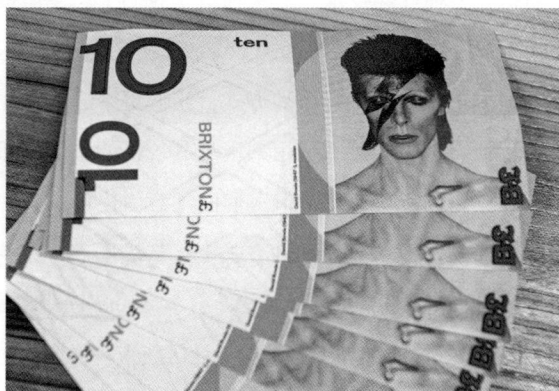

图 5.3　印有英国音乐家大卫·鲍伊肖像的布里克斯顿英镑纸币，这是一种伦敦南部布里克
斯顿区使用的本地货币
来源：法新社 /Getty Images；摄影：克里斯·拉特克利夫（Chris Ratcliffe）

马丁（2015）认为，货币是一种可转让信用的社会技术。格雷

---

① 手工现金，指由当地人设计并用精巧工艺制作的小批量现金，这种本地货币并不用
　于收藏，而是在纯现金社区或企业中被合法接受并流通。手工现金在伦敦、阿姆斯
　特丹和纽约等地曾风靡一时。

伯（2011）从相反的角度来看同一段历史，主要将货币看作一种债务体系，尤其关注他所称的社会义务和互助的"人类经济体"是如何被将债务转化为抽象的、可衡量的和可转移的货币价值的市场经济所扭曲的。马丁和格雷伯都认为，如果不与其他道德考虑相平衡，货币会对社会造成危害。马丁（2015: 149）还认为，随着启蒙运动错误地将货币价值理解为黄金实物商品所固有的价值，关于"货币在多大程度上应真正成为社会生活的协调机制"的争论消失了，使曾经"至关重要的道德和政治的公正问题简化为客观科学真理的机械应用"。同样地，格雷伯（2011: 13）强调，债务作为一种严格的金融措施是"简单、冷酷和缺乏人情味的"。他的著作追溯了在帝国扩张过程中的货币的起源，他认为，围绕着偿还债务的道德论述在历史层面上证明了，建立在暴力基础上的社会关系的正当性；同时，抽象经济价值的发明是使奴隶制变本加厉的关键。

创作幻想小说的前提是要有对新的社会世界的推想，而新的社会通常是由新的科学或技术驱动的。幻想小说的力量在于它探索了嵌入其他具体社会关系中的技术创新，而不是作为实验室中的抽象概念。如果我们把经济学理解为一门科学，[5] 我们同样可以看到，对人类文化更广泛的影响往往不是在学科内部产生的，而是由幻想小说家推想的。格雷伯作品的创作动机源于他在具有掠夺性特征的经济体系中看到的不公正现象，在这种体系中，人们为了谋取利润而摧毁生命，许多幻想小说家也同样有动机将货币作为一种异化的社会技术来探讨。

塞缪尔·R. 德拉尼（Samuel R. Delany）的《老维恩的故事》（*The Tale of Old Venn*, 1979）通过一个叫做老维恩的女人的声音，思考了当一个部落社会遇到市场经济时会发生什么。老维恩住在部落，但她了解以货币为基础的城市文化，她教一些当地的孩子书写货币符号，并警告他们这个货币体系是为"控制奴隶"而发明的。在德拉尼虚构的部落中，两性和谐相处，女性在满足物质需要的经济生活中发挥着重要作用。与人类学家通过殖民主义研究货币引进的后果的观察相呼应的是，在德拉尼的部落社会里，货币的交换是有仪式性的，以威望而非需求为导向，根据部落居民的社会模式让男性在货币领域占有统治地位。然而，随着流通的货币越来越多，人们认为有价值的东西就越被其扭曲，这是因为交换有价值的技能和货物的易货体系[6]被一个财富积累的威望体系所取代：

> 现在，掌握一些技能的妇女不得不去找拥有货币的人，这个人通常是个男人，然后把她的商品换成货币，然后再把货币换成她需要的东西。但是，如果没有货币，她所有的力量、技能和商品根本无法赋予她任何的权力，而她也很可能不会拥有这些力量、技能和商品。（Delaney, 1979: 93）

维恩认为，货币反映并摧毁了事物，[7]同时也改变了社会生活，并掩盖了这种变化的深度："现在我们生活中的价值观与以前的价值观是背道而驰的，即使表达这些价值观的形式与过去并没有非常大的差别。"

继20世纪70年代的经济危机之后，随着个人电脑的出现，赛博朋克（cyberpunk）以经济为中心，但不关注货币本身。赛博朋克预测了公司治理取代民主制度的未来及全球资本主义最糟糕的一面，并重点关注那些侵入积累财富堡垒的局外人。威廉·吉布森

（William Gibson）在他的小说《神经漫游者》（*Neuromancer*）中把大都市的生活描述为：

> 一个社会达尔文主义实验，无聊的实验设计者不断按着快进键，让它变得混乱而疯狂。要是不忙活着点，你便会波澜不惊地沉下去，可要是稍微用力过猛，你又会打破黑市那微妙的表面张力。这两种情况下，你都会不留痕迹地消失。[①]（Gibson, 1984: 7）

吉布森的作品不仅为我们贡献了一个术语"网络空间"，还促使研究团体发明出许多我们今天认为理所当然的社交媒体和银行技术。在《神经漫游者》中，货币无处不在，从某种意义上说，人们对货币的追求驱动着书中的角色，然而赛博朋克并没有改变我们对货币的理解。

吉布森最近的作品《神经末梢》（*The Peripheral*, 2014）将对经济系统的控制与未来的生产联系了起来。本书以他在《零历史》（*Zero History*）三部曲（2003—2010）中对广告文化的批判为基础，设想了一个由盗贼统治并依赖仿真机器人劳工（末梢设备）而运转的未来社会，同时构建了一个复杂的情节，以阻止书中角色遭遇所谓的"头奖"，即一系列的环境、经济和社会的崩溃使大多数人类死亡的情况。从"头奖"出现之后的 2098 年，人们通过一项技术与来自"头奖"出现前的 2028 年的人们交流，该技术允许他们及时向过去发送包括财务在内的信息。这些 2098 年的主人公可以把"货币"发

[①] 该译文引自威廉·吉布森：《神经漫游者》，Denovo译，江苏凤凰文艺出版社，2013，第8页。

送回去，从某种意义上说，发送给银行的数据成为 2028 年时间线内的人们获取金融资源的途径，这是金融化如何使资金隐形的恰当比喻。拉伯奇和克罗斯韦特注意到，新的货币技术体现了货币的社会焦虑方式——从代表客观经济秩序的股票行情报价机的机械撞击声（Crosthwaite, 2014: 42），到体现冷漠无情的金融社会兴起的自动取款机的酷炫与神秘（La Berge, 2014: 43）。吉布森的时间旅行货币象征着金融在创造价值的过程中依赖于当下与未来之间复杂的纠缠方式。在不久的将来，当代的主人公把那些生活在更遥远的未来的主人公称为"冒险资本家"，这一词语应该会让读者想起风险资本，以及通过投机性投资和衍生品交易进行的所谓"时间旅行"。

图 5.4　1929 年，纽约首次推出股票行情自动收录器
来源：Bettmann/Getty Images

图 5.5 1968 年，法国巴黎推出自动取款机
来源：Keystone-France/Gamma-Keystone/Getty Images

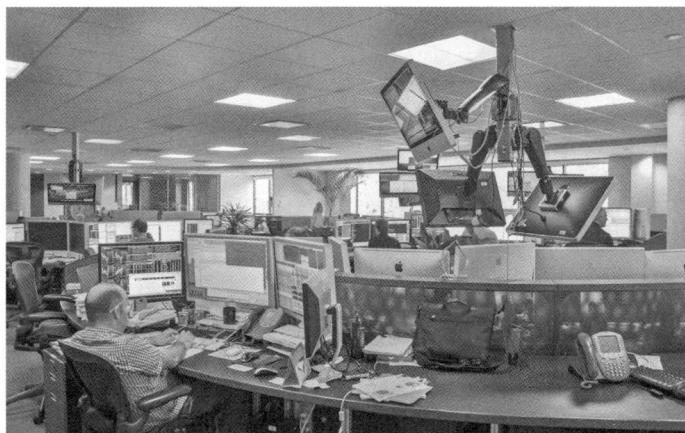

图 5.6 2014 年，领先的电子和在线交易金融机构——盈透证券的证券交易区
来源：维基共享，CC BY-SA 4.0

　　吉布森提醒我们注意，在遥远未来堂而皇之的盗贼统治的社会，和不久的将来（以及读者所处的现在）那种更虚伪的政治和金融结构之间存在着相似之处。在遥远的未来，两个派系争斗不休，不仅想控制过去，还想控制未来生存的世界。在这个故事中，各方将竞争性的"掠夺性交易算法"用来与竞争对手对抗，提醒着我们当代经济在多大程度上依赖于看似昙花一现的投机市场。《神经末梢》中还谈到由流行语反映出的持续焦虑：随着货币的表现形式从硬币或纸币转变为电子数据，货币变得更加容易被精英投机操弄。

　　当吉布森试图将全球化资本的腐蚀性影响进行分类时，与他同时代的金·斯坦利·罗宾逊（Kim Stanley Robinson）却专注于构想能够为资本主义及其社会商品的不均衡分配提供替代方案的未来。罗宾逊以其环境幻想小说而闻名，但从一开始，他的观点和主张便是：更具生态可持续性的社会将需要一个更公平的经济体系。尽管罗宾逊并没有写过任何关于新型货币的作品，但他多次证明了经济体系对塑造我们可能生活的多种社会所起的核心作用。他的第一套长篇小说系列被称为"加利福尼亚三部曲"，探讨了在 20 世纪 80 年代中期，在技术快速发展和放松管制的有利条件下，对加利福尼亚州奥兰治县未来的不同看法。三部曲中的第一部是《蛮荒海岸》（*The Wild Shore*, 1984），主要讲述了一场有限核战争后，一小群生活在美国的幸存者被隔离的故事。这本书展示了幸存者为重建贸易和文明所做的努力，但他们的努力受到外部管制和内部猜疑的阻碍，而这些阻碍似乎来自幸存者记忆中已失去的某种美国的资本主义竞争精神。

　　《蛮荒海岸》一书以一个令人毛骨悚然的场景开始：为了寻找大量银器，尚处于青春期的孩子们在挖掘墓地，有人告诉他们，这些银器被装饰在战前堕落时代人的棺材上。孩子们想成为"物品交换会的国王"或皇后，然而他们发现的那些银器只是漆银塑料。这种失望感使他们非常向往过去那个消费主义的舒适世界。而在整个故事临近尾声时，汤姆，一位在 1987 年发生核爆时只有 18 岁的老人，他试图让孩子们明白，尽管他们的祖先已经积累了以消费品衡量的财富，但为维持这种消费水平所需的基础设施而付出的代价却并不值得。在一次讲话中，汤姆提出了当代人为了高级金融"像老鼠一样奔忙"的看法，他告诉孩子们，

　　那真是一种愚蠢的生活，这正是为什么当人们谈论为恢复过去而战时，我不理解的道理。当时的人们在匣子里拼命工作以便能租到个匣子并访问其他的匣子，他们一辈子都像老鼠一样在匣子里奔忙。我自己也不例外，那种生活毫无意义。[①]

《蛮荒海岸》一书通过对失落世界经济体系的批判，突显了这本小说与其他关于核战后重建作品的不同。小说中，汤姆试图向年轻一代人解释为什么美国仍处于隔离状态，他说，

　　那是个罪孽深重的美国。到处闹饥荒，我们吃的像猪食，人饿死了，我们便吃他们的尸体，舔食他们的白骨……我们是个怪物，我们吞食了世界，所以得到了报应。[②]

---

① 该译文引自金·斯坦利·罗宾逊：《蛮荒海岸》，贺天同译，河北少年儿童出版社，1998，第240页。
② 同上，第317页。

这个严酷的世界能给人带来的一丝希望便是：一个崭新的、更加公平的美国可能会从这些灰烬中崛起。

《黄金海岸》（*The Gold Coast*, 1988）向我们展示了如果不采取任何干预措施来阻止技术和资本的扩张，美国的未来会是什么样子。这本小说将背景设定在不久以后的 2027 年，它推断城市加剧扩张，尽管这不是世界末日后的世界，但小说本身是反乌托邦的。主人公吉姆·麦克弗森漂泊多年，27 岁时找不到工作，无法以有意义的方式致力于自己热衷的艺术，只能参与最表面的社交活动，并不断寻找新的药物来分散注意力。罗宾逊明确表示，吉姆的倦怠是由他生活环境中受利益驱动的经济秩序造成的，这种秩序强调个人自由胜于社会责任。小说中，吉姆和他的母亲就国际货币基金组织的贷款政策争论不休，这些政策破坏了当地的经济，迫使出口农作物的产量超过自给农业，吉姆被他的朋友亚瑟的社会主义愿景所吸引。通过亚瑟，吉姆参与了反枪支抗议活动。在书中的这一现实主义的章节里穿插了一些关于奥兰治县过去的真实生活，生动地描述了那段拥有可持续农业、丰富的动物种群和繁荣的果树园的时期。汤姆回忆说，沉溺于这些过去幻象的吉姆，在现实中却正饱受痴呆症的折磨，在一家冰冷无情的医院里奄奄一息。在一次埃及之行中，吉姆看到了贫困带来的最悲惨的痛苦与他的喜来登酒店客房所代表的富裕相距仅几步之遥，这种差距激起了他的厌恶感和更强烈的疏离感。小说的结尾是吉姆认为经济不公破坏了社会性，他决意去过一种完全不同的生活。

三部小说中最具挑战性的是《和平边沿》（*Pacific Edge*, 1990），该书的故事背景为 2065 年的埃尔摩德纳，书中的部分章节描述了另一个版本的汤姆的经历，20 世纪 80 年代时的他试图从埃尔摩德纳的可持续的集体治理模式中为自己的隐居生活找到出路。这部小说不是单单谨慎地假定一个其他地区隔绝的虚构乌托邦，而是展示如何通过重新利用这个世上的遗迹来建设一个更美好的世界。小说的重点仍然是生态可持续的生活方式，但经济学在其中发挥着突出的作用。在 20 世纪 80 年代期间，汤姆了解了经济全球化，这也意味着他的美国式生活方式——这种"奢华的小岛"，是建立在世界其他地区仍然是"悲惨而痛苦的战争、无尽的饥饿的海洋"之上的。建设埃尔摩德纳的第一步，是在不"造成经济萧条"的情况下，找到将用于军事的经济"转变"为用于民用需求的方法，比如埃尔摩德纳的居民通过发现气候变化的源头，将自己的房屋改造成可以使用阳光并能自己种植食物的生活建筑，所有这类尝试都是通过高效的计算机系统来管理的。在罗宾逊和吉布森两者的推断的对比中，我们看到幻想小说不是关于技术决定论①，而是在使用技术方式时人们的选择，计算机是用于维持生态或用于高金融领域的投机活动。

埃尔摩德纳正处于政治危机中，绿党和联邦党这两个敌对派系为最后一块未开发的土地争夺。联邦党人希望将其分区规划为商业区域，以便建造一个新型生物技术设施；而绿党还记着限制企业权力的政治斗争，他们对工业的快速扩张表示怀疑。埃尔摩德纳的经济模式保留了货币及一些其他特征，如公共用地和公共事业等公有制，对最富有者征收最重的累进所得税，以及居住在埃尔摩德纳的

---

① 技术决定论最早由凡勃伦于1929年首次提出。该理论分为强技术决定论和弱技术决定论两大类。强技术决定论是极端的技术决定论，认为技术是决定社会发展的唯一因素，否认或低估社会对技术发展的制约因素，其代表是奥格本学派。弱技术决定论认为技术产生于社会，又反作用于社会，即技术与社会之间是相互作用和影响的，也被称为社会制约的技术决定论。

所有人应向社区提供公共劳动服务等。集团企业已经缩减为"公司"，公司被要求必须有当地的办公点、雇员，并承担社会责任。联邦党人希望建造一家新的生物技术企业，但这需要更多的资本，很多人将这视为对他们生活方式的威胁。另外，该公司试图隐藏其部分收入以逃避社区税收，以便用其投资于自身，使其进一步扩张。正如汤姆所说，成立这家生物技术公司的最初的目标也许是值得称赞的，"这个设备……能拯救生命"，但错误的逻辑将该目标变成了一个经济目标："拯救更多的生命与赚更多的钱，这两者在他的生意中被混为一谈，如果你试图以任何方式阻碍其赚钱，那么在他看来你这是在阻止他拯救生命"。公司本身很容易拿经济增长作为正当理由，管理者得出的结论是，恢复旧基础设施的风险远远超过生物技术可能提供的任何收益。

在罗宾逊最近的小说《2312》（2012）中的三百年后的星际文明里，他对可持续性的关注仍然存在，但他对资本主义批判的紧迫性变得更加强烈了。书中，他叙述了一位虚构的历史学家做出的历史分期，这位历史学家解释了人类是如何设法走出21世纪祸在旦夕的经济和生态危机，并进入这个人类广阔聚居地的24世纪的。关键因素在于2130至2160年的转变期里"价值观的突变"，以及随后签署的《蒙德拉贡协定》，该协定意味着空间定居是基于互助的经济价值观而非竞争。[8]对罗宾逊来说，经济价值观的革命和任何其他技术变革一样，对人类的未来至关重要。

货币和技术/货币作为技术

在幻想小说中，新型支付技术取代了实物现金支付。这一类型的幻想小说在20世纪40年代和50年代广泛兴起之时，恰逢战后经济的一个重大转变期——最初，银行通过为退伍军人提供的担保住房贷款，以及新形式的信用卡消费债务（如 1950 年的大来卡和 1958 年的美国运通卡）从而实现大规模的债务扩张，这一信用放贷模式很快便成为银行业盈利的一部分（La Berge, 2014: 40–41；另见本卷第一章《货币及其技术：让货币在现代流通起来》）。20 世纪 60 年代和 70 年代的小说倾向于将货币称为"信用"，而不是美元。例如，菲利普·K. 迪克（Philip K. Dick）在其反消费主义的小说《尤比克》（*Ubik*, 1966）中使用了 PosCred 货币，但在大多数情况下，这种幻想小说并不能完全解决信用卡支付的问题。巴蒂斯–拉索等人指出（Bátiz-Lazo *et al.*, 2014: 104），对新技术的采用"有多少基于想象中的未来，就有多少基于目前的现实"，他们展示了金融业如何利用投机性技术来预测"无现金社会"乌托邦式未来的，并用推广诸如信用卡之类的新工具来证明这一点。这些创新并没有从根本上改变货币的运作方式和其价值的产生方式，而仅仅是改变了"允许一个社会交换货币的机制"（2014: 108）。早在爱德华·贝拉米（Edward Bellamy）的《回顾：公元 2000—1887 年》（*Looking Backward: 2000–1887*, 1889）中，就设想了这样一种工具，在使用它的情况下，借记卡会自动加载每个公民在集体生产的财富中所占的份额。因此，贝拉米的设想涉及无现金支付，而信用卡系统则是从消费者债务中发展起来的。

信用卡与新出现的可用抵押贷款一起改变了货币的社会技术，"在一代人的时间里，债务不仅成了一种普遍现象，而且几乎成了整个中产阶级和工人阶级预期的权利"（Weatherford, 1997: 224）。这一转变一直持续到 21 世纪，产生了重大的社会影响，最为显著的是 2008 年的全球金融危机。这场危机是由于银行将消费者抵押贷款债务的"资产"包装成投资工具而造成的，这种投资工具是一座虚构的价值大厦，一旦人们意识到基础债务永远不会还清，没有一笔钱是"真实的"，这座大厦也就倒塌了。

现代社会货币理论中持续存在着的一个问题是：什么使货币变得"真实"？尤其在 21 世纪，这种投机性的想象与价值的投机性本质的融合，再次强化了我们如何将经济本身概念化为一种幻想小说的想法。向电子支付方式的转变，如信用卡、借记卡、银行转账以及苹果和三星开发的新形式的移动支付方式等，改变了现金和以现金交换为基础的社会关系的地位。这些转变强化了金融机构在消费者和债权人之间的调解作用，提高了金融机构在日常生活中的权威。这些变化引起了更大范围的讨论，涉及公民共融①所必需的金融机构的准入，这引发了数字货币实验，以及幻想小说和物质创造的进一步融合。

图 5.7 2016 年，莫斯科地铁站内，一位上班族通过银行卡和刷卡机支付车费
来源：俄通社－塔斯社 /Getty Images；摄影：德米特里·谢列布里亚科夫（Dmitry Serebryakov）

---

① 公民共融（civic inclusion），指帮助移民或公民融入社区的过程。

在这些数字货币的实验中被讨论最多的或许是比特币，它与幻想小说，尤其是密码朋克有着紧密的联系。密码朋克是一群精通计算机的自由主义者，主张通过加密来保护个人隐私。密码朋克在2008年金融危机后不久就开始接受比特币，部分原因在于比特币的声誉不受政府控制。但正如斯科特（2014）指出的，该观点错误地暗示了"只有隐私才能实现社会赋权"这一点。斯科特还说，比特币的吸引力"本质上是一种权力阶层的意识形态，而不是弱势群体的意识形态"。尼尔·斯蒂芬森（Neal Stephenson）的《编码宝典》（*Cryptonomicon*, 1999）将二战中的事件和一个与小说出版同时代的IT初创企业联系起来，讲述了一个波澜壮阔的故事。小说中设想了如何创造一种电子货币，以及为什么有人会希望这样做。斯蒂芬森设想的电子货币与比特币有着重要的区别，其重点是，斯蒂芬森将这种电子货币视为只用于在线消费的工具。[9]尽管他与比特币的倡导者有着相同的自由主义理想，但这部小说并没有预测到避税以外的重大社会变革。

《编码宝典》开篇讲述了1941年发生在上海的混乱一幕，当时因该市多家银行之间大量的纸币转运而造成交通堵塞，这些纸币将被送到它们的发行银行，这样发行银行就可以向持有纸币的银行支付所需的白银。现实中，人们对金属货币的价值始终更有信心，这种信心也因此影响了这部小说，小说的内容还涉及对货币和密码学如何发挥作用的详细解释。书中历经过二战的人物最终拥有了埋藏在菲律宾的日本黄金。小说的主人公兰迪·沃特豪斯是一位生活在20世纪90年代的IT安全专家，他在虚构的亚洲岛国吉纳库塔建立了一个安全的数据港。该岛国的苏丹清晰地阐明了各地密码朋克的梦想，那就是"实现信息的完全自由。因此我放弃政府对跨境和境内数据流的所有控制权"。

兰迪和他的合作伙伴还开发了一种实时加密和解密的工具 Novus Ordo Seclorum，意为"时代的新秩序"，这是自 1933 年以来印在美元上的美国国玺的座右铭。《编码宝典》一书将其对隐私的关注与自由主义精神联系起来，自由主义精神与一个致力于个人自由的新型政治实体美利坚合众国的建立有关。这本书标志着匿名且不受监控的电子货币的发明，这是朝着重建自由的社会秩序迈出的第二步。兰迪的商业伙伴艾维是犹太人，他一心想阻止未来可能发生的种族屠杀，他相信互联网隐私是摆脱独裁者的必要条件。兰迪和艾维认为，使用数据港和电子货币是一种避税的方式，这是一个道德问题，因为政府只会把这些钱花在他们不支持的军事行动上。[10]民主和社会正义是由最大限度的自由来保证的，这种自由包括不受任何国家控制的货币。因此，《编码宝典》将隐私与私人银行业务以及个人自由的延续关联在一起。从根本上讲，这部小说的观点是信任个人，不信任公司实体，尤其是不信任政府，因此没有考虑到匿名和无法追踪的银行系统可能会给人类带来怎样的痛苦。

在对比特币的分析中，斯科特（2014）得出了恰恰相反的结论。人们高度重视比特币的区块链验证技术，因为区块链技术允许交易双方在没有个人接触或第三方机构作为担保人的情况下信任彼此的真实性。他认为，与制度腐败相比，这种情况远远不是个人内在可信赖性的证据，而是对霍布斯社会契约理论的一种技术更新。霍布斯社会契约理论认为人类天生是不可信赖的个体，人类的第一本能是将自身利益最大化。

斯蒂芬森的作品中没有关于加密货币如何改变基本经济制度的更为实质性的观点，尽管我们可以在上文讨论的罗宾逊小说和当代社会发展中看到这些价值观的暗示。例如，另一种加密货币"公平币"（FairCoin）实现的前提是无政府集体主义的理想，以及将追求"平等和再分配"作为比"对历史财产权的严格保护"更高目标的经济政策（Scott, 2016）。这些价值观也塑造了罗宾逊创造的未来。这种对比突显了一个事实，即货币既是一种便于支付的系统，又是构建物质商品流通方式的价值观的表达。罗宾逊在没有重新构想货币的情况下对后者进行了预测，而斯蒂芬森在没有重新构想社会分配标准的情况下对货币进行了再创造。《编码宝典》中也未能解决困扰比特币的许多问题，例如，比特币在非法交易市场中的作用或私人避税天堂对集体政府的影响，而这正是被皮凯蒂认定为21世纪经济危机的核心问题。

　　斯蒂芬森设想在某种程度上，电子货币与商品货币的历史是一致的。纸币是一种兑现黄金的承诺，而要让这样一个系统发挥作用，必须有一个能够实现这种兑换的黄金储备。日本黄金同样可以确保斯蒂芬森的电子货币的安全。[11] 斯蒂芬森笔下的人物声称，黄金储备是"过时的"，直到"东南亚所有无黄金储备支持的货币都毁于一旦"，书中人物这才认可黄金代表了某种超越具有代表性的货币的"真实"价值的想象。莫勒等人（Maurer, 2013: 273）称，这种以黄金作为支撑的电子货币体系为"数字金属主义"，并认为比特币对金属也有着同样的迷恋：尽管比特币并非像斯蒂芬森的货币那样建立在物质储存库的基础上，但它与采矿业相关的语言引发了我们对这些术语和其特征的思考，其中的特征——"严格限制货币供应的反通胀经济学，以及人类矿工与非人类硬软件形式的社区劳力"，在概念和逻辑上都复制了一种金属标准。然而，莫勒等人也指出，比特币不像黄金那样是一种商品货币。从本质上讲，比特币是一种信用货币。

　　因此，《编码宝典》中，电子货币的概念既改变了货币，又没有改变货币。它作为数字证书的虚拟实例看似具有革命性，但事实上，电子货币只是对当今各国货币以电子商务渠道流通的一种期望。电子货币的创新之处在于它"匿名，无法追踪，以及无需缴税"。鉴于这种货币将与国家货币一起流通，斯蒂芬森并没有解决比特币等货币可能面临的一些问题，包括在通胀或紧缩时期如何稳定货币（也是政府货币政策的作用）。并且在他们对于逃避税收的自由主义的热情中，这种电子货币的发明者很少考虑如果数字货币成为主导货币，在没有任何税基的情况下，政府将如何继续运作。[12] 比特币的拥护者从比特币的匿名性，以及比特币能够帮助到那些无法获得银行金融服务的人（如在重男轻女地区无法合法拥有财产的妇女）这两方面，让人们看到了乌托邦式的承诺。然而，在实践中，因开采、持有和交换比特币的硬件要求产生了不同的门槛，比特币的匿名性被证明比实际情况更具乌托邦色彩，运行计算机"钻塔"开采日益减少的比特币矿藏所需的能源会对生态产生影响，也不利于将比特币视为一种明确的社会公益。

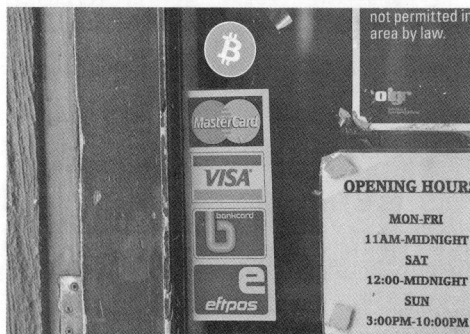

图 5.8　2013 年 9 月，澳大利亚悉尼，老菲茨罗伊酒吧的前门上贴着接受比特币付款的标志
来源：Getty Images；摄影：卡梅隆·斯潘塞（Cameron Spencer）

斯蒂芬森的新书《瑞密德》（*Reamde*, 2012）回顾了数字货币和国家货币之间的关系，这是一部反映社会和金融系统之间纠葛的小说。小说结合了勒索软件的需求和利润丰厚的大型多人在线角色扮演游戏（如魔兽世界）。从某种意义上说，这样的数字游戏具有内部规模经济，角色可以根据游戏时间和在游戏中的成就获得属性和物品。一个角色积累的物品和经验越多，其拥有的力量就越大，当然游戏也就越有趣。斯蒂芬森设想了一个系统，在这个系统中，那些有时间，玩得很好，但很少有其他收入来源的玩家，通过出售他们的小号，将他们的游戏活动转化为生产性劳动。[13] 这些"打金农民"也是现实世界中的现象（就像斯蒂芬森小说中描写的那样），这种现象在中国很常见（Nardi and Kow, 2010）。

幻想小说家常常照字面意思来诠释隐喻，使我们更容易看到社会性世界的特征。斯蒂芬森让人们看到，即使在想象数字货币时，我们是如何继续专注于物质性价值观念的。他的游戏 T'Rain 设计了用一个复杂的算法来模拟矿产的地理位置，并欢迎打金农民作为部分玩家。游戏的内部规模经济受到了极大的关注，包括基于科学算法的矿藏，为领主积累财富的"机器人"角色的封建结构，以及在这种科学精确的地质状况中开采黄金的游戏玩法。T'Rain 允许提取现实世界的货币并将其支付到玩家的信用账户：通常游戏允许用现实世界的货币来购买游戏中的货币以进入游戏，而不是相反的情况。游戏中的货币和现实世界货币之间的实际汇率是始终不变的，而且同一货币的价值不能同时在现实世界和游戏中存在。但黑客却利用这一系统并要求用 T'Rain 货币支付勒索软件的赎金。

与斯蒂芬森的以黄金为基础的货币形成鲜明对比的比特币，是以区块链技术为基础，其价值来自人们的集体信念，即其他人会将

其视为"真实"的货币，并以此对待它。正如莫勒等人所说（2013），
如果不存在社会，比特币就只是代码。比特币的存在使货币是什么
的问题更加模糊：比特币是一种国际货币，其价值既不依赖于国民
政府，也不依赖于黄金储备，而是依赖于人们对数学算法的信任。
比特币作为一种技术创造了一个可公开验证的区块链分类账，从而
建立了一个分散的信任网络。这项技术所带来的许多乌托邦式的可
能性与其说与隐私有关，不如说与取消金融活动的费用有关，其部
分愿望是将社会与人们不再信任的商业银行分离。[14] 作为一种乌托
邦技术，比特币旨在改变在公众心目中已变得具有掠夺性的金融系
统（尤其是 2008 年以来），但是比特币作为一种技术发展得越快，
各种金融服务就越多。支付应用程序、交易市场等的引入使比特币
的结构变得更像现有货币。

图 5.9　中国四川甘孜州孔玉乡附近的一个比特币"矿场"内部
来源：《华盛顿邮报》/Getty Images；摄影：保罗·拉特耶（Paul Ratje）

　　区块链技术推动了各种新企业的发展，一些人希望分散的点对

点交易能够将经济转变为"它本应该成为的公共事业"（Vigna and Casey, 2015: 330）。区块链技术发烧友憧憬的未来是这样的："由多个股东拥有的实体的日常财务决策（如：何时释放资金以支付费用，要支付多少股息等）是由公司的指导软件自动执行的，并委托给由区块链进行验证的防篡改系统"（Vigna and Casey, 2015: 230）。这与伊恩·M. 班克斯（Iain M.Banks）的《文明》（*Culture*, 1987—2012）系列小说和查尔斯·斯特罗斯（Charles Stross）的《终端渐速》（*Accelerando*, 2005）中所描写的后人类场景相近。前者是将背景设定在遥远未来的系列小说，在那个未来，所有必要的工作都由无意识的机器完成，经济由人工智能来计划和管理；而后者则讲述了关于技术奇点的含义，小说中未来的人类使用的金融工具（如衍生工具等）已经成为一种人工智能。这类想象引发了人们对未来的乌托邦式的猜测，这种未来因区块链技术而变得可能。例如，卡梅隆·文克莱沃斯（Cameron Winklevoss）和泰勒·文克莱沃斯（Tyler Winklevoss）两兄弟想象了一个未来，这一未来"将出现一个'贸易奇点'，即机器、计算机和事物之间的贸易将超过人类之间的贸易。非创造性的任务将基本实现自动化，从而使商品和服务变得更便宜，人们的生活水平得到提高"（Swartz, 2017: 93）。这类经济自动化计划与幻想小说历史上的技术官僚主义论点相呼应，那就是设想经济的未来"不受人为错误或腐败的影响，从而达到真正的公平"（Swartz, 2017: 94）。尽管目前的区块链技术无法实现这样的幻想，但斯沃茨（Swartz, 2017: 83）认为，与幻想小说一样，作为一份关于经济未来的"愿望清单"，这些幻想是有意义的。[15]

斯特罗斯更关注《悬置状态》（*Halting State*, 2007）和《海王星的孩子》（*Neptune's Brood*, 2013）里所写的金融的未来。前者关注的是数字游戏文化和现实世界货币的融合，斯蒂芬森在《瑞密德》中也描述过同样的内容，但斯特罗斯的小说先出版，并且更直接地提及数字加密货币是如何出现的。《悬置状态》一书的故事从游戏空间内的银行抢劫案开始。困惑的警察被要求重新审查扮演角色的游戏玩家的记录，因为有玩家进入游戏的中央金库并偷走了存储在那里的贵重物品。正如该游戏公司高管所耐心解释的那样，尽管在游戏中，这看起来像是一场有形的抢劫，但所谓的"抢劫"实际上就是黑客非法入侵并改变物品的财产属性，然后通过向其他玩家出售游戏中的宝藏而获得现实世界的货币。更重要的是，斯特罗斯设想的该游戏是在跨多设备的分布式平台上运行的，所有权的身份认证就和比特币的区块链结构的验证一样。

斯特罗斯在这一设想中面临的问题，和比特币所面临的问题也是一样的，那就是如何在没有第三方的情况下验证并认可数字交易，这要求网络的每个节点都复制区块链。[16] 斯特罗斯还解决了数字货币如何利用货币政策控制通货膨胀的问题。他笔下的数字游戏公司与金融服务团队哈耶克联营公司[17]签订了合同，哈耶克联营公司的工作是管理游戏的经济。公司的运营者指出：

> 玩这个游戏是会导致通货膨胀的，因为玩家们不断盗掘死神的坟墓，闯入牙买加地牢的地窖，殖民仙女座星系等。并且你知道，你不能对他们征税，也不能让货币贬值，因为那样就没有乐趣了，如果游戏不再有趣，那为什么还要玩呢？

因此，在游戏里，银行从货币流通中获取价值，而不是将货币用于投机，（商业银行也是如此）但将游戏中的物品出售给其他玩家或其他游戏环境，会产生一个复杂的系统，即"游戏间的汇率，不仅仅是游戏与游戏之间的汇率，这里指的是游戏对欧元的汇率，对人民币的汇率，对卢布的汇率，甚至是对美元的汇率。因此，在博彩货币对冲基金中存在货币投机和外部市场"。与现实世界的银行一样，游戏中的银行通过收取服务费来减少流通货币的数量。斯特罗斯揭露了哈耶克联营公司是军情五处的内线，从而使游戏内的经济体和外部世界的经济体之间的互动变得更加复杂：哈耶克联营公司的一项情报收集行动是利用那些相信自己是真人秀节目和角色扮演游戏的参与者，或认为自己是军情五处的间谍的人来进行常规监视；另一项情报收集行动则是对"喜欢在一个或多个游戏空间邂逅的某些无序分子"进行在线监视。金库中的物品被盗，导致故事主人公发现了一个与量子计算机有关的阴谋，并计划以经济霸权的名义入侵网络基础设施。正如军情五处的一位负责人所解释的："这是通过传播你对全球贸易体系应该如何构建的愿景来维持的。"经济霸主的候选国包括欧盟和印度。身为苏格兰人的斯特罗斯设想了一个能让苏格兰独立并成为全球银行业中心的未来，他讽刺地预测美国将在 21 世纪中叶退出争霸："美国先进入后工业时代。他们的基础设施已经过时，而现在石油已不再便宜，这使他们花费了数万亿欧元来实现现代化改造。另外，他们那些生锈的航空母舰还要继续航行。"

对量子解密的控制将允许任何拥有这一装置的人做出微妙的改变，例如，"在政府报告的脚注中加入世界贸易组织的谈判立场"等。"你不想让国家停滞不前，你只想把它引导到你选择的路线上。"[18]整个阴谋都由一个心怀不满的投资者策划，他是哈耶克联营公司的一名员工，故意做空头交易，赌自己公司会失败。他分析了市场，预测那些没有意识到公司真正目的的人会失败，只是被下面的事实蒙蔽了双眼："哈耶克联营公司注定要成功，因为迈克尔斯的那些身处不透明国家机构中的朋友不断地向他们的 Potemkin 网站注入资本变现能力。"受经济损失的困扰，他出售了能够支持数字盗窃的身份验证密钥。正如迈克尔·刘易斯（Michael Lewis）在《大空头》（*The Big Short*, 2011）中所描述的那样，我们可能会在现实世界中看到类似的抵押贷款危机和评级机构的角色，这些机构没能准确评估债券，从而挫败了做空债券的努力。斯特罗斯的小说是在这些被揭露之前出版的，这种相似性再次说明了现实与幻想小说的内容在现代投机经济中的融合。

货币和债券/货币作为债务：金融危机

斯特罗斯的小说《海王星的孩子》将数字货币投射到了更遥远的未来，并思考可以支撑星际文明所需的经济条件，其灵感来自斯特罗斯对格雷伯（2011）的解读。书中的未来是由超人类组成的，而这些超人类是我们今天所说的人工智能（AI）的后代，但它们具有丰富的情感能力，更接近有机生命。主角克里娜·艾莉森-114 是"会计实践史学者"，由她的女族长桑德拉·艾莉森-1 创造，其祖先是"一个信用合作社和一个赌博集团"。斯特罗斯设想了一个未来，在这个未来中，通过区块链验证的数字货币成了通用货币，但这种分散的结构并没有带来更大的自由。相反，社区和一些个人成了自己的银行，货币体系建立在债务之上，而债务不断地被投射到承诺还款的未来中。斯特罗斯仔细地向我们展示了建立一个以偿还债务为最高社会价值的社会所需要的价值观。克里娜向我们解释说，她生来就是被奴役的儿童，但随后又急忙补充说，这不应使我们对她的女族长产生过分的偏见，因为她让她的孩子们能够"尽快偿还我们创造的大量债务，而不是承担巨大痛苦，成为复利的牺牲品"。

克里娜通过观察开始了她的冒险故事："一个公认的真理是，每一个寻找好运的星际殖民地都需要一个银行家。"正如克里娜所解释的，建造太空飞船和建立殖民地是资本密集型项目，未来几十年内将会盈利。因此，殖民地一开始就欠了那些资助建造星际飞船的人一笔巨额债务：

> 但许多人没有意识到，如果说有一件事对殖民地的长期稳定和繁荣至关重要，那就是借助一个新的慢速银行创造星际债务工具。如果没有一个慢速银行，就不可能穿越星际时空的鸿沟进行贸易……因此，有充分的理由要在到达后尽快设立一个标准，并将"我们在这里"的代币传递到邻近的系统银行，这将促使他们承认有一个新的发行者存在，这个发行者能够创造货币，并充当新殖民地债务的担保人。

斯特罗斯设想了三种未来的货币。最常见的是日常交易所需的现金，即"快速货币"。"平速货币"是一种投资，是"你用现金买到的东西、耐用的东西、不容易清算或用快速货币估价的东西。大教堂、小行星、债务、耐久的房地产和债券，以贸易商在'慢速货币'方面的良好声誉为担保"。持有平速货币为金融系统增加了稳定性，因为它们的价值在很长一段时间内变化缓慢，而且买卖它们需要数周或数年的时间。快速货币和平速货币之间的"灵活汇率"使"现代经济体能够将暂时的需求与支撑生存的骨骼和肌肉脱钩"。

慢速货币可以用来支付星际文明的费用，这种货币的交易一般会持续很长时间。本地货币不能成为通用货币，这在克里娜举出的例子中有所体现：

> 以赫克托币支付给一批有价值的外星环境地球化专家是很好的选择，但如果买方和卖方相隔 10 光年，那么每一次报价和还价都需要花费 10 年的时间才能跨越这段距离。当卖方试图花掉这些赫克托币时，30 年或更长的时间过去了，投机性房地产的泡沫破裂，货币市场崩溃，恶性通货膨胀接踵而至。

慢速货币与其他货币之间的汇率是固定的，并且这种经济特权有利于持有慢速货币，因为当把慢速货币兑换成快速货币时，要承受超过假定价值 90% 的巨大损失。但同时，考虑到汇率，即使有这些服务费，一元慢速币也会变成数千甚至数百万元的快速币。慢速货币之所以慢，是因为它是"比特币"，每笔交易都必须由一家绕着与交易地点不同的恒星运行的银行进行验证，因此一笔交易需要数年才能完成。

《海王星的孩子》的故事情节很复杂，开头是克里娜调查一桩被怀疑为庞氏骗局的事件，最终揭露出整个事件是对一个殖民地进行的种族灭绝行为，目的是让银行家窃取该殖民地的慢速货币。小说的开头是格雷伯的一段题词，强调了从把货币理解为物质到把货币理解为抽象金融工具的历史性转变的后果，最终提倡债务免除的政治结构。格雷伯认为这是圣经中的禧年，是人类最早文化的核心。他还认为，国际债务和消费者债务的新一轮狂欢可以提醒我们：

货币不是无法形容的，还债不是道德的本质，所有这些都是人为的安排，如果说民主意味着什么，那就是所有人都同意以不同的方式安排事情的能力。

斯特罗斯在小说的结尾也提出了类似论点。一种新的物质传输技术破坏了慢速货币经济（以及其中积累的债务），而新富阶层克里娜的好运气来自不重视物质财富的超人类，这些超人类建议"创造财富而非囤积财富，且珍惜生活"。

其他的经验还可以在 21 世纪的幻想小说中找到。首先来看莱昂内尔·施赖弗（Lionel Shriver）的《曼迪波家族：2029—2047》（*The Mandibles: A Family, 2029–2047*，以下简称《曼迪波家族》），该书想象的是一个美元不再是国际标准的未来，作者透过一个生活方式因此被摧毁的中产阶级家庭的视角来看待这一未来的世界。这本书与杰克·沃马克（Jack Womack）的《德莱科》（*Dryco*）系列（1987—2000）有着有趣的相似之处，《德莱科》系列将背景设定为反乌托邦的未来，其中有公司治理、大量无家可归者、公司董事会冲突等文学化公共暴力场景。[19] 沃马克的大部分作品都强调新自由主义政策所产生的反乌托邦现实，这种政策与他出版的作品在同一时代出现，但《无意识暴力的随机行为》（*Random Acts of Senseless Violence*, 1993）一书的内容与现在的情况最接近。这本书很明显地模仿了《安妮日记》，它讲述了拥有特权的中产阶级家庭的孩子洛拉，在父母失业后转变为街头暴力团伙成员的故事。施赖弗小说中的推想元素则不太明显，《曼迪波家族》讲述了曼迪波家族的四代人，从以投资收入为保障基础的中上层阶级沦落到在 2008 年全球金融危机后艰难度日，在这部小说中，全世界采用一种新的国际货币"bancor

币"[20]，将美国孤立并摧毁了美国的经济。

沃马克和施赖弗两者作品的显著区别在于：经济本身在很大程度上是施赖弗作品的焦点。虽然两人都探讨了贫困问题，但在《曼迪波家族》中，经济政策和货币政策的变化占据了主要地位。小说的开头讲述了"爱书人"——族长道格拉斯"从来不是幻想小说迷"，如今却"沉迷于最近的世界末日经济学流派，像他了解作家索尔·贝娄（Saul Bellows）那样热情地推演债务与 GDP 的比率"。后来，有个年轻人告诉他的小说家阿姨，他觉得她的小说晦涩难懂，因为对他来说，书中的人物与现实脱节，他们都"生活在一个经济真空中"，他认为：

> 书中的角色做一个决定是因为他们恋爱了，或者生气了，或者想要冒险了。可你永远不知道他们是怎么买得起房子的。他们从不会因为费用太高而决定不做某件事。即使整本书看下来，你也永远都不会知道这些角色要交多少税。

也许，施赖弗是在暗示，我们正回归到 19 世纪的文学中，在那里，货币是无所不在的，因为它是所有其他可能性的基础。

小说中，家族第二代的孩子们最初处于不同的阶级，心理学家埃弗里嫁给了终身经济学家洛厄尔，而她的妹妹弗洛伦斯和其拉丁裔伴侣埃斯特班靠着工薪阶层的工资支付房租以勉强度日，且他们的购买力随着通货膨胀而不断萎缩。埃弗里和弗洛伦斯的兄弟贾里德从主流社会学校退学，并将他的教育基金花在农田上，最后证明这是一个幸运的决定。埃弗里的孩子们习惯了过去在私立学校拥有音乐课的优越生活，却在美国经济崩溃后陷入困顿而苦苦挣扎；而弗洛伦斯的儿子威林对美国霸权的终结有先见之明，并带领他原本适应性较差的家庭成功度过社会转型期。经济特权的逐渐销蚀演变成了灾难，这时就需要由以下物质支撑的 bancor 币，"玉米、大豆、石油、天然气、农业用地契约。稀土……铜……哦，还有淡水！当然了，还包括黄金"。黄金的加入再次证明了一种幻想，即黄金具有固有的价值，与食物或水一样有用。后来，美国难以负担 bancor 币，为了禁止公民使用这种货币，于 1977 年颁布了《国际紧急经济权力法》，并没收了国内的所有黄金。当这些举动被证明不足以拯救经济的时候，他们就背弃国际债务，使美国国债变得一文不值，从而消灭了曼迪波家族财富的最后一笔资产。

尽管小说用较大篇幅讨论了财政政策和通货膨胀，但始终致力于探讨两个重要主题：债务融资经济学的破产（洛厄尔经常因此被讽刺），以及黄金和土地这两种资源无可争辩的重要性。第一个主题以赤字融资的社会服务为讽刺对象，涉及美国目前岌岌可危的经济状况给后代带来的后果。威林被他的身为理想主义者的长辈们以及长辈们对美国"实验"的持续讨论所激怒，他认为让国家像一个企业一样运作是错误的："你不能像关闭一个企业一样关闭一个国家。你不能双手一摊说一句'太糟糕了'，就认为这个'实验'没用。和我同龄的人还要活很长一段时间。"[21] 第二个主题是税收的罪恶，我使用"罪恶"这个词是经过深思熟虑的，尤其当税收用于支持"福利"社会的时候。通货膨胀是破坏货币价值稳定的因素，而通货膨胀是"政府的货币，是一种不被人们看作税收的税收"。施赖弗似乎认为，如果没有对社会福利项目的需求，政府只需要更少的资金，劳动人民不会因为通货膨胀而失去购买力，而政府无论如何还是会找到办法以更真实的方式来照顾需要帮助的人。小说最终的结论承认"反复无常的仁爱并不能坚定不移地替代福利制度",但作者仍坚持认为某种模式更具有优越性,在这种模式中,受赠者是"心存感激的,而不是霸道地'享有福利'",并且"自由给予的仁爱是发自内心的"。

在设定于 2047 年的最后一部分情节中,复苏的美国政府采用了一种数字货币(使未兑换的现金或黄金变得一文不值),由安装在每个人头脑中的芯片进行监控,该芯片可以即时跟踪收入和购买情况,并将数据实时发送给国税局,人们会因为不交税或将钱用于储蓄而不是消费而受到惩罚。威林认为强制安装这种芯片等同于"强奸",并为证明这种极不恰当的类比的合理性提供了很长的理由。故事的最后,整个曼迪波家族搬到了已经脱离联邦,既没有税收也没有福利的内华达州(他们被误导以为这是军事化边境,但事实并非如此)。内华达州使用纸质钞票,该钞票由真实的黄金作为后盾,被印刷成深褐色,意在模仿共和国最初使用的大陆币。(幸运的是,这家人还拥有一笔秘密储蓄。)小说的结论重申了经济自由与民主自由以及美国例外论自由主义融合,对《编码宝典》产生了影响。

然而,最终内华达州发现自己也需要一个税收体系,小说的最后一行写道:"2064 年,内华达州的统一税税率提高到了 11%。这是必然的。"——这不禁让人怀疑,小说真正讽刺的目标是否并不是自由主义者本身。

结语

在对货币未来的描绘中,幻想小说的内容反复回顾社会结构与经济政策之间的联系。幻想小说探讨了财富管理与民主可能性之间的关系，即便各作者在政治取向上存在分歧。这些关注和担忧与货币社会理论家的关注和担忧相似，货币社会理论家担心，民主会受到目前被分散成少数享有特权的资本所有者的威胁，而使世界其他地区陷入不同程度的债务和经济困境。这些压力使欧元区的延续受到质疑，并为近期美国政治中的两极分化和激烈辩论提供了话题。对我们这个时代来说，思考货币的未来是一个紧迫的问题，皮凯蒂详细的定量分析和他的结论向我们揭示了一个悚然的事实，那就是如果不加以遏制，当前的制度将推动"资本集中达到极高的水平，这可能与现代民主社会基本的精英价值观和社会正义原则并不相容"（Piketty, 2014: 26）。

正如《海王星的孩子》中所说的，真正的问题也许不在于货币的未来，而在于用来创造、分配和稳定货币的银行系统的未来。自20世纪中叶以来，货币的社会技术已经产生了巨大的不平等，让大多数人负债累累。近年的电视连续剧《黑客军团》（*Mr.Robot*，2015— ）将这一金融体系及其社会风气定义为我们这个时代的主要弊病。该连续剧以当代事件，特别是占领运动的抗议活动和黑客行动主义组织"匿名者"（该组织成员会戴上面具模仿某些人物）的事迹为题材，展示了幻想小说和其他类型小说在现代的融合。在此剧第一季中，黑客组织"F 社会"（Fsociety）成功清除了消费者和抵押贷款债务的所有财务记录。但第二季显示，改变社会秩序并不是那么简单的。电子货币的缺失给人们的日常生活带来了困难，而穷人又最难获得纸币。此外，联邦调查局在努力恢复现状的过程中的强烈反应表明，思考货币的未来可能需要我们首先考虑生活中其他领域的社会变革，以便我们能够创造一个拥有更公正经济秩序且繁荣发展的社会。

　　因此，货币的未来对人类的未来至关重要，但仅仅改变货币不足以实现深刻的社会变革。幻想小说内容的重点是研究技术变革对社会的影响，它为我们勾勒出众多未来的图景，而要读懂这些图景需要我们认识到货币本身就是一种社会技术。多德在《货币的社会生活》（*The Social Life of Money*, 2014）一书的结尾回顾了他为修改或发明货币提出的若干建议，他认为，不要将货币看得天生与社会格格不入，我们必须理解货币是有多种形式的，包括那些"由其使用者积极创造的、作为公共资源的一部分的货币"。他总结道，对未来最乌托邦的展望是"一种真正的货币多元化，在那样的未来里，大量的可用货币在对大众免费的网络中循环流通，个人可以根据需要和具体情况来使用这些货币"。幻想小说是一种理想的体裁，可以用来推测并研究现实中的一些选择，正如我们所看到的，尤其在金融化时代，经济本身已越来越趋向于幻想小说中的构想。那么，真正的问题不在于货币在未来会变成什么样子，而在于我们如何将货币理论化及如何使用货币，从而使未来变成什么样子。

第 六 章

货币与时代：货币的本质与危机后的改革建议

叶娃·涅尔西相（Yeva Nersisyan）、L. 兰德尔·雷（L. Randall Wray）

引言：20世纪20年代以来货币改革的演变

金融危机终结了现代货币时代。最近的一次金融危机的影响在2008 年开始有力地显现出来，它重新提出了关于货币本质的根本问题，同时也一再引起了人们对更长期货币历史的各种争论。事实上，在最近一次全球金融危机发生后，并不缺乏有关改革金融体系的提议：其中一些是建议在保持金融体系结构不变的情况下，对它的边角进行修补（如美国的《多德-弗兰克法案》）；其他提议则旨在从根本上重新思考和改革金融体系。其中两项"激进"的改革提议，即"狭义银行"（或 100% 储备银行）及"无债务货币"，因其呼吁将货币控制权回归公共领域而备受瞩目。第一项提议旨在将银行发行的存款限制在银行所持有的准备金数量上，从而在实质意义上消除银行放贷（抑或限制银行在放贷的同时发行存款的能力，具体情况取决于提议的内容）。另一方面，"无债货币"的支持者希望政府通过直接发行货币来筹措开支，他们所说的货币通常指的是

19世纪美国使用的"美钞"。还有一些提议是将其与英国的"积极货币"等运动结合起来。

上一次要求对金融体系进行彻底改革获得如此广泛关注还是在20世纪二三十年代,正是在这一时期,亨利·西蒙斯和欧文·费雪等人的狭义银行提议应运而生(后来被前货币主义者米尔顿·弗里德曼所接受)。与此同时,凯恩斯正致力于彻底改革经济理论。当时他偶然读到了 A. 米切尔·英尼斯于1913年发表的一篇有重要影响力的论文,由此开始了对古代货币的研究。在此基础上,凯恩斯在1930年出版的《货币论》里提出了关于货币本质的另一种观点。1936年的《就业、利息和货币通论》(*The General Theory of Employment, Interest, and Money*,以下简称《通论》)介绍了货币经济的革命性理论。不幸的是,凯恩斯对货币本质的认识最终被忽视了,他的货币经济理论被简化为经济衰退时期有关总需求管理的理论。

20世纪30年代的美国"大萧条"让政府发挥了积极作用,为凯恩斯的有效需求理论以及政府在这种情况下可以发挥的积极作用提供了一个广泛接受的环境。与此同时,显而易见的是——尤其在美国,政府不得不拯救银行——金融体系是引发"大萧条"经济灾难的核心因素。这种情况不可避免地导致人们对银行业"进行修复"的呼声高涨。罗斯福政府并没有采用狭义银行的芝加哥计划,而是采取了严格监管和区隔投资银行与商业银行的策略,同时政府通过建立存款保险来确保支付系统的安全。

图 6.1 1940 年，"英国非官方经济顾问"凯恩斯在位于伦敦布卢姆斯伯里的自家书房中
来源：Picture Post/Getty Images；摄影：蒂姆·吉达尔（Tim Gidal）

　　这些新政改革在二战后的几十年里被证明是有效的。然而，金融创新日益颠覆着各种制约因素。正如海曼·明斯基在 20 世纪 50 年代末预测的那样，金融危机将再次出现。随着时间的推移，这类危机变得越来越频繁，也越来越难以解决。与此同时，关于更多地依赖"自由市场"以约束银行从而带来更强的稳定性，以及希望政府放松监管的声音，越来越高涨。

　　在此期间，凯恩斯主义政策失宠了。20 世纪 20 年代流行的思想又占据了货币理论的主导地位，特别是由弗里德曼复兴的货币数量论。

如果说这二者有什么区别的话，那就是学术派经济学家采用了比凯恩斯抨击过的更简单的货币理论。在现代经济理论中，货币和金融在本质上是不相关的。当英国女王质问她那群经济顾问为什么没能预见 2007—2008 年全球金融危机的到来时，显而易见，因为这些经济顾问用来模拟经济的理论中没有考虑货币。

与 20 世纪 30 年代的情况一样，人们普遍反对银行业的过度发展。各国政府试图控制金融机构，但在 21 世纪初，许多国家仍然担心采取的行动并不够。毫无疑问，这些政府的行动与罗斯福新政的内容相去甚远。因此，力争采取更激进行动的民众改革运动出现了，其中包括恢复狭义银行业。此外，通过凯恩斯主义刺激经济缓慢复苏的尝试也卷土重来。然而，问题在于人们大多认为政府已负债累累，增加支出只会加剧债务负担。这反过来鼓励了对政府支出融资的替代方法的研究，方法包括依靠公共银行或"印刷钞票"。

本章将根据现代货币的运作方式，包括中央银行、财政部和私人银行之间的协调以及影子银行体系的兴起，对狭义银行和无债货币的改革建议做出批判性评估。但是，我们的主要目标并不是批评这些建议本身。相反，我们将以批评作为开场白来讨论私人货币和公共货币的本质，以及货币的本质对宏观经济政策的影响等。我们认为，这些建议并不是真的"激进"，因为从理论上讲，它们没有背离主流的货币观。我们将使用一个相对较新的方法框架，即通过现代货币理论来阐释货币与政策的另一种观点。

在接下来的部分，我们首先对凯恩斯在 20 世纪 20 年代面临的主流货币管理办法做了概述，并简要总结了凯恩斯的替代学说的发展过程。在第三部分，我们考察了 21 世纪的两个激进改革提议及其起源。第四部分围绕对政府货币本质的困惑，论证了国家发行的货币不是"无债"货币的观点。尽管货币不承诺支付利息或转换成其他东西，但它仍然是政府的责任，并通过税收来偿还。此外，如我们在第五部分所讨论的，如果货币政策的目标是防止政府向私人部门支付利息，那么只要中央银行采取零利率政策，就可以在目前的货币框架内实现这一目标。

在第六部分，我们讨论了消除银行发行存款能力的提议，并认为经济学界对银行的狭隘关注忽略了其他不稳定来源，例如，影子银行和平行银行的不稳定因素。银行并不是唯一创造货币的实体，消除银行"凭空"创造活期存款的能力并不能消除私人货币的创造。事实上，我们认为，对银行实施此类限制，只会让金融体系的重心进一步从受监管的银行转移到影子银行。最后，我们为解决金融体系过度膨胀的问题提出了一些解决方案。

20世纪20年代的正统学说与凯恩斯的替代学说

在过去的两个世纪里，货币经常是重要经济争论的核心。无论争论是关于通货膨胀还是汇率贬值，是失业还是金融危机，货币显然一直都是罪魁祸首。因此，改革经济的尝试也是重新思考和改革货币体系的尝试。

从广义上讲，争论总是在两个阵营之间展开：其中一方认为货币是（抑或应该是）作为交换媒介的一种商品；另一方则认为货币是一种信用-债务关系。在现代，这两种关于货币本质的截然不同的观点已经形成，并导致了人们在关于货币的构成是什么，谁是货币的发行人，应该由谁来发行货币，以及发行多少货币的政策问题上产生了分歧。认为货币是商品的理论很难解释人们普遍接受纸币这一现象，因为纸币没有任何"真实"的实物支撑。然而，商品理论的支持者一直鼓吹将纸币价值与某种贵金属挂钩（如金本位制），或通过其他方式限制其数量（如中央银行控制货币数量）。

20世纪20年代，无论在美国还是英国，研究货币的主要方法都是货币数量论。该理论认为，货币首先是一种交换媒介，其目的是降低与易货贸易相关的交易成本。货币本身被视为一种特殊的商品，其本来具有的特性如较高的市场价值、易于运输、可分割和相对耐损耗（从而降低储存成本），使货币成为一种有效的交换媒介。早期的金属铸币可能是精炼的黄金或白银，最后经过压印和打磨，以证明其纯度和重量。这种金属铸币作为货币的价值（名义价值）与其作为商品的相对（或实际）价值联系在一起。贵金属的仓单可以发挥货币作为交换媒介的作用，只要有足够的实物储备，将仓单兑换成金属，就可以保值。部分"准备金"银行制度就是在这种做法的基础上发展起来的，该制度允许用一定数量的金属库存来支持更多可赎回票据的流通（Innes, 1913; Wray, 1990, 1998, 2004）。

部分准备金的问题在于这种银行票据可能会被过度发行，导致货币的实际价值下降（换句话说，其他商品的货币价格可能上涨）。尽管货币供应过度会导致通货膨胀的观点至少可以追溯到亚里士多德，但以这种逻辑形成的对通货膨胀的担忧，已成为现代社会对货币理解的核心。19世纪30年代到40年代，活跃于英国的所谓的"通货学派"推动了对"货币"数量的监管，以维持货币的"外部"价值和金本位制（Cramp, 1962: 7–8; Wray, 1990）。但要控制"货币"的数量，就需要定义货币，根据通货学派的说法，货币仅限于银行票据。当通货学派的拥护者与站在对立面的银行学派的拥护者争论时，中央银行的票据和硬币已经取代了贵金属储备。因此，限制中央行券发行也会限制地方银行券在经济中的数量（Cramp, 1962: 8–9）。"通货学派关于严格的金本位制的主张，也是基于这样一种考虑，即严格的金本位制将使货币摆脱特定经济利益的控制"（Ingham, 2004b: 43）。正如我们将看到的，狭义银行和无债货币的支持者也提出了这一观点。

当时的银行学派认为，这样严格的限制是没有必要的，因为只要银行承诺按需赎回银行票据，过度发行银行票据便是不可想象的。任何多余的银行票据都将在赎回时退出流通，因此，发行更多的票据在助长通货膨胀方面不能起到任何作用。银行学派还坚持认为，汇票和银行存款等金融工具也是货币（Cramp, 1962: 10–11）。因此，限制央行银行票据数量并不一定会限制经济中的货币数量。

虽然银行学派在政策争论中输了，但在 20 世纪初，认为只要银行遵循审慎的做法，私人银行创造的货币就不会过度的论点又以"真实票据学说"[①]的形式卷土重来。如果商业银行创造货币只是为了给生产过程提供资金，那么创造出来的这些货币就会自动从流通中消失。由于银行创造货币来为支付工资和其他生产成本提供资金，但当生产过程中产生的收入被用于最终产出时，生产企业就会偿还贷款，抵消了为生产过程而创造的资金。然而，批评者认为，现实世界的银行并不局限于为真实的生产提供资金。因此，真实票据学说并不成立。银行创造的货币过多会导致物价上涨。并且，狭义银行的支持者也再一次提出了类似论点：银行为购买现有资产而提供的过多贷款推高了资产的价格（Van Lerven *et al.*, 2015）。

[①] 真实票据学说指的是一种准则，即以贴现的方式发行货币来换取短期债务。根据该学说，限制银行只发行或主要发行由同等价值资产充分支持的货币，不会助长通货膨胀。

中央银行公开的市场操作会对银行准备金产生影响，即中央银行购买国债增加了准备金、银行存款以及银行金库中的货币；而出售国债则减少了其中的货币，这一发现进一步推动了一项提议，那就是中央银行应限制准备金的数量，以控制私人银行的货币创造，从而控制通货膨胀。[1] 此时，在英国长期占据主导地位的、以新古典主义理论为基础的英国"政治经济理论"已传播到美国，并逐渐取代了自 19 世纪后期以来主导美国理论和政策的所谓"制度主义"。新古典主义理论以"真实"分析为基础，所有的实际变量（就业、实际产出、利率、相对价格）都是在不考虑货币的情况下确定的，而货币则被认为是"中性的"，只有在确定名义价值时才会变得重要。由于货币只是一种交换媒介，其数量的增加不应该影响生产。相反，交换媒介和生产出的实物数量之间的不平衡只会影响价格。我们将面临"货币多而商品少"的局面。

某种说法宣称，截至 20 世纪 20 年代，新古典主义理论是完全合乎逻辑或得到普遍采用的，即使在英国也一样。可以肯定的是，该说法是一种误导。从某种重要的意义上来看，是凯恩斯为新古典主义理论提供了第一次完整的解释，因为凯恩斯必须要用他具有革命性的《通论》来阐明自己计划摧毁的理论。凯恩斯早在 1914 年就已经开始研究货币理论的替代学说了，当时他在《经济学杂志》（*Economic Journal*）上对英尼斯写的一篇文章发表评论。凯恩斯积极评价了英尼斯偏离正统的观点，英尼斯认为一个"稳健"的货币体系要么建立在某种商品基础上，要么通过严格控制货币数量来"模仿"某种商品货币体系。在评论中，凯恩斯特别指出：

> 人们不仅认为只有内在价值的货币才是"稳健的"，而且对货币历史的诉求往往表明了内在价值的货币是一种古老而原始的理想，只有邪恶的人才会在其中堕落。英尼斯先生在某种程度上证明了这样一段历史只存在于神话中。（Keynes, 1914: 421）

这一评论开启了被凯恩斯称作自己的"巴比伦式疯狂"的时期，这期间，凯恩斯研究了货币的起源（Ingham, 2000）。虽然在凯恩斯去世后的几十年里，这些研究成果的大部分都没有被发表，然而它们却对凯恩斯在 1930 年完成《货币论》带来了重大的影响。那时，格奥尔格·弗里德里希·克纳普的《货币国定学说》（*State Theory of Money*）已被翻译成英文，并被凯恩斯在《货币论》中认可（见 Wray, 1990; 1998; 2004）。

凯恩斯本人对《货币论》并不满意，甚至在《货币论》问世之前就如此了，他宣布已经在写一本新书，也就是之后的《通论》。《货币论》存在两个问题：首先，它把产出和就业的总量作为给定值。那时凯恩斯尚未发展他的有效需求理论。其次，凯恩斯声称他在撰写本书时仍坚持货币数量论。而《通论》将解决这两个问题。在某些方面，《通论》的早期草稿比最终版本更明确地拒绝了数量论，因为凯恩斯明确提出了一个"生产的货币理论"，这与马克思的 M-C-M 论述 [1] 和索尔斯

---

[1] 马克思在《资本论》中用 M-C-M 公式来论述资本主义体系是如何运转的。在前资本主义社会，商品流通的公式应为"C-M-C"，即两个商品（commodities）以货币（money）为媒介产生交换。而到资本主义社会，这个公式的形式就变为"M-C-M"。在"M-C-M"交换过程中会产生一个资本的增量，即货币在商品交换中实现了增值，这一增值即"剩余价值"，而剩余价值是来自雇佣劳动的阶级剥削。这就是资本主义生产的本质。

坦·凡勃伦（Thorstein Veblen）的企业理论[①] 非常相似。该理论称，货币不仅不是中性的，而且是生产过程的基础。所有的资本主义生产都是从货币开始的，并期望以赚取更多的货币而结束。货币是生产的目的，因此，它永远不可能是中性的。此外，"过多货币"的直接后果不是物价上涨，而是利率下降。尽管这可能会间接影响价格，但凯恩斯（1962: 173）认为，"在这个过程中还有许多意料不到的情况是无法定论的"。他放弃了数量论对中央银行控制货币供应量的关注，转而更加强调财政政策。

　　凯恩斯在《通论》一书的背景中加入了大量与货币有关的细节内容，正如他在《货币论》的两卷中已经讨论过的，除了货币理论，这两卷还通过详细的制度分析，探讨了货币的创造和管理。令人遗憾的是，《通论》的第 13 章和第 15 章对"货币供应和货币需求"的讨论太过简短，由此就给简化处理货币供应与需求的方法提供了复苏的机会。简化处理方法一直是凯恩斯的追随者，甚至同时也是其批评者探究的对象。前者采用了希克斯的 IS-LM 分析法，也就是用一个简单模型代替凯恩斯的复杂论点。在这一模型中，均衡是由可以同时将货币与物品市场出清的利率和收入的组合来定义的。后者则复兴了货币的数量论。这两个群体都假设"外生"货币供应量由中央银行设定。这显然既不是凯恩斯《货币论》中的标准，也不符合《通论》中的大部分内容，特别是《通论》的第 17 章，这一章将凯恩斯对货币重要性的另类观点与他的有效需求理论结合在一起。

---

① 凡勃伦在《企业论》（*The Theory of Business Enterprise*）一书中着重阐明了自己的企业理论，从企业与产业两个方面来剖析资本主义体制，依据德国历史学派的发展阶级概念，批评了适用货币经济（即亚当·斯密以后的经济学主流）所犯的时代错误，提出了股份资本论，奠定了制度学派的基础。

凯恩斯没有重复《货币论》里对克纳普货币国定学说（以及他评论过的英尼斯的论文）的赞同，尽管有人可能会争辩，说这种观点实际上潜藏在《通论》最后一章凯恩斯提出的政策解决方案的背后（通过将政策利率降为零、消除资本稀缺、将投资社会化等手段，让食利者"安乐死"）。就以上这些方面来看，《货币论》都优于《通论》。

后凯恩斯主义经济学家继续推行凯恩斯背离主流理论的计划。后凯恩斯主义的内生货币理论（下文讨论）在现代晚期甚至被一些主流人士所接受，内生货币理论长期以来认为经济中的货币数量不能由中央银行控制。相反，银行货币（银行存款）的供应取决于银行贷款的需求。货币的内生性也意味着货币与生产过程不分离，因此货币不能是中性的。此外，后凯恩斯主义者同意银行学派坚持的观点，即经济中不能有太多的货币，因为当有贷款需求时，货币才会进入经济。任何被认为"过度"发行的货币都将被用来偿还银行贷款，从而摧毁银行货币。

另外，后凯恩斯主义理论通过采用"货币是信用/债务"的观点，从而让这个理论拥有了更宽泛的货币概念，其中包括非银行金融机构的债务（Nersisyan and Dantas, 2017）。按照这种观点，对货币是否"稳健"起决定性作用的要素，不是货币资产的数量，也不是货币资产与其他资产（如准备金）数量的关系，而是债务的质量，或支持创造流动性货币债务的借据。

正统观点不仅在 20 世纪早期成为主流，甚至在此后仍占有主导地位。凯恩斯/后凯恩斯主义的观点提供了对正统观点的另一种看法，那就是货币是为了促进交换而被发明的，货币的价值最初来源于其商品价值，货币首先是一种交换媒介，它在很大程度上是中性的（至少从长远来看），货币过多会导致通货膨胀，因此政策应该限制货币数量以防止通货膨胀（无论是商品价格还是资产价格）。即使是在 21 世纪全球金融危机之后，我们接下来要研究的"激进"改革也大体上接受了这种货币观。

无债货币与狭义银行

21 世纪初，很多人开始批判导致全球金融危机的全球最大金融机构的行为，这些人围绕着两个基本议题而联合起来：第一个是狭义银行将会严重限制"私人货币"的创造；第二个是回归"政府货币"创造，为公共支出融资。这将减轻私人金融不稳定的影响，同时缓解政府在利用其财政权力鼓励增长和就业方面面临的约束。为了寻找可以依靠私人银行家给政府支出和部分私人支出提供资金的替代方法，美国推出了"无债货币"和"公共银行"方案（Brown, 2013; www.publicbankinginstitute.org）。在英国，追求类似目标的"积极货币"运动（Dyson *et al.*, 2016）正不断发展，至少在 2014 年获得了新闻记者马丁·沃尔夫（Martin Wolf）等知名人士的一些支持。

这些努力可以与被遗忘已久的前货币主义者米尔顿·弗里德曼的建议综合一下，弗里德曼建议将狭义银行和政府支出的货币融资结合。他在其 1948 年发表的《经济稳定的货币和财政框架》（A Monetary and Fiscal Framework for Economic Stability）一文中提出，所有政府支出都是"货币融资"（通过发行新货币），所有税收都是用政府货币支付的，政府只有在充分就业的情况下才能实现预算平衡，而在经济衰退时出现赤字（增加货币供应量），经济繁荣时出现盈余（减少货币供应量）。这种有关财政立场的正确观点不存在太多争议，并且被纳入了战后正统"凯恩斯主义"思想。不寻常的是弗里德曼提出的通过创造净货币来为预算赤字融资的"建议"。他提出将货币政策和财政政策结合起来，根据政府预算以反周期的方式控制货币发行量。

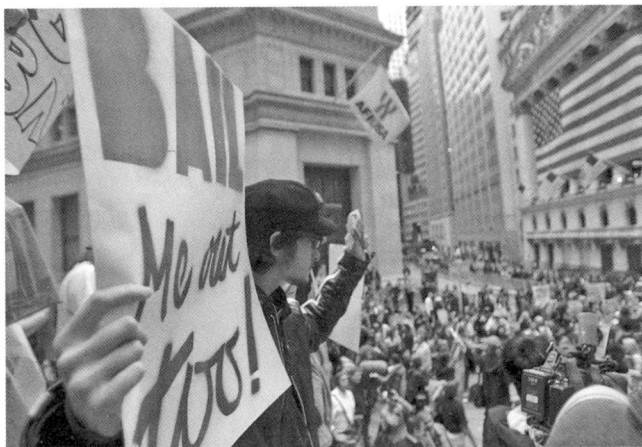

图 6.2 2008 年 9 月 25 日，人们在纽约证券交易所门前集会，抗议政府收购金融公司的提议
来源：Getty Images；摄影：斯潘塞·普拉特（Spencer Platt）

弗里德曼还提议通过 100% 的准备金率来消除银行的私人货币创造，这一提议采纳自 20 世纪 30 年代费雪和西蒙斯提出的"芝加哥计划"。因此，私人银行不会创造"净"货币——它们只有在积累政府发行的货币储备时才会扩大银行货币的供应量。

似乎正是弗里德曼提议中的第二点，即关于 100% 准备金率的建议，推动了"积极货币"运动所倡导的 100% 准备金制度的回归。人们理应担心"失控"的融资会给全球带来金融危机，而且到目前为止，没有任何重要的尝试能抑制金融危机的产生。同样，最初的狭义银行的提议起源于 20 世纪 30 年代另一场由华尔街过度投机行为引发的重大危机之际。当时人们普遍认为银行在 20 世纪 20 年代末过度放贷，为投机性而非生产性活动提供资金。由此引发的股市繁荣和萧条抑制了投资，标志着"大萧条"的开始。芝加哥计划的支持者认为，那时金融体系的缺陷是允许银行以存款的形式发行"私人"货币。另一方面，狭义银行会发行存款，但不能发放贷款。相反，狭义银行只持有安全的资产，如政府货币、国债和中央银行存款准备金，以确保储户的资金永远不会遭受风险，从而保证了支付系统的安全。

21 世纪的"无债货币支持者"希望政府发行自己的货币，也就是发行"无债"货币来为自己的支出提供资金。支持者从道德的角度来看待这个问题，认为让私人银行家从给政府支出融资的货币创造中获利是错误的。与其借入"私人货币"并向银行家支付利息，为什么不去掉中间人，减少政府直接使用货币的成本呢？这些论点与最初的无债货币支持者的观点相呼应，他们认为"货币是一种社会产品。并且……用黄金来认定货币掩盖了公共产品本应受大众控制却被银行家操纵的真相"（Ingham, 2004b: 45）。

正如我们将在以下各个部分中解释的那样，这些旨在消除"私人货币创造"并将货币归还公共领域的现代提议误解了货币的本质、现代政府的支出方式以及现代金融机构的运作方式。虽然这些提议被认为是"激进"的，但从理论上讲，它们并没有像凯恩斯和后凯恩斯主义者那样背离主流的货币观。主流经济学家和狭义银行的支持者均受到两个主要问题的推动。首先是担心过度的"货币"创造，过度创造可能损害货币的稳健性（如发生通货膨胀）或导致投机泡沫。纸币本身并没有价值，但它是抽象价值的最终体现，可以用来获取实物（Ingham, 2004a）。同时纸币似乎也可以被无限量发行，从而导致商品数量和货币数量之间的不平衡。

因此，狭义银行的提议是为了让货币再次变得"稳健"起来，即使它不是这些提议的明确目标。狭义银行的支持者没有像"稳健货币"支持者所提议的那样，用黄金来支持货币，而是主张用公共货币支持私人货币（即银行为其存款保留 100% 的准备金）。一些狭义银行的支持者认为，主流观点声称的中央银行可以控制货币供应量的说法是错误的。他们做的是试图改革体系，使得中央银行能够控制它。因此，他们背离主流经济学并不是基于对货币的完全不同的理解，而是基于他们对私人银行的关注以及货币在投机活动中所起到的作用（而不只是通货膨胀）。

其次，由于从表面上看，货币已不再由任何"真实"的实物构成，因此人们担心那些有特权发行货币的实体正在凭空获取某些利益（具体来说，获取的是铸币税收入，即货币的名义价值与"生产"货币的成本之间的差额），也可以称为"免费午餐"。狭义银行业支持者希望阻止私人部门免费获得这些利益。

这一担忧得到了经济学界的主流人士的认同，但是这些经济学家更担心公共部门在货币创造上滥用权力，因为他们认为中央银行已经通过控制利率来控制通胀并间接控制银行的货币数量。因此，他们关注的不是私人部门滥用货币创造，而是公共部门滥用货币创造的问题。因此，有理由严格区分财政当局与货币当局，比如禁止中央银行直接购买政府证券等规定。

中央银行的独立性是一个限制财政政策，以防止货币过度发行并杜绝政府"免费午餐"的准则。美国联邦储备委员会前主席保罗·沃尔克（2008: 12）的如下声明最恰当地概括了主流经济学家对纸币的这种担忧："毕竟，美元是一种法定货币，其唯一的后盾是我们政府的言行和政策，致力于稳定物价的独立中央银行就是例子。"

货币是永恒且无处不在的债务

我们在本节探讨的内容，让我们认为所有的货币都代表着其发行人的债务。因此，我们既背离了主流经济学，也背离了"激进"的改革建议，即货币是，或曾经是一种商品，货币体系应该模仿商品货币体系，或者货币可以是无债的。

在这方面，我们究竟在什么位置划定"货币"与"信用"，或"债务"之间的分界线并不重要。活期存款和储蓄存款是发行银行的债务。货币市场共同基金的份额是该基金的债务。准备金和中央银行票据是中央银行的债务。短期国债和硬币是财政部的债务。中期国债和长期国债是财政部的债务。公司债券是公司发行人的债务。在这些债务中，其中一些支付利息（如中期债券、长期债券、货币市场共同基金份额），而另一些不支付利息（如短期债券和中央银行发行的票据、硬币）。有些是根据某些制度安排支付了利息，而另一些则没有。（比如在美国，根据 Q 条例①，活期存款利率固定为零，从 1933 年开始监管银行的储备要求，直到最近，各家银行在美联储的准备金利率仍然为零。）

克纳普提出的衣帽间标牌的比喻，对于将货币理解为一种借据很有帮助：

当我们在剧院的衣帽间脱掉外套时，我们会收到一个

① "Q条例"是指美联储禁止会员银行向活期储户支付利息，同时规定定期存款支付利息的最高限额的条例。20世纪20年代"大萧条"之后，美国联邦储备委员会颁布了一系列金融管理条例，并且按照字母顺序为这一系列条例进行排序，其中对存款利率进行管制的规则正好是Q项，因此该项规定被称为"Q条例"。后来，Q条例成为对存款利率进行管制的代名词。

锡盘，上面印着一个标志，也许是一个数字。除此之外没有其他内容了，但这个票证或标志具有法律意义，它证明我有权要求对方归还我的外套。（Knapp, 1924:31）

要拿回你的外套，你只需出示标牌即可。然后服务员会把你的外套归还给你，以此来"赎回"自己的债务。一旦服务员拿回标牌，债务就消除了，而标牌被储存起来，等待被再次使用。当代币在衣帽间时，它不是债务，而是一块圆形的塑料或硬纸板。标牌用什么做的无关紧要，它只是债务的证据，一种"外套债务"，可以通过归还外套来偿还。

无论是无债货币的支持者还是狭义银行的支持者，他们似乎都误解了货币的本质。例如，国际货币基金组织的一份报告的作者认为：

政府新发行的货币或准备金存量不是政府的债务。原因是法定货币是不可赎回的，因为货币持有人不能要求用货币以外的东西来还款。因此实际上，恰当的做法是把货币视为政府股权，而不是政府债务，而后者正是目前美国会计惯例处理美国国库券的方式。（Benes and Kumhof, 2012:6[2]）

人们对货币是"债务"还是"股权"的认定似乎存在不一致意见，因为如果是政府的中央银行发行票据，这些票据便被算作"债务货币"；但如果财政部发行硬币或票据（就像许多财政部过去所做的那样），这些货币就是一种"股权"，而不是"债务"。[3]这种不一致的认定方式似乎是基于这样一种信念，即中央银行（至少在一些国家）是"独立"于政府的，我们之后会讨论这一点。

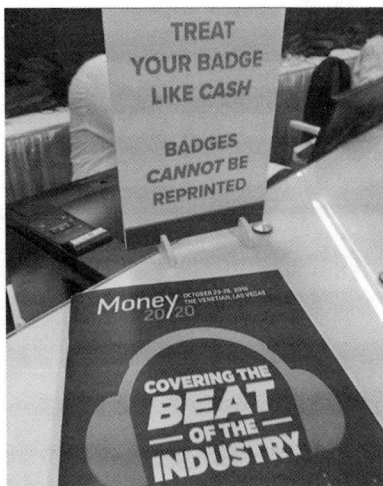

图 6.3　2016 年 10 月，内华达州拉斯维加斯，支付行业大会 Money 20/20 入口处的一块广告牌，提醒与会者"像对待现金一样对待您的徽章"
图片由拉娜·斯沃茨提供

　　另一方面，无债货币支持者希望政府通过发行货币来为其支出融资，而不是通过发行债券。在他们眼里，债券是债务，货币不是债务。因此，当美国财政部发行国库券，也就是短期国债时，美国政府将会负债；但如果它发行自己的货币，如"美元"，就不会产生债务。债券和货币之间的划分暴露了对货币（正如我们将要讨论的，货币始终是债务）和对政府债务（债券）的误解，后者被错误地视为与私人债务处于同一地位。

　　"无债"货币和"债务"货币之间的区别似乎取决于两个标准，分别是支付利息的承诺和将资产兑换为其他资产（或赎回其他资产）的承诺（或缺乏承诺）。我们首先处理政府货币的"可赎回性"的问题，然后处理政府为其"债务"支付利息的问题。同时，我们也会证明，尽管公众存在意见，但在现代货币安排下，主权政府并没有受到财政上的限制，这正是无债货币支持者（和一些狭义银行支持者）试图通过叫停政府"借贷"而代之以"印钞"来实现的状况。

现代政府如何支出

现代民众的意见是，政府要么靠征税，要么靠借钱才能保证支出的来源。虽然政府也可以通过"印钞"来为它的支出提供资金，但人们通常认为这种措施不可取，因为这样做可能会损害货币的"稳健性"。因此，主流经济学家便强调货币和财政部门的分离以及中央银行的独立性。如果财政部不能直接向中央银行出售债券，那么它就必须依靠市场来借贷。

长期以来，将现代货币理论发展下去的后凯恩斯主义经济学家一直认为，拥有不可兑换的法定货币的主权政府在财政上不受限制。它们不需要也不能够用税收和债券收入来支付。在过去，不需要税收来为财政收入目的而服务的情况更为常见，当时，国家习惯直接花费金属硬币、纸票和符木棒，并将其收集起来用于支付。在 21 世纪，很少有财政部发行自己的纸币（这是无债货币支持者想要的），而且在任何情况下都不会直接支付。中央银行处于财政部和政府支出接受者之间，同时也处于财政部和向政府缴税的纳税人之间。

表面上看，这似乎使政府依赖于税收和债券的销售收入，但更详细的研究表明，政府财政的实质并没有任何改变（Tymoigne and Wray, 2013; Bell, 2000）。现代中央银行是财政部的银行，代表财政部支付和接收款项。政府支出包括中央银行对私人银行准备金的信用，以及银行对收款人活期存款的信用。税务"归还"（也就是缴税）是通过电子方式处理的，因为纳税人的存款账户是借记的，纳税人银行的准备金也是由中央银行借记的。事实上，"归还"一词揭示了其拉丁语和法语的源头（*revenue*）：纳税人以支付方式"归还"
主权政府的债务。当政府支出时，银行准备金（政府中央银行的债务）
增加；当税收上交时，银行准备金下降。现代政府的支出产生于中央
银行的债务中，而非（通常）所经由的发行财政债务。中央银行负债
在纳税时被"赎回"（借记）。

上述这些理论都得到了比尔兹利·拉姆尔（Beardsley Ruml）的
认可，拉姆尔是主张实行新政的改革派，曾在 20 世纪 40 年代担任
美联储主席，是"所得税扣缴之父"。拉姆尔（1946b: 84）认为，
随着"现代中央银行"的建立和美元与贵金属兑换的中止，"我们
的联邦政府在满足其金融要求方面，最终拥有了脱离货币市场的自
由……。各州不再需要通过税收来获得必要的资金以支付自身的
开支。"

尽管许多人将税收视作"支付"政府开支的一种手段，但拉姆
尔反驳了这种观点。他列举了国家政府征税的四个理由：

（1）作为有助于稳定美元购买力的财政政策工具；
（2）在财富和收入分配方面表达公共政策，如累进所得税
和遗产税；（3）在补贴或惩罚各行各业和经济团体方面表
达公共政策；（4）隔离并直接评估某些国家福利的成本，
如高速公路和社会保障。（Ruml, 1946a, 36）

第一个理由与通货膨胀问题有关，如果总需求过多，可以通过
提高税收以降低总需求。第二个理由是利用税收来改变收入和财富
的分配。第三个理由是阻止不良行为，但不良行为要从政治上对其
加以定义，比如造成空气和水污染，使用烟草和酒精，或购买进口

商品——利用关税使进口商品变得更加昂贵。（关税本质上是一种提高进口成本从而鼓励购买国内产品的税收。）第四个理由是将特定公共项目的成本分摊给项目的受益人。重要的是，拉姆尔声称税收对于增加"财政收入"的目的来说是"过时的"，政府不需要"收入"来为其支出提供资金。

主权政府借据是"赎回"的，而不是"兑换"的

　　然而，拉姆尔漏掉了税收的一个重要功能，那就是赎回政府（不可兑换的）货币。现代的无债货币支持者在政府债券作为债务与货币作为无债货币之间划出了一条严格的界限，因为前者承诺在债务到期时将政府债券兑换成货币，但后者则不承诺兑换成任何东西。不过，主权政府发行的以浮动汇率运作（而不是与黄金或外币挂钩）的货币，虽然不能以固定汇率按要求兑换成其他任何东西，但仍然是可以赎回的。像其他债务的发行者一样，国家政府承诺接受自己的债务，即货币和中央银行储备金，以支付所有到期的款项。因此，即使美联储的票据、储备金和财政硬币不能兑换成任何其他东西，但它们仍然是"可以通过税收机制赎回的"（Innes, 1914: 152）。换言之，它们仍然是借据。

　　如果有人研究近代之前的铸币史和纸币发行史，就会清楚地看到这一点。例如，法利·格鲁布（Farley Grubb, 2017）在考察弗吉尼亚于殖民地时期使用纸币的情况时，论证了为赎回纸质票据而征税的原则。当时，英国禁止美洲殖民地发行硬币，用以保护国王对硬币的垄断。为了增加财政能力，殖民地政府开始发行纸币。弗吉尼亚殖民政府通过了一系列法案，授权发行财政票据。每项法律都涉及所发行票据的总价值（以弗吉尼亚英镑为单位），并设定最终"赎

回"（格鲁布以及立法者自己使用的术语）的日期。有趣的是，该法案还在票据发行时征收一系列新税种：

> 每一项纸币法案都包括额外的新税种，通常是土地税和人头税，这些新税种的有效期长达数年。制定这些新附加税的有效年限，是为了产生足够的资金，以便完全赎回经各纸币法案授权的纸币。纸币法案中设定的最终赎回该法案授权纸币的日期与该法案设定的征税期的结束日期十分吻合。（Grubb, 2015: 98）

财政部如何处理缴税时收到的票据呢？格鲁布（2015:103）报告说，这些票据并没有被用掉，而是"被清除和烧毁了"。这与现代社会普遍认为的"政府需要税收才能支出"的观点背道而驰。美国的殖民案例表明，政府必须在获得税收之前先支出。一旦获得税收，政府就将收到的税款销毁，而不是用于支出。票据的支出超过赎回的问题不是因为政府无力偿债，而是源于通货膨胀。因此，将票据从流通中移除是为了保护政府纸币的价值，而不是为了给政府提供可以支出的"收入"。

税收对于赎回货币的作用是英尼斯（1913, 1914）的核心关注点。他坚持认为，任何借据的发行人都有义务接受借据的支付方式，即"信用持有人（债权人）有权向债务发行人（债务人）交还债务发行人的承诺或义务"，因此"赎回"自己是信用的最重要属性（Innes, 1914: 161）。财政部作为货币发行人，必须接受发行的货币用于支付应向政府缴纳的税款和其他义务的作用。同样，发行票据或存款的银行必须接受票据或存款作为支付给银行的款项（如贷款还款）。

发行债务的政府和发行债务的私人银行都必须在"赎回"中接受债务。根据英尼斯的说法，货币和银行票据及存款需求的根本驱动力是纳税人需要货币来纳税，银行借款人需要票据或存款来偿还贷款。

同样，当财政部直接发行债务时，赎回的过程则更容易理解。英尼斯对中世纪账目记录工具的讨论进一步阐明了这个问题（另见 Desan, 2014; Graeber, 2017）。他指出，数百年来，西欧的"主要商业工具"是国王以及私人部门发行的作为债务记录的符木棒（Innes, 1913:394）。[4] 这些木棒被分成债券和存根两部分，它们共同构成了"完整的信用和债务记录"（394）。赎回时，将这两部分（债券和存根）相匹配，然后销毁。就国王的符木棒而言，赎回日就是纳税日，这时国王的代表（财政部官员）来到村子里，在地上铺上布，将债券和存根进行匹配。符木棒之所以具有价值，是因为在纳税日可以用它来"赎回"自己。你欠国王税款，而国王则欠你用以支付税款的债务证据（被记录在木棒上）。

现代人对"赎回"的解释通常是将其与自己的借据同第三方借据的兑换（或者可能同贵金属的兑换）联系在一起。这些解释基于一个狭义的定义，适用于一种货币的发行人承诺将该货币以承诺的汇率"赎回"为黄金（在金本位制的情况下）或外币（固定汇率）。因此，这种情况与一个具体的短暂历史背景有关，在此背景下，货币兑换为其他事物是很常见的（另见 Helleiner, 2002）。

当然，即使在 21 世纪也有债务发行人作出兑换承诺的情况（即货币发行局的经济主体）[5]。我们所争论的是更普遍（和更基本）的承诺，它是在到期的付款中接受自己的债务，如欠主权货币发行人的税款。因此，在这种情况下，赎回指的是债务人通过将债权人自己的借据归还给债权人（无论是公共还是私人债权人），从而将债务"一笔

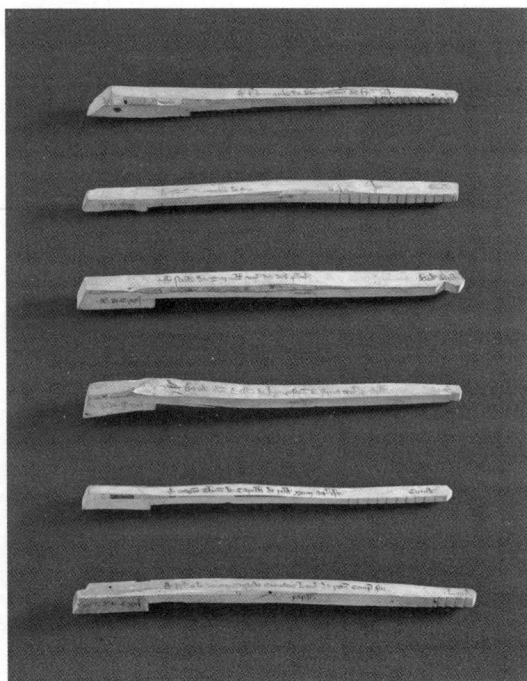

图 6.4 约 1440 年，英国财政部的符木棒
来源：SSPL/Getty Images

勾销"并摆脱债务的能力。即使在这种情况下，主权国家也可以承
诺将货币"赎回"成黄金或外币。（就像弗吉尼亚殖民地承诺用英
国硬币赎回那样。）我们认为，这是一个在许多情况下均适用的附
加承诺，但直到 21 世纪初，这种承诺在全球发达国家中都很罕见，
正如我们下文讨论的那样，共享欧元的欧盟成员国是例外。承诺接
受发行人自身的支付责任，是关于"赎回"的更为根本的承诺。

　　总结一下本节，如果国家的货币没有与另一种货币或金属挂钩，
那么它就是一个经济体的最终财务结算手段。这样一来，政府就可
以用自己的借据付款，而不必对其他人累积信用。（从技术上讲，

征税让政府对欠税的实体拥有信用。）通过发放债务凭证进行支出的能力，使政府能够将资源从私人部门转移到公共部门，这是一种政府可以用来实现公共目的的能力。然后，政府通过税收赎回政府的代币（Wray, 1998; Wray, 2015）。

政府债券与储备金利息

显然，主权政府发行债券最终是一个关于选择的问题。政府不能让自己的货币破产,它总是可以用自己的货币支付到期的所有款项。事实上，如果政府将货币花到实际中（正如我们将在下文中解释的那样，类似于银行在放贷时如何创造存款），那么显然不需要税收就可以支出（Nersisyan and Wray, 2016; Wray, 1998; Wray, 2015）。此外，如果纳税人使用货币纳税，那么政府必须首先支出，然后才能纳税。因为货币是借据，所以必须先发行然后再返还。一旦将其返还给发行人，便消除了发行人的债务。

这些借据可以转换为其他政府的借据，如财政硬币或中央银行票据。[6]而比眼前的问题更重要的是，这些借据还可以转换为国库券和债券，或支付利息的国债。当政府发行债券时，承诺支付利息并（最终）将债券收回。这就是无债货币支持者所认为的一个问题：政府向私人金融机构支付利息，以"借入"货币为自身支出提供资金，那么必须在债务到期时清偿债务。

但当债券到期时，政府会向债券持有人支付什么呢？当一个非主权实体（公司、家庭、州或地方政府）发行债务时，它会承诺通过支付利息来偿还债务，并最终收回债务。非主权实体使用第三方的债务进行支付，第三方通常是金融机构或政府的债务。另一方面，一个主权政府通常只承诺用自己的债务（包括货币，但主要是用中央银行的准备金）来进行支付，换言之，就是用一种债务来交换另一种债务。

不过请注意，在 21 世纪的美国，美联储按联邦公开市场委员会确定的利率支付银行准备金利息，与美国国库券支付的利率基本相同。由于国库券利率与美联储的目标联邦基金利率密切相关，国库券和银行准备金之间不再存在任何功能性差异，它们都是支付由政策决定的利率的债务。换言之，即使政府通过发行准备金并将其留在系统中来进行支出，政府的中央银行仍将向私人银行支付利息。

无债货币的支持者可能会这样回应，即使政府债务偿还是将一项政府债务换成另一项政府债务，它们也允许私人部门收取政府利息，这样银行就可以通过持有安全的、无违约的证券来获得收入。然而，如果目标是让政府停止为其债务支付利息，那么只要中央银行无限期地维持零利率政策，便可以在当前的货币体系内实现这一目标。[7]在利率目标为零的情况下，央行不必担心超额准备金会给利率带来下行压力。它可以停止通过出售国债来消耗储备。[8]

或者，财政部只需要停止向银行和非银行系统的公众发行票据或债券。[9]取而代之的是，中央银行将向财政部提供透支（获得对国库的债权）。中央银行对财政部的支付将导致银行系统准备金的信贷通过财政部透支在中央银行的资产负债表上抵消。这将使中央银行可以将其目标利率保持在零以上，而财政部无需向银行支付利息。取而代之的是，中央银行只需支付准备金的目标利率（如美联储目前的做法）。

在这两种情况下，我们都将实现无债货币支持者所提议的在现行体制内使财政部取消利息支付的目标。然而，政府支出的货币以及私人部门作为净金融资产积累的货币，将不会是"无债货币"，而是中央银行的债务（中央银行票据和准备金），或少量的财政硬币。

非主权货币

尽管到目前为止，我们的讨论对象集中在拥有本国货币的国家，但分析的对象也有例外。直到现代晚期，这种情况基本上仅限于小国或前殖民地（见本卷第三章《货币与日常生活：现代的不稳定性和创造性》）。然而，一个最近的明显例外是欧洲货币联盟（EMU），该联盟的成员国放弃了本国货币转而采用欧元。尽管每个成员国都将欧元视为自己的货币，但欧元更类似于"外币"，没有任何一个欧元区国家对欧元的发行拥有控制权，欧元发行的权力被让给了超国家的欧洲中央银行。从本章的框架角度来看，欧元不是一种主权货币。

尽管欧洲一体化不只是一个经济项目，但建立单一货币的一个动机就是在货币部门和财政部门之间实现真正的(而非想象的)分离。从目前的讨论中应该可以清楚地看到，单一货币起源于主流的货币观，它试图束缚政府挥霍无度的手脚，从而建立一种"稳健"的货币。最终导致的结果是，成员国不仅失去了对其货币政策的控制（这是一个主流经济学家常常认识到的问题），而且还失去了对其财政政策的控制（这一点受到许多经济学家的欢迎，尽管在全球金融危机前，几乎所有经济学家都忽视了这一点的重要性）。欧洲货币联盟成员国的财政政策空间受到金融市场和独立中央银行购买主权政府债务意愿的限制。如果市场拒绝购买主权债券，主权债券的价格将下降，利率将上升。在所有其他条件相同的情况下，政府必须增加借贷才能支付更高的利息支出，从而进一步导致借贷的产生和利率的上升，等等。总而言之，货币部门和财政部门之间的分离在很大程度上是 21 世纪头几十年出现的欧元区经济困境的根源（Kelton and Wray, 2009; Papadimitriou *et al.*, 2010）。

图6.5 2001 年 8 月，位于德国法兰克福的欧洲中央银行展出了新欧元钞票的原始设计样张。钞票上的建筑是欧洲历史遗迹的风格化表现，但这些历史遗迹实际上并不存在，这样的设计旨在唤起欧洲对共同的文化遗产的记忆
来源：法新社 /Getty Images；摄影：丹尼尔·罗兰（Daniel Roland）

从更广泛的方面来说，任何实行钉住汇率制的国家都必须限制其国内政策，以确保其能够维持钉住汇率。尽管这样的国家仍有可能出现财政赤字并控制利率，但它可能会失去外汇储备。因此，钉住汇率制会使政策向提高利率和降低政府赤字的方向倾斜，以限制外汇储备的外流。

私人货币创造：银行与影子银行

到目前为止，我们的讨论集中在政府的货币创造及其与支出和税收的关系上。正如我们已经证明的那样，无债货币支持者想要实现的目标，要么是在现代晚期的现行体制内已经发生的，要么是在相对较小的货币安排变动下可能会发生的。在本节中，我们将讨论旨在通过限制银行放贷能力来消除私人货币创造的提议。

银行在发放贷款时创造货币的想法并不新颖，但自从全球金融危机暴露了华尔街的过度投机行为后，这种想法又再次得到了关注。虽然主流经济学家坚持认为银行体系可以通过存款倍增的过程创造货币，但他们的论点仍然建立在银行需要准备金来发放贷款和发行存款（创造货币）这一信念之上。如果该观点是正确的，那便可以通过提高法定存款准备金率（即狭义银行提议将准备金率提高到100%）或对准备金施加严格限制（货币主义者的提议）的手段来限制银行贷款。另一方面，后凯恩斯主义经济学家长期以来一直认为，银行在不需要准备金的情况下发放贷款就可以创造货币——这一观点在 21 世纪越来越为决策者和中央银行的支持者所认同（McLeay *et al.*, 2014; Sheard, 2014；关于后凯恩斯主义内生货币理论另见 Moore, 1988; Lavoie, 1984; Wray, 1990）。正是后一种观点在全球金融危机之后流行起来，像沃尔夫这样的评论家对"无中生有"的货币创造的弊病表示惋惜，认为货币的生产是"凭空"而来的。

即使没有明确说明，认为银行货币创造是"凭空"发生的观点，似乎也暗示了存在一种不同形式货币的可能性——那是一种适当的货币，一种也许是由具有内在价值的东西制成的货币。（请注意，即使是政府的法定货币，它也是"凭空"而来的货币。因此，消除银行发行货币的能力并不能消除货币本身无中生有的创造。）从这个意义上讲，现代货币体系被视为对历史经验的偏离，正如我们之前提到的，现代货币体系让人们对过度发行货币和恶性通货膨胀产生了极大的焦虑。

但是，作为一种认可债务的形式的货币真的犹如"稀薄的空气"一样短暂吗？正如英厄姆（2002: 141）所说："支付的承诺不是无中生有的，它是一种社会关系。"当银行做出发放贷款和发行借据（如活期存款）这样的行为时，是因为它们接受借贷者的借据。因此，在银行创造存款的背后，是存在着"某些东西"的，这种东西就是借款人的付款承诺。银行接受借款人的本票，作为交换，银行开出自己的借据——存款。如果银行认真承销，它们只会接受由有用的经济活动"支持"的借据，无论我们是希望用借款人的就业预期收入还是公司的业务收入等在内的因素来衡量。

虽然银行在获取硬币和货币的存款（即国家的借据）时也会发行存款，但狭义银行的拥护者并不认为这有什么问题，他们不希望限制银行获取政府存款的能力。然而，我们应该注意到，获取存款同时发行存款的这一行为，与上述银行发放贷款和发行借据的行为类似；不同的是，在这种情况下，存款的发行是由国家的借据支持的，而不是由企业和家庭的借据支持的。在这两种情况下，我们都有"支持"银行借据发行的债务，唯一的区别是政府的借据是私人部门的净资产，没有违约风险。

狭义银行和无债货币的支持者经常从道德角度来谈论：允许银行发行货币并赚取"本应该"属于国家的铸币税收入是不"正确"的。然而，正如我们已经解释过的那样，本国货币不与另一种货币或金属挂钩的政府，并没有放弃发行货币的能力。此外，银行放贷时不会赚取铸币税收入。相反，他们赚取的是其债务支出与资产收益之间的差额，这和非银行金融机构是相似的。最后，银行发行货币的能力不是无限的，而是受到银行资本的限制（Nersisyan and Wray, 2017）。

影子银行

尽管银行可以进入政府的安全网，但它们发行"货币"的能力并不是唯一的，那些特别选择银行来发行货币的人这样做是基于对货币的狭义定义，即作为交换媒介和支付手段的资产。[10] 然而，如果货币是以现行记账货币进行计价的债务，那么正如明斯基（1986）所坚持的那样，"每个人都可以通过发行借据并让其被接受来创造货币"。尽管出于分析的目的，我们可能想在资产之间划定界限，而我们在何处划定界限取决于我们正在努力实现的目标（以及在特定政治背景下的"我们"是谁）。没有一个单一的货币定义适合所有目标（Chick, 1973: 60）。事实上，如果目标是防止货币体系的不稳定，那么将我们的分析局限于一系列狭义的债务和发行债务的机构，就会限制我们对货币不稳定根源的理解。

一旦我们采用了更广泛的货币定义，我们就可以看到影子银行和平行银行也创造了货币的这一事实。例如，佐尔坦·波绍尔（Zoltan Pozsar, 2014: 9）将货币定义为"根据需求按票面价值进行交易"的金融债权，与国家自身的借据相对应。[11] 换言之，是"与政府的相似性"定义了各种金融工具的"货币性"，而不是这些金融工具作为支付手段的功能。反过来说，这种"与政府的相似性"取决于"它们（金融要求权）根据需求按票面价值和到期票面价值承诺的强度"，继而又取决于"支持它们的流动性和信用保险的组合"（Pozsar, 2014: 10）。例如，银行活期存款是一种金融债权，承诺根据需求按票面价值进行兑换。这些债权由政府提供流动性（最后贷款人）和信用"看跌期权"（存款保险）支持，使得活期存款成为最接近政府的私人债务。

请注意，在全球金融危机爆发前，最大的金融机构日益依赖隔夜的商业票据而不是活期存款来为其资产头寸融资。当经济形势好时，人们认为这种商业票据像银行存款一样安全。它被货币市场共同基金收购，该基金发行了类似存款的股票，直到金融危机爆发前，这些股票从未"打破价值"——每股价值跌破 1 美元。然而，引发这场危机的导火索是商业票据市场的失败，随后迫使美国政府向货币市场共同基金提供类似存款保险的担保。[12] 总而言之，消除银行在发放贷款时发行存款的能力，并不能消除金融体系创造货币计价债务的能力，而且还会成为货币不稳定的根源。对银行的进一步限制只会将更多的货币创造转移到"影子"银行和"平行"银行的领域，同时其他机构也会介入以填补银行留下的空白（见本卷第二章《货币及其理念：在专家政治和民主制度之间》及注释）。这将使金融体系更加不稳定。

结语

尽管我们赞同改革者对于华尔街危险做法的观点，但我们对禁止受监管银行发放贷款和发行存款的解决方案持怀疑态度，从二战到 20 世纪 80 年代初，私人银行和私人货币的创造始终存在，但并没有发生像最近的全球金融危机那样的系统性金融危机（而关于反复出现的不稳定性，请见本卷第二章《货币及其理念：在专家政治和民主制度之间》及第三章《货币与日常生活：现代的不稳定性和创造性》）。因此，出现金融危机问题的原因不在于银行业本身，而在于如何管理和监管银行。

在传统的商业银行中，银行进行良好的承销，并持有贷款至到期日，与仍在增长的将贷款证券化的做法相比，降低了系统性风险。很难看出"无债货币"和"狭义银行"的提议将如何改善传统的商业银行和储蓄贷款银行，因为这些提议将加速近几十年来推动银行体系中最受监管的部分向资产负债表外转移的趋势。

在批评私人银行之后，我们把银行创造货币的能力称为"私人货币创造"。然而，我们应该注意到，能够进入政府安全网的商业银行应该被真正视为私人–公共合作伙伴（Mosler, 2009; Wray, 2010; Nersisyan, 2013）。我们需要通过良好的承销和持有到期贷款来确保银行为公共目的服务。将银行置于政府更严格的控制之下是正确的解决方案，因为这样可以让公众对私人货币的创造拥有更大的控制权。风险行为不可能永久消除，但可以通过适当的法规加以约束，并将其推置到金融的外围。

最后，在我们看来，用货币为政府赤字融资的提议似乎并无必要。就目前而言，现有的程序已经能够确保各国政府在预算内支出，但需要一个警告。在美国，国会规定了债务限额，在政府债务接近限额的时候必须提高限额，否则财政部必须采取特别程序以继续支付到期债务。解决财政部遇到的这种情况的办法很简单，那就是立法消除这些债务限制。可以肯定的是，即使没有官方的债务限制，政府支出也会受到民选代表对赤字的担忧的制约。这是一个难以消除的障碍，因为赤字癔症是一种有用的政治功能。然而，我们怀疑政客会被无债货币支持者提出的解决方案所安抚，这些支持者提议只通过印制钞票来支付政府开支。而这实际上会加剧人们对赤字支出的恐惧，产生对失控的恶性通胀的恐惧，这是在某种程度上更具备现实合理性或更为根深蒂固的恐惧。尽管我们的观点是，这两种恐惧在很大程度上都是无意识的，但我们认为根除这两种恐惧的最好的策略是加深对政府支出实际融资方式的理解。无债以及无债货币的论调更多的是使思维更加混乱，而不是让思维更加清晰。

　　不幸的是，现代晚期的人们对货币、银行业和政府金融的普遍
理解与凯恩斯时代的理解一样不完美。并且，现代晚期应对全球金
融危机的政策远不如 20 世纪 30 年代的应对措施有效，这很大程度
上是因为传统的改革者和"激进"的改革者都误解了货币的本质。
美国、英国、日本乃至整个欧盟相对较大的政府预算赤字都限制了
财政政策的应对能力。对私人金融市场效率的信心（以及华尔街、
伦敦和法兰克福银行家强大的游说能力）挫败了应对失控的金融
创新的尝试。尽管我们认同改革者为解决私人货币创造和政府债
务的问题所做出的努力，但我们担心，他们对这些问题的理解会
使其在寻求解决问题的方案时回到弗里德曼的建议上来，而他们的
这些建议并不能胜任应对金融危机。相反，我们主张以凯恩斯、克
纳普、英尼斯和后来的拉姆尔、明斯基、勒纳，[13] 以及其他被忽视
和遗忘的人们的研究成果中的关于货币发展的理解为基础来进行政
策改革。

图表目录
List of Illustrations

6.5 2001年8月，位于德国法兰克福的欧洲中央银行展出了新欧元钞票的原始　254
　　设计样张。钞票上的建筑是欧洲历史遗迹的风格化表现，但这些历史遗迹
　　实际上并不存在，这样的设计旨在唤起欧洲对共同的文化遗产的记忆

$ 注 释 $
Notes

概 述

1. 例如，2017 年《纽约时报杂志》（*New York Times Magazine*）发行了一期关于货币的特刊，并和我们一样提到了货币"让世界运转起来"的概念（Wasik, 2017）。

2. 从后凯恩斯主义、奥地利学派和所谓的"市场货币主义者"的观点来看，行为经济学、发展经济学和非正统立场对货币的影响越来越大便证明了这一点。

3. 在这一点上，我们回应了迪克·布莱恩（Dick Bryan）和迈克尔·拉弗蒂（Michael Rafferty, 2016: 30）的观点，他们曾写道，有必要"重新定位社会和谐主张中货币的概念，正是社会和谐的主张赋予了货币的传统功能和被普遍接受的大众条件"。要强调理解货币的"矛盾与分裂"，将"冲突与变化"置于讨论的核心。

4. 当然，高级金融并不只属于 20 世纪与 21 世纪。例如，马克思曾全面地论述了 19 世纪银行家的政治权力和"金融贵族"（如 1830 年革命后的法国；参见 Marx, 1895: 33）。与此同时，金融化在现代社会的后半期呈现出新形式，就货币而言，1973 年后的货币似乎只指代它自己——"一个重复的空白"（Rotman, 1987: 89），这点被人们认为它具有后现代性。在艺术家、小说家和学者，如哈维（Harvey, 1990）和弗雷德里克·詹姆逊（Fredric Jameson, 1991）等对现代性和现代主义的后现代批判中，金融在推论和认识论的中心地位再怎么强调都不为过（参见 La Berge, 2015）。

5. 关于危机后金融改革的政治，另见 Coombs, 2017。

6. 在这里，我们不去判断现代货币理论实际政策的利弊。关于思想史和概述，请参见 Wray, 2014；关于现代货币理论历史的新闻报道，请参见 Matthews, 2012。

7. 它们不完全是相同的事物。流动性是一个笼统的概念，指的是货币在流通中的易交换性或易使用性（参见 Rogers, 2005; Ho, 2009; Desan, 2010）。

可替代性是指货币"自身的可替代性和可交换性，一美元等于另一美元"（Cattelino, 2009: 190）。流通性（可转让性）是一个技术性法律术语，表示金融工具的可转让性，即所有权从一个人身上分离并重新分配给另一个人的法律能力（Nyquist, 1995）。这三者都指向价值形式能够按面值流通的能力（Poszar, 2014）和在它们之间转换的"选择权"（Bryan and Rafferty, 2016）。J.P. 科宁（J.P.Koning, 2013; 2014）就在其作品中阐述过关于货币方法的深刻见解，我们也从他的作品中得到了启发（Koddenbrock, 2019）。

第一章

1. 例如，参见 Greenblatt, 2010; Clifford, 1997; Appadurai, 1996。

2. 在许多讲英语的国家，这种支付工具被称为"支票（cheque）"，但在本章中我们将使用美式英语拼写的"check"。

3. 有关"无现金社会"愿景的更多详细信息，请参见 Bátiz-Lazo, Haigh, 及 Stearns, 2013。

4. 这篇社论，连同一篇关于大来卡无现金宣传噱头的文章被西蒙斯重刊（Simmons, 1991）。

5. 关于例外和排除因素，特别是有关种族方面的内容，请参见 Swartz, 2017。

6. 有关大来卡和性别的更多信息，请参见 Swartz, 2014。

7. 有关美国银行信用卡系统的起源及其后继者 VISA 卡的更多信息，请参见 Stearns, 2011。关于 VISA 卡的官方组织简介，请参见 Chutkow, 2001。

8. 尽管电子化降低了 POS 终端欺诈行为发生的频率，但在其他方面，如电话和邮购的欺诈事件依旧泛滥，电子化对阻止欺诈行为的作用很小。请参见 Stearns, 2011, 第 7 章。

9. 有关银行的电子资金转移系统与 VISA 的早期借记卡之间的竞争细节，请参见 Stearns, 2011, 第 8 章。

10. 有关硅谷文化政治的更多信息，请参见 Turner, 2008。

第二章

1. 例如，在 20 世纪 50 年代初，澳大利亚羊毛价格的飙升引发了一轮通货膨胀，使澳大利亚的成本结构上升，以至于在出口价格回落后的 10 年里，澳大利亚都遭受着国际收支问题。

2. 贝格斯（Beggs, 2015: 62-63）讨论了 20 世纪 50 年代关于澳大利亚货币贬值问题存在的多种争论，当时澳大利亚面临着长期存在的国际收支问题，但却拒绝贬值。

3. 与后来的态度形成鲜明对比的是，20 世纪 60 年代，经济学家和商界人士哀叹市场力量对中央集权控制的破坏，并开始暗示，正如人们所说，"因此，收入变动是一个重要原因，它使人们相信，稳定物价和充分就业的广泛目标是不可调和的"（Hancock, 1966: 155）。如果说有人提出了"权衡"的论点，那会是一种保守的主张，它倾向于将较高失业率作为劳动纪律。

4. 20 世纪 50 年代至 70 年代末，美国非加速通货膨胀失业率估计值的上升幅度远低于其他地区。在战后长期繁荣时期，美国的失业率大幅上升（US Congressional Budget Office, 2016）。

5. 它还强调了货币主义和货币**自由放任主义**之间的区别。弗里德曼在除货币领域以外的几乎所有领域都反对政府干预。在货币领域，一个强大的中央银行对保证稳定至关重要。诚然，中央银行的权力应该被约束，通过遵循一定的规则以保持货币供应量的稳定增长。但历史表明，这远没有控制基础，并将其余部分都留给一个被动的银行系统那么简单。

6. 报告发布后，《银行家杂志》（*Banker's Magazine*）发表了一篇以苏格拉底对答模式为内容的文章。对话中这位哲学家要求"对'整体流动性状况'下一个定义，据我所知，委员会对此非常重视"，而他的经济学家则懊恼地回答道："好吧，苏格拉底，委员会实际上并没有在任何地方定义流动性"（Newlyn, 1960）。

7. 到 21 世纪初，它已成为比联邦基金市场更大的美国银行资金来源（Stigum and Crescenzi, 2007: 209）。

8. 正如他对一位澳大利亚电视观众所说，"工会给你我的国家带来了极大的危害……但工会造成的危害不是制造通货膨胀"（Friedman, 1975: 12）。

9. 澳大利亚经济学家约翰·内维尔（John Nevile）在悉尼主持了弗里德曼的一次公开演讲，他后来表示，弗里德曼使用了与其学术著作中全然不同的简单图表和论据，这一点让他感到恼火（Courvisanos and Millmow, 2006: 125）。

10. 货币目标制要求在某些领域加强银行监管，在其他领域放松管制。例如，在澳大利亚，实现这些目标就需要加强银行贷款控制，同时放松利率控制，使银行能够重新赢回那些官方控制力度较小的非银行中介机构失去的业务（Beggs, 2015: 234-246）。

第三章

1. 有关内容请参见 Gilbert, 2005; Maurer, 2006; Carruthers 和 Ariovich, 2010; Dodd, 2014。

2. 人类学家和社会学家有力地提出了这一论点（例如，Zelizer, 1994; Foster, 1999; Keane, 2001; Strassler, 2009; Heslop, 2016）。

3. 国际政治经济学清楚地阐明了这一点（例如，Strange, 1971）。可另见 Blanc, 2017; Kuroda, 2008a, 2008b; Peebles, 2011。

4. 关于通货膨胀下的日常生活，请参见 Dominguez, 1990; Neiburg, 2010; Muir, 2015。

5. 例如，Lemon, 1998; Pedersen, 2002; Kwon, 2007; Whitfield, 2007; Truitt, 2013; Roig, 2016。

6. 21 世纪初，津巴布韦在经历了一段时间的恶性通货膨胀后实行了美元化。这提供了一个令人信服的例子，同一种商品的价格因支付方式的不同而改变，借记卡（转移美元存款）和"债券"（政府为了补充美元流通而发行的以美元计价的低面值票据）被商家以折扣价接受。

7. 有关汇款的文献非常丰富。相关概述请参见 Hernandez 和 Coutin, 2006; Cohen, 2011; Sirkeci 等人，2012。

8. 在关于市场道德的辩论中（Fourcade and Healy, 2007），霍克希尔德（Hochschild, 2003:30）所说的"商品边界"是指在可转让和不可转让之间划出的道德和政治界线，这是一个长期存在的研究课题，尤其是当它侵犯到亲密关系时（例如，Singh, 1997; Cole, 2004; Hoang, 2015; Kim, 2018）。

9. 如彩票奖金等意外收入（Hedenus, 2014）。在行为经济学中，专款专用通常是从"心理账户"的角度来谈论的（Thaler, 1999）。

10. 其他例子还有：在加拿大，1 元硬币俗称"loonie"（硬币上有潜鸟图案），2 元硬币一语双关，被称为"Toonie"；在澳大利亚，从"红龙虾"到"菠萝"，丰富多彩的词汇围绕着不同面额的纸币延用下起来。

11. 例如，参见 Taussig, 1977; Belk 和 Wallendorf, 1990; Carsten, 1989。

12. 在现代，人们通过公共生活和集体生活进行财富再分配的承诺，逐渐被税收作为法定义务所取代。关于以财政责任或个人储蓄向国家的非选择性转移为框架的税收文化，可以参见马丁谈美国 20 世纪中叶的税收起义（Martin, 2008），与阿贝林谈阿根廷的税收阶级矛盾（Abelin, 2012）；或参见拉森谈瑞典的税收主张（Larsen, 2017），以及与之对比的罗特曼谈关于中非地区殖民时期和后殖民时期的财政管制和抗命（Roitman, 2005）。

13. 跨文化的概述请参见 Ardener 与 Burman, 1995；另见 Bähre, 2007; Kear, 2016。

14. 该游说团体包括管理现金的组织（如装甲车公司和 ATM 制造商）和纸币生产的行业及企业（如提供纸张、油墨和防伪技术的公司）。

15. 世界各地的现金使用模式复杂多样，尽管现金仍是使用最广泛的支付工具。而且正如我们所写的那样，现金的使用率可能在上升（Jobst and Stix, 2017; Bech *et al.*, 2018）。后殖民时期，现金占主导地位，但即使在信用卡和其他非现金支付技术普及率很高的地区，如德国和日本，现金仍被普遍使用。对美元的需求也保持着其强劲势头（Judson, 2017; O'Brien, 2017; Wang, 2017）。

第五章

* 我要感谢编者泰勒·C. 内尔姆斯和大卫·佩德森提出的许多有益的建议，这些建议指导我完成了关于货币社会学的论述。他们的帮助让本章的内容得到了很大的改进。

1. 2008 年诺贝尔经济学奖获得者保罗·克鲁格曼（Paul Krugman）认为，这一系列作品启发了他，尽管他承认阿西莫夫的心理历史学与经济学并不相同。

2. 在 17 世纪，为了应对剪边硬币的问题，英国重新发行了硬币。尼尔·斯蒂芬森在他的《巴洛克记》（*The Baroque Cycle*）系列作品中，如《水银》（*Quicksilver*, 2003），《混淆》（*The Confusion*, 2004）和《世界的系统》（*The System of the World*, 2004）中探讨了这段历史，同时还探索了同时发明的信用证和最终的银行票据，以及计算机先驱的想象发明。

3. 继维格纳和凯西（Vigna and Casey, 2015）之后，我使用 Bitcoin 来指代技术，用 bitcoin 指代其创造的价值单位。

4. 多克托罗的书名是对乔治·奥威尔（George Orwell）《巴黎伦敦落魄记》（*Down and Out in Paris and London*, 1933）的一个影射，这本书是探索当代贫困状况的半自传体小说。

5. 这就是学科如何理解自身的方式。皮凯蒂（2014: 573–575）尖锐地批评了一种挟隘的思维，即只关注数学，而忽视经济学如何在给对世界进行建模的过程中创造的社会和政治后果，尤其是无法思考历史上的不平等现象是如何长期存在的。

6. 格雷伯和所有近期研究货币的历史学家都指出，在货币之前建立的原始易货贸易体系的设想是没有任何人类学学者的支持的。尽管如此，这个错误的经济学起源概念依然具有影响力，因为它被亚当·斯密所接受，而亚当·斯密的思想在今天仍具有影响力。

7. 尽管反对这种模型，但多德（2014: 7）指出，这与齐美尔关于货币的一段有影响的评论是一致的："随着我们的社会关系越来越多地由货币来调解，它们变得更加抽象而毫无特色，我们的内心生活也变得越来越缺乏内在意义和主观价值。"

8. 协定名称暗指巴斯克地区的蒙德拉贡及其工人合作社的试验。

9. 这部小说出版于安全在线购买方法出现前，而当时 PayPal 正是为了满足这一需求才被开发的，PayPal 的名字确定于 2001 年。

10. 故事背景设定在 20 世纪 40 年代，讲述了人们为了掩埋被盗黄金所付出的巨大代价，当兰迪和他的伙伴们用这些黄金作为他们新银行的基础时，黄金的失而复得显示出了极具庄严的色彩。所有人都承诺只将这些钱用于社会生产（即经济增长、个人繁荣）目的，并防止政府及其军队获得它们。一些比特币爱好者也提供了类似的理由（Vigna and Casey, 2015:285）。斯科特（2014）指出，如果比特币成为主流，可能会破坏这些理想，因此需要银行这样的中介机构。此外，他还认为，向比特币的转变可能会使脆弱国家的脆弱机构在本需要强化时被削弱（Scott, 2016）。

11. 在小说出版的同一时期，一种被称为"电子黄金"（e-gold）的数字货币正在流通，它以黄金的克数作为用户账户的货币计量单位。这是世界上第一个成功的小额支付系统，最终因美国《爱国者法案》（US Patriot Act）对金融法规的修改而终止。

12. 美国国税局裁定，比特币是一种可能增值或贬值的资产，并据此对其征税。

13. 例如，PlayerAuctions.com 网站就为交易提供了便利，如提供游戏内货币兑换的平台。

14. 正如马丁（2015: 250）所解释的那样，"目前全球银行业的结构带来了不公平的风险分配，在这种情况下，损失被社会化了，纳税人要为救市买单，而收益却是私人的，只有银行和他们的投资者才能独享利润"。

15. 斯沃茨（2017: 88）担心，我们对"激进式"的区块链理念（将改变经济结构）与"融合式"的区块链理念（将以新形式维持现状）这两者之间的差异并未给予足够的关注。这种紧张关系反映了罗宾逊和斯蒂芬森在如何预测经济未来方面存在的差异。

16. 当竞争对手同时提出所有权主张时，区块链还需要关于证明链中的哪个分支是"真实"分支的条款，并采用社区验证标准（建立在一个分支上以加强其长度并强化"真实性"）来裁定这种重叠。

17. 这个名字暗指经济学家弗里德里希·哈耶克（Friedrich Hayek），他的研究成果被广泛认为是新自由主义政策的主要灵感来源。

18. 在现实世界中与之相似的是，美元成为布雷顿森林体系协定之后国际标准的过程。早期的草案提出了某种可以兑换成黄金的货币，而对参考货币的澄清要求导致"美元"作为一个例子成为可以兑换为黄金的货币。最后的文件以这个例子为货币单位，就给出了我们现行的浮动汇率制度。参见美国国家公共广播电台（NPR）节目《货币星球》（*Planet Money*）第 533 期"世界中心的美元"，网址：www.npr.org/sections/money/2014/07/16/331743569/episode-552-the-dollar-at-the-center-of-the-world。

19. 沃马克的设想灵感来源于诺曼·杰维森（Norman Jewison）的科幻电影《轮滑球》（*Rollerball*, 1975）。沃马克的小说《氛围》（*Ambient*, 1987）中的一个角色说："每个人都穿着轮滑鞋，身着盔甲，全副武装。我相信德莱顿先生无疑是在风筝高飞时从他曾经看过的一部老电影中提炼出了这个概念。"这种利用身体暴力来代替公司暴力的现象也构成了布莱特·伊斯顿·埃利斯（Bret Easton Ellis）的《美国精神病》（*American Psycho*, 1991）的框架，拉伯奇（2014）将其视为新金融美学的典范。

20. 这是凯恩斯提出的用于国际兑换货币单位的名称，而不是布雷顿森林体系所采用的美元。

21. 格雷伯认为，美国的军国主义，与美国大部分经济都是赤字融资这一事实之间存在一定关系。他认为，该体系基于这样一个事实，即美国军方可以随意选择轰炸世界上任何一个地方：

> 其他任何政府都从来没有拥有过这种能力。事实上，这很可能证明了，正是这种力量将围绕美元组织起来的整个世界货币体系维系在一起。（2011: 366）

第六章

1. 这是一战期间中央银行为财政支出提供资金援助的结果。

2. 然而请注意，美联储的准备金也被视作债务，根据其定义，这些准备金也不是"可赎回的"。

3. 同时，库姆霍夫似乎把美联储发行的纸币视为"债务货币"（Kumhof, 2013）。目前还不清楚他用什么标准来区分"债务货币"和"无债货币"。

4. 这些符木棒一直使用到近代初期。雷伊（Wray, 2004）出版过的一本书的封面就展示了 1905 年在西西里岛阿格里真托私人庄园中使用的符木棒照片。

5. 在近代后半期的发展中国家，兑换外币的承诺很普遍，这被认为是提高一国货币的外部接受度所必需的。然而，一个国家的借据将在没有这种承诺的情况下被国内接受，至少是在支付给一个能够执行税收和其他义务的国家时是这样的。我们不会探究各国在确保外部接受度方面所面临的问题，因为这是完全不同的问题。

6. 过去，美国国债还发行其他类型的债务，如票据和税收抵免（可用于纳税的证券）。

7. 凯恩斯主张实行低利率政策，取消对持有无风险资产者的奖励，从而使食利者阶层安乐死。

8. 债券在功能上是一种货币政策工具，而不是借贷操作。在中央银行借记私人银行准备金时，政府债券购买即宣告完成。（除非银行自己购买债券，否则银行借记买方存款。）因此，债券发行操作的目的是：减少银行准备金；或者，从私人银行的角度来看，由于债券支付的利率高于准备金，它为私人银行提供了更高的收益资产（Wray, 1998, 2015）。

9. 诚然，这需要改变美国当前的程序，尽管这在过去是允许的（美联储始终在讨论在紧急情况下允许这样做）。参见加巴德（Garbade, 2014）关于恢复向美联储出售美国国债的程序的审查。

10. 请注意，美国的银行存款尚未被政府宣布为"法定货币"。即使它们是法定货币，也并不意味着私营部门参与者不能拒绝接受特定的借据付款（见 www.treasury.gov/resource- center/faqs/Currency/Pages/legal-tender.aspx）。事实上，企业经常将存款甚至政府自己的借据（现金）排除在可接受的支付方式之外。

11. 波绍尔的定义虽然比明斯基的更窄，但它对集中关注由银行和影子银行发行的货币债务很有用，而这些债务在全球金融危机中发挥了重要作用。

12. 尽管出现了历史性危机，但在全球金融危机期间，美国银行体系几乎没有遭遇挤兑。当前的存款保险制度显然是有效的。与此同时，所谓的影子银行系统确实出现了挤兑。

13. 这里我们参考勒纳（1943）提出的"功能性金融"原则，根据这一原则，政府应该以实现充分就业和物价稳定为目标进行支出和征税，而不是平衡预算。勒纳认为，"把这些事情交给市场处理，就像开车不用方向盘一样"（Forstater, 1999: 476）。

参 考 文 献
Bibliography

Abelin, Mireille. 2012. " 'Entrenched in the BMW': Argentine Elites and the Terror of Fiscal Obligation." *Public Culture*, 24(2): 329–356.

Adkins, Lisa. 2015. "What Are Post-Fordist Wages? Simmel, Labor Money, and the Problem of Value." *South Atlantic Quarterly*, 114(2): 331–353.

Aitken, Rob. 2015. *Fringe Finance: Crossing and Contesting the Borders of Global Capital*. New York: Routledge.

Allen, John, and Michael Pryke. 1999. "Money Cultures After Simmel: Mobility, Movement, and Identity." *Environment and Planning D: Society and Space*, 17(1): 51–68.

Allon, Fiona. 2010. "Speculating on Everyday Life: The Cultural Economy of the Quotidian." *Journal of Communication Inquiry*, 34(4): 366–381.

Althusser, Louis. 2014. *On the Reproduction of Capitalism: Ideology and Ideological State Apparatuses*. New York: Verso.

Anderson, Benedict. [1983] 2006. *Imagined Communities*. New York: Verso.

Ansell, Aaron. 2010. "Auctioning Patronage in Northeast Brazil: The Political Value of Money in a Ritual Market." *American Anthropologist*, 112(2): 283–294.

Appadurai, Arjun. 1996. *Modernity at Large: Cultural Dimensions of Globalization*. Minneapolis, MN: University of Minnesota Press.

Ardener, Shirley, and Sandra Burman (eds.). 1995. *Money-Go-Rounds: The Importance of ROSCAs for Women*. Washington, DC: Berg.

Armstrong, Philip, Andrew Glyn, and John Harrison. 1991. *Capitalism Since 1945*. Oxford: Blackwell.

Asimov, Isaac. 2004a. *Foundation*. New York: Bantam.

Asimov, Isaac. 2004b. *Foundation and Empire*. New York: Bantam.

Asimov, Isaac. 2004c. *Second Foundation*. New York: Bantam.

Atkins, Ralph. 2018. "Radical Reform: Switzerland to Vote on Banking Overhaul." *Financial Times*, May 28. Available online:www.ft.com/content/13b92d86-

5810- 11e8-bdb7-f6677d2e1ce8.

Bagnall, John, David Bounie, Kim P. Huynh, Anneke Kosse, Tobias Schmidt, Scott Schuh, and Helmut Stix. 2016. "Consumer Cash Usage: A Cross-Country Comparison with Payment Diary Survey Data." *International Journal of Central Banking*, 12(4): 1–61.

Bähre, Erik. 2007. *Money and Violence: Financial Self-Help Organizations in a South African Township*. Leiden: Brill.

Bandelj, Nina, Frederick F. Wherry, and Viviana A. Zelizer (eds.). 2017. *Money Talks: Explaining How Money Really Works*. Princeton: Princeton University Press.

Bandelj, Nina, Paul James Morgan, and Elizabeth Sowers. 2015. "Hostile Worlds or Connected Lives? Research on the Interplay Between Intimacy and Economy." *Sociology Compass*, 9(2): 115–127.

Bannerjee, Abhijit V., and Esther Duflo. 2011. *Poor Economics: A Radical Rethinking of the Way to Fight Global Poverty*. New York: Public Affairs.

Baradaran, Mehrsa. 2015. *How the Other Half Banks: Exclusion, Exploitation, and the Threat to Democracy*. Cambridge: Harvard University Press.

Bateman, Milford. 2010. *Why Doesn't Microfinance Work? The Destructive Rise of Local Neoliberalism*. London: Zed.

Bátiz-Lazo, Bernardo and Leonidas Efthymiou (eds.). 2016. *The Book of Payments: History and Contemporary Views on the Cashless Society*. London: Palgrave Macmillan.

Bátiz-Lazo, Bernardo, Thomas Haigh and David L. Stearns. 2014. "How the Future Shaped the Past: The Case of the Cashless Society." *Enterprise and Society*, 15(1): 103–131.

Baudrillard, Jean. 1981. *For a Critique of the Political Economy of the Sign*. St. Louis: Telos.

Bayley, Stephen. 2011. "Decimalisation Day: Forty Years Ago, We Lost the Rich and Beautiful Poetry in Our Pockets." *The Telegraph*, February 11. Available online: www.telegraph.co.uk/comment/personal-view/8317759/ Decimalisation-Day-Forty- years-ago-we-lost-the-rich-and-beautiful-poetry-in-our-pockets.html.

Bayoumi, Tamim, and Barry Eichengreen. 1996. "The Stability of the Gold Standard and the Evolution of the International Monetary System." In Tamim Bayoumi, Barry Eichengreen, and Mark Taylor (eds.), *Modern Perspectives on the Classical Gold Standard*. Cambridge: Cambridge University Press,

165–188.

Bear, Laura, Karen Ho, Anna Tsing, and Sylvia Yanagisako. 2015. "Gens: A Feminist Manifesto for the Study of Capitalism. Theorizing the Contemporary," *Cultural Anthropology* website, March 30. Available online: https://culanth. org/ fieldsights/652-gens-a-feminist-manifesto-for-the-study-of-capitalism.

Beasley-Murray, Jon. 2000. "Value and Capital in Bourdieu and Marx." In Nicholas Brown and Imre Szeman (eds.), *Pierre Bourdieu: A Fieldwork in Culture*. Lanham, MD: Rowman and Littlefield, 100–121.

Bech, Morten, Umar Faruqui, Frederik Ougaard, and Cristina Picillo. 2018. "Payments are A-Changin' but Cash Still Rules." *BIS Quarterly Review* (March): 67–80.

Beggs, Michael. 2015. *Inflation and the Making ofAustralian Macroeconomic Policy, 1945–85*. Basingstoke: Palgrave Macmillan.

Beggs, Michael. 2017. "The State as a Creature of Money." *New Political Economy*, 22(5): 463–477.

Belk, Russell W. and Melanie Wallendorf. 1990. "The Sacred Meanings of Money." *Journal of Economic Psychology*, 11(1): 35–67.

Bell, Stephanie. 2001. "The Role of the State and the Hierarchy of Money." *Cambridge Journal of Economics*, 25(2): 149–163.

Bellamy, Edward. 1889. *Looking Backward: 2000–1887*. New York: Houghton Mifflin. Available at www.gutenberg.org/ebooks/624?msg=welcome_stranger.

Benes, Jaromir, and Kumhof, Michael. 2012. *The Chicago Plan Revisited*. Washington, DC: International Monetary Fund.

Berardi, Franco "Bifo." 2009. *Precarious Rhapsody: Semiocapitalism and the Pathologies of the Post-Alpha Generation*. New York: Autonomedia.

Bernanke, Ben S. 2012. "The Great Moderation." In Evan F. Koenig, Robert Leeson, and George A. Kahn (eds.), *The Taylor Rule and the Transformation of Monetary Policy*. Stanford: Hoover Institution Press, 145–162.

Better Than Cash Alliance. 2018. "About the Better Than Cash Alliance." Available online: www.betterthancash.org/about.

Beuys, Joseph. 2010. *What Is Money? A Discussion*. West Hoathly: Clairview.

Binde, Per. 2005. "Gambling Across Cultures: Mapping Worldwide Occurrence and Learning from Ethnographic Comparison." *International Gambling Studies*, 5(1): 1–27.

Bishop, Claire. 2012. *Artificial Hells: Participatory Art and the Politics of Spectatorship*. New York: Verso.

Björkman, Lisa. 2014. "'You Can't Buy a Vote: Meanings of Money in a Mumbai Election." *American Ethnologist*, 41(4): 617–634.

Black, N., 2010. "Million Dollar Bill Gospel Tracts are Legal, Judge Rules." *The Christian Post*. Available online: www.christianpost.com/news/million-dollar-bill-gospel-tracts-are-legal-judge-rules-44580/.

Blanc, Jérôme. 2010. "Community and Complementary Currencies." In Keith Hart, Jean-Louis Laville, and Antonio David Cattani (eds.), *The Human Economy*. Cambridge: Polity, 303–312.

Blanc, Jérôme. 2017. "Unpacking Monetary Complementarity and Competition: A Conceptual Framework." *Cambridge Journal of Economics*, 41(1): 239–257.

Bleaney, Michael. 1985. *The Rise and Fall of Keynesian Economics: An Investigation of its Contribution to Capitalist Development*. London: Macmillan.

Blinder, Alan S. 1998. *Central Banking in Theory and Practice*. Cambridge: MIT Press.

Bohannan, Paul. 1959. "The Impact of Money on an African Subsistence Economy." *The Journal of Economic History*, 19(4): 491–503.

Bolt, Maxim. 2014. "The Sociality of the Wage: Money Rhythms, Wealth Circulation, and the Problem with Cash on the Zimbabwean-South African Border." *Journal of the Royal Anthropological Institute*, 20(1): 113–130.

Boltanski, Luc, and Eve Chiapello. 2005. *The New Spirit of Capitalism*. Gregory Elliot (trans). New York: Verso.

Bornstein, Erica. 2009. "The Impulse of Philanthropy." *Cultural Anthropology*, 24(4):622-651.

Bourdieu, Pierre, and Hans Haacke. 1994. *Free Exchange*. Stanford: Stanford University Press.

Bourdieu, Pierre. 1984. *Distinction: A Social Critique of the Judgement of Taste*. Richard Nice (trans.). Cambridge: Harvard University Press.

Bourdieu, Pierre. 1990. *The Logic of Practice*. Richard Nice (trans.). Stanford: Stanford University Press.

Bourdieu, Pierre. 1993. *The Field of Cultural Production: Essays on Art and Literature*. Randal Johnson (ed.). New York: Columbia University Press.

Bourdieu, Pierre. 2005. *The Social Structures of the Economy*. Chris Turner (trans.). Cambridge: Polity.

Bourgeron, Théo. 2018. "Optimising 'Cash Flows': Converting Corporate Finance to Hard Currency." *Journal of Cultural Economy*, 11(3): 193–208.

Bradford, Tonya Williams. 2015. "Beyond Fungible: Transforming Money into Moral and Social Resources." *Journal of Marketing*, 79(2): 79–97.

Braun, Benjamin. 2016. "Speaking to the People? Money, Trust, and Central Bank Legitimacy in the Age of Quantitative Easing." *Review of International Political Economy*, 23(6): 1064–1092.

Broll, Simon. 2012. "Theaterprojekt 'Schwarzbank': Mäuse, Piepen, Kröten." *Spiegel Online* (March 14). Available online: www.spiegel.de/kultur/ gesellschaft/ theaterprojekt-schwarzbank-a-820850.html.

Brown, Ellen Hodgson. 2013. *The Public Bank Solution: From Austerity to Prosperity*. Baton Rouge: Third Millennium Press.

Bryan, Dick, and Michael Rafferty. 2006. *Capitalism With Derivatives: A Political Economy of Financial Derivatives, Capital, and Class*. Basingstoke/New York: Palgrave Macmillan.

Bryan, Dick, and Michael Rafferty. 2013. "Fundamental Value: A Category in Transformation." *Economy and Society*, 42(1): 130–153.

Bryan, Dick, and Michael Rafferty. 2016. "Decomposing Money: Ontological Options and Spreads." *Journal of Cultural Economy*, 9(1): 27–42.

Bryan-Wilson, Julia. 2009. *Art Workers: Radical Practices in the Vietnam War Era*. Berkeley: University of California Press.

Bürger, Peter. 1984. *Theory of the Avant-Garde*. Minneapolis: University of Minnesota Press.

Burkett, Paul and Richard C.K. Burdekin. 1996. *Distributional Conflict and Inflation: Theoretical and Historical Perspectives*. Basingstoke: Macmillan.

Caffentzis, George. 1999. "On the Notion of a Crisis of Social Reproduction: A Theoretical Review." In Giovanna Franca Dalla Costa and Mariarosa Dalla Costa (eds.), *Women, Development, and Labor of Reproduction: Struggles and Movements*. Tronton, NJ and Asmara, Eritrea: Africa World Press, 153–188.

Caffentzis, George. 2013. *In Letters of Blood and Fire: Work, Machines, and the Crisis of Capitalism*. Oakland: PM Press.

Cameron, Stuart, and Jon Coaffee. 2005. "Art, Gentrification and Regeneration— From Artist as Pioneer to Public Arts." *International Journal of Housing Policy*, 5(1): 39–58.

Campbell, J.K., A.W. Coates, R.G. Halkerston, R.G. McCrossin, J.S. Mallyon, and F. Argy. 1981. *Final Report of the Committee of Inquiry into the Australian Financial System*. Canberra: Australian Government Publishing Service.

Capie, Forrest, and Geoffrey Wood. 2012. *Money Over Two Centuries: Selected*

Topics in British Monetary History. Oxford: Oxford University Press.

Carruthers, Bruce G. 2010. "The Meanings of Money: A Sociological Perspective." *Theoretical Inquiries in Law*, 11(1): 51–74.

Carruthers, Bruce G., and Laura Ariovich. 2010. *Money and Credit: A Sociological Approach*. Cambridge: Polity.

Carruthers, Bruce G., and Wendy Nelson Espeland. 1998. "Money, Meaning, and Morality." *American Behavioral Scientist*, 41(10): 1384–1408.

Carsten, Janet. 1989. "Cooking Money: Gender and the Symbolic Transformation of Means of Exchange in a Malay Fishing Community." In Jonathan Parry and Maurice Bloch (eds.), *Money and the Morality of Exchange*. Cambridge: Cambridge University Press, 117–141.

Castoriadis, Cornelius. 1997. *The Castoriadis Reader*. David Ames Curtis (trans.). Oxford: Blackwell, 1997.

Cattelino, Jessica R. 2009. "Fungibility: Florida Seminole Casino Dividends and the Fiscal Politics of Indigeneity." *American Anthropologist*, 111(2): 190–200.

Cattelino, Jessica R. 2018. "From Locke to Slots: Money and the Politics of Indigeneity." *Comparative Studies in Society and History*, 60(3): 274–307.

Champ, Bruce. 2008. "Stamp Scrip: Money People Paid to Use." *Economic Commentary* (April). Federal Reserve Board of Cleveland. Available online: www.clevelandfed.org/newsroom-and-events/publications/economic-commentary/ economic-commentary-archives/2008-economic-commentaries/ ec-20080401-stamp- scrip-money-people-paid-to-use.aspx.

Changing Times. 1952. "Traveling? Put it on the Cuff: a new, all-purpose credit card lets you do just that" (February 24).

Chaum, David. 1985. "Security Without Identification: Transaction Systems to Make Big Brother Obsolete." *Communications of the ACM*, 28(10): 1030–1044.

Chick, Victoria. 1973. *The Theory of Monetary Policy*. London: Gray-Mills.

Christophers, Brett, Andrew Leyshon, and Geoff Mann (2017). "Money and Finance After the Crisis: Taking Stock." In Brett Christophers, Andrew Leyshon, and Geoff Mann (eds.) *Money and Finance After the Crisis: Critical Thinking for Uncertain Times*. Oxford: Wiley Blackwell, 1–40.

Chutkow, Paul. 2001. *Visa: The Power of an Idea*. Chicago: Harcourt.

Clark, T.J. 1999. *The Absolute Bourgeois: Artists and Politics in France, 1848–1851*. Berkeley: University of California Press.

Clay, Henry. 1929. "The Public Regulation of Wages in Great Britain." *Economic*

Journal, 39(155): 323–343.

Cleaver, Harry. 2000. *Reading Capital Politically*. San Francisco: AK Press.

Cleaver, Harry. 2005. "Work, Value and Domination: On the Continuing Relevance of the Marxian Labour Theory of Value in the Crisis of the Keynesian Planner State." *The Commoner* 10. Available online: www. commoner.org.uk/ 10cleaver.pdf.

Clifford, James. 1997. *Routes: Travel and Translation in the Late Twentieth Century*. Cambridge: Harvard University Press.

Codere, Helen. 1968. "Money-Exchange Systems and a Theory of Money." *Man*, 3(4): 557–577.

Cohen, Benjamin J. 1998. *The Geography of Money*. Ithaca: Cornell University Press. Cohen, Benjamin J. 2004. *The Future of Money*. Princeton: Princeton University Press.

Cohen, Jeffrey H. 2011. "Migration, Remittances, and Household Strategies." *Annual Review ofAnthropology*, 40: 103–114.

Cole, Jennifer. 2004. "Fresh Contact in Tamatave, Madagascar: Sex, Money, and Intergenerational Transformation." *American Ethnologist*, 31(4): 573–588.

Collins, Daryl, Jonathan Morduch, Stuart Rutherford, and Orlanda Ruthven. 2009. *Portfolios of the Poor: How the World's Poor Live on $2 a Day*. Princeton: Princeton University Press.

Coombs, Nathan. 2017. "Macroprudential Versus Monetary Blueprints for Financial Reform." *Journal of Cultural Economy*, 10(2): 207–216.

Cooper, Melinda, and Angela Mitropoulos. 2009. "In Praise of Usura." *Mute* 2(13). Available online: www.metamute.org/editorial/articles/praise-usura.

Cooper, Melinda, and Martijn Konings. 2016. "Pragmatics of Money and Finance: Beyond Performativity and Fundamental Value." *Journal of Cultural Economy*, 9(1): 1–4.

Cooper, Melinda. 2015. "Shadow Money and the Shadow Workforce: Rethinking Labor and Liquidity." *South Atlantic Quarterly* 114(2): 395–423.

Cooper, Melinda. 2017. *Family Values: Between Neoliberalism and the New Social Conservatism*. Cambridge: MIT Press.

Copestake, James, Susan Johnson, Mateo Cabello, Ruth Goodwin-Groen, Robin Gravesteijn, Julie Humberstone, Max Nino-Zarazua, and Matthew Titus. "Towards a Plural History of Microfinance." *Canadian Journal of Development Studies*, 37(3): 279–297.

Courvisanos, Jerry and Alex Millmow. 2006. "How Milton Friedman came to

Australia: A Case Study of Class-Based Political Business Cycles." *Journal of Australian Political Economy*, (57): 112–136.

Cox, John. 2018. *Fast Money Schemes: Hope and Deception in Papua New Guinea*. Bloomington: Indiana University Press.

Cramp, A.B. 1962. "Two Views on Money." *Lloyds Bank Review*, 65 (July): 1–15.

Crane, Dan. 2015. "Do You Have Change for a Bowie?" *New York Times*, August 9, 2015. Online.

Creswell, Timothy. 2006. *On the Move: Mobility in The Modern Western World*. New York: Routledge.

Crisp, L.F. 1961. "The Commonwealth Treasury's Changed Role and Its Organisational Consequences." *Australian Journal of Public Administration*, 20(4): 315–330.

Crosthwaite, Paul, Peter Knight, and Nicky Marsh (eds.). 2014. *Show Me the Money: The Image of Finance, 1700 to the Present*. Manchester: Manchester University Press.

Currid, Elizabeth. 2007. *The Warhol Economy: How Fashion, Art, and Music Drive New York City*. Princeton: Princeton University Press.

Cushing, Marshall H. 1893. *The Story of Our Post Office: The Greatest Government Department in All Its Phases*. Boston: A.M Thayer Company.

Dai, Wei. 1998. "Bmoney." Available online: www.weidai.com/bmoney.txt.

Dalinghaus, Ursula. 2017. "Keeping Cash: Assessing the Arguments about Cash and Crime." *Cash Matters*. Available online: www.imtfi .uci.edu/files/ images/2017/ Keeping_Cash_Whitepaper_download_PDF_US_Letter_Size. pdf.

Dalla Costa, Giovanna Franca. 2008. *The Work of Love: Unpaid Housework, Poverty and Sexual Violence at the Dawn of the 21st Century*. Enda Brophy (trans.). New York: Autonomedia.

Dalton, George. 1965. "Primitive Money." *American Anthropologist*, 67(1): 44–65.

Dalziel, Paul. 2002. "The Triumph of Keynes: What Now for Monetary Policy Research?" *Journal ofPost Keynesian Economics*, 24(4): 511–527.

Davies, William. 2018. "Introduction to Economic Science Fictions." In William

Davies (ed.) *Economic Science Fictions*. London: Goldsmiths Press, 1–28. Davis, Ben. 2016. "'Panama Papers' Show Art's Role In Tax Dodge." *ArtNet News* (April 4). Available online: https://news.artnet.com/opinion/panama-papers-tax- dodging-superrich-465305.

Day, Richard. 2005. *Gramsci Is Dead: Anarchist Currents in the Newest Social*

Movements. London: Pluto.

De Angelis, Massimo, and David Harvie. 2009. "'Cognitive Capitalism' and the Rat-Race: How Capital Measures Immaterial Labour in British Universities." *Historical Materialism*, 17(3): 3–30.

De Certeau, Michel. 1984. *The Practice of Everyday Life*. Steven Rendall (trans.). Berkeley: University of California Press.

De Long, J. Bradford. 2000. "The Triumph of Monetarism?" *Journal ofEconomic Perspectives*, 14(1): 83–94.

de Paiva Abreu, M. 2006. "The External Context." In V. Bulmer-Thomas, J. Coatsworth, and R. Cortes-Conde (eds.), *Cambridge Economic History of Latin America*. Volume 2. Cambridge: Cambridge University Press, 101–134.

de Vries, Margaret Garrison. 1987. *Balance of Payments Adjustment, 1945 to 1986: The IMF Experience*. Washington, DC: International Monetary Fund.

Debord, Guy. 1962. "Perspectives for Conscious Changes in Everyday Life." Ken Knabb (trans.). *Internationale Situationniste*, 6. Available online: www.cddc. vt.edu/ sionline/si/everyday.html.

Delany, Samuel R. 2014. "The Tale of Old Venn." *Tales ofNevèrÿon*. Amazon Digital: Open Road, 80–139.

Desan, Christine. 2010. "Coin Reconsidered: The Political Alchemy of Commodity Money." *Theoretical Inquiries in Law*, 11(1): 361–409.

Desan, Christine. 2014. *Making Money: Coin, Currency, and the Coming of Capitalism*. Oxford: Oxford University Press.

Desan, Christine. 2016. "Money as a Legal Institution." In David Fox and Wolfgang Ernst (eds.) *Money in the Western Legal Tradition: Middle Ages to Bretton Woods*. Oxford: Oxford University Press, 18–35.

Dharia, Namita, and Nishita Trisal (eds.) 2017. "Demonetization: Critical Responses to India's Cash(/less) Experiment." *Cultural Anthropology*, Hot Spots (September 27). Available online: https://culanth.org/fieldsights/1222-demonetization-critical-responses-to-india-s-cash-less-experiment.

Dick, Philip K. 2012. *Ubik*. New York: Mariner.

Doctorow, Cory. 2003. *Down and Out in the Magic Kingdom*. New York: TOR .

Dodd, Nigel. 2005. "Reinventing Monies in Europe." *Economy and Society*, 34(4): 558–583.

Dodd, Nigel. 2014. *The Social Life of Money*. Princeton: Princeton University Press. Dominguez, Virginia R. 1990. "Representing Value and the Value of Representation: A Different Look at Money." *Cultural Anthropology*, 5(1):

16–44.

Donovan, Kevin. 2015. "Mobile Money." In *The International Encyclopedia of Digital Communication and Society*. Volume 1. Oxford: Wiley-Blackwell, 619–626.

Dooley, M.P., D. Folkerts-Landau, and P. Garber. 2003. "An Essay on the Revived Bretton Woods System." NBER Working Paper Series 9971. Available online: www.nber.org/papers/w9971.

Dyson, Ben, Graham Hodgson, and Frank van Lerven. 2016. "A Response to Critiques of 'Full Reserve Banking. '" *Cambridge Journal of Economics*, 40(5): 1351–1361.

Dzokoto, Vivian Afi Abui, Jessica Young, and Edwin Clifford. 2010. "A Tale of Two Cedis: Making Sense of a New Currency in Ghana." *Journal ofEconomic Psychology*, 31(4): 520–526.

Edin, Kathryn J., and H. Luke Schaefer. 2015. *$2.00 a Day: Living on Almost Nothing in America*. New York: Houghton Mifflin Harcourt.

Edwards, Paul. 2010. *A Vast Machine: Computer Models, Climate Data, and the Politics of Global Warming*. Cambridge: MIT Press.

Edwards, Sebastian, and Santaella, Julio A. 1992. "Devaluation Controversies in the Developing Countries: Lessons from the Bretton Woods Era." NBER Working Paper 4047. Available online: www.nber.org/papers/w4047.

Ehrenreich, Barbara. 2001. *Nickel and Dimed: On (Not) Getting By in America*. New York: Holt.

Eichengreen, Barry J. 2008. *Globalizing Capital: A History of the International Monetary System*. 2nd edition. Princeton: Princeton University Press.

Eichengreen, Barry. 2010. *Exorbitant Privilege: The Rise and Fall of the Dollar and the Future of the International Monetary System*. Oxford: Oxford University Press.

Eijkman, Frederik, Jake Kendall, and Ignacio Mas. 2010. "Bridges to Cash: The Retail End of M-Pesa." *Savings & Development* 34(2): 219–252.

Elliott, D., A. Kroeber, and Y. Qiao. 2015. "Shadow Banking in China: A Primer." Washington, DC: Brookings Institution. Available online: www.brookings.edu/wp-content/uploads/2016/06/shadow_banking_china_elliott_kroeber_yu.pdf.

Elyachar, Julia. 2012. "Next Practices: Knowledge, Infrastructure, and Public Goods at the Bottom of the Pyramid." *Public Culture*, 24(1): 109–129.

Engels, Friedrich. [1845] 1993. *The Condition of the Working Class in England*. Oxford: Oxford University Press.

England, George Allan. 1916. *The Golden Blight*. New York: H.K. Fly Co. Available online: https://archive.org/details/thegoldenblight00englrich.

Evans, David S. and Richard Schmalensee. 2005. *Paying with Plastic: The Digital Revolution in Buying and Borrowing*. Cambridge: MIT Press.

Fanon, Frantz. 1963. "On National Culture." In *The Wretched of the Earth*. New York: Grove, 206–248.

Federici, Silvia. 2005. *Caliban and the Witch: Women, Capitalism and Primitive Accumulation*. New York: Autonomedia.

Federici, Silvia. 2012. *Revolution at Point Zero: Housework, Reproduction, and Feminist Struggle*. Oakland: PM Press.

Feingold, Ellen R. 2015. *The Value of Money*. Washington, DC: Smithsonian.

Ferguson, Sue, and David McNally. 2015. "Social Reproduction Beyond Intersectionality: An Interview." *Viewpoint* 5. Available online: https://viewpointmag.com/2015/10/31/social-reproduction-beyond-intersectionality-an- interview-with-sue-ferguson-and-david-mcnally/.

Fernelius, Leonard W. and David Fettig. 1992. "The Dichotomy Becomes Reality: Ten Years of the Federal Reserve as Regulator and Competitor." *Federal Reserve Bank of Minneapolis*.

Ferry, Elizabeth. 2016. "On Not Being a Sign: Gold's Semiotic Claims." *Signs and Society*, 4(1): 57–79.

Field, Michele, and Timothy Millett. 1998. *Convict Love Tokens: The Leaden Hearts the Convicts Left Behind*. Adelaide: Wakefield.

Firestone, Shulamith. 2003. *The Dialectic of Sex: The Case for Feminist Revolution*. New York: Farrar, Straus and Giroux.

Firth, Raymond. 1929. "Currency, Primitive." In *Encyclopaedia Britannica*. 14th edition, Volume 6. London: The Encyclopaedia Britannica Company: 880–881.

Fisher, Irving. 1933. *Stamp Scrip*. New York: Adelphi.

Fisher, Irving. 1935. *100% Money*. New York: Adelphi.

Fisher, Mark. 2018. "Forward." In William Davies (ed.) *Economic Science Fictions*. London: Goldsmiths Press, xi–xiv.

Flohr, Udo. 1996. "Electric Money." *Byte* (June).

Florida, Richard L. 2004. *The Rise of the Creative Class: And How It's Transforming Work, Leisure, Community and Everyday Life*. New York: Basic Books. Florida, Richard L. 2005. *The Flight of the Creative Class: The New Global Competition for Talent*. New York: HarperBusiness.

Foley, Duncan. 2004. "Marx's Theory of Money in Historical Perspective." In Fred

Moseley (ed.), *Marx's Theory of Money: Modern Appraisals*, 36–49. Basingstoke/ New York: Palgrave Macmillan.

Forder, James. 2014. *Macroeconomics and the Phillips Curve Myth*. Oxford: Oxford University Press.

Forrest, Adam. 2017. "The Rise of the Cashless City." *The Guardian*, January 9. Available online: www.theguardian.com/cities/2017/jan/09/rise-cashless-city-contactless-payments-exclusion-cashfree-society.

Forstater, Matthew. 1999. "Functional Finance and Full Employment: Lessons from Lerner for Today." *Journal ofEconomic Issues*, 33(2): 475–482.

Fortunati, Leopoldina. 1995. *The Arcane of Reproduction: Housework, Prostitution, Labor and Capital*. New York: Autonomedia.

Foster, Gladys Parker. 1986. "The Endogeneity of Money and Keynes's General Theory." *Journal ofEconomic Issues*, 20(4): 953–968.

Foster, Robert J. 1998. "Your Money, Our Money, the Government's Money: Finance and Fetishism in Melanesia." In Patricia Spyer (ed.), *Border Fetishisms: Material Objects in Unstable Spaces*. London: Routledge, 60–90.

Foster, Robert J. 1999. "In God We Trust? The Legitimacy of Melanesian Currencies." In David Akins & Joel Robbins (eds.), *Money and Modernity: State and Local Currencies in Melanesia*, 214–231. Pittsburgh: University of Pittsburgh Press.

Foucault, Michel. 1978a. *Discipline and Punish: The Birth of the Prison*. Alan Sheridan (trans.). New York: Pantheon.

Foucault, Michel. 1978b. *The History of Sexuality: An Introduction*. Robert Hurley (trans.). New York: Pantheon.

Fourçade, Marion, and Kieran Healy. 2007. "Moral Views of Market Society." *Annual Review of Sociology*, 33: 285–311.

Fourçade, Marion, and Sarah L. Babb. 2002. "The Rebirth of the Liberal Creed: Paths to Neoliberalism in Four Countries." *American Journal of Sociology*, 108(3): 533–579.

Fradkin, Phillip L. 2002. *Stagecoach: Wells Fargo and the American West*. New York: Free Press.

Fraser, Andrea. 2012. "There's No Place Like Home / L'1% C'est Moi." *Continent*, 2(3): 186–201.

Fraser, Nancy. 2013. *Fortunes of Feminism: From State-Managed Capitalism to Neoliberal Crisis*. New York: Verso.

Frascr, Nancy. 2016. "Contradictions of Capital and Care." *New Left Review*, 100:

99–117.

Friedman, Milton, and Anna Jacobson Schwartz. 1963. *A Monetary History of the United States, 1867–1960*. Princeton: Princeton University Press.

Friedman, Milton. 1948. "A Monetary and Fiscal Framework for Economic Stability." *American Economic Review*, 38(3): 245–264.

Friedman, Milton. 1956. "The Quantity Theory of Money: A Restatement." In Milton Friedman (ed.), *Studies in the Quantity Theory of Money*. Chicago: University of Chicago Press.

Friedman, Milton. 1963. *Inflation: Causes and Consequences*. New York: Asia Publishing House.

Friedman, Milton. 1968. "The Role of Monetary Policy." *American Economic Review*, 58(1): 1–17.

Friedman, Milton. 1975. Transcript of televised appearance (April 14). *Monday Conference*. Sydney: Australian Broadcasting Commission.

Gabor, Daniela, and Jakob Vestergaard. 2016. "Towards a Shadow Theory of Money." INET Working Paper. Available online: www.ineteconomics.org/research/research- papers/towards-a-theory-of-shadow-money.

Gabor, Daniela, and Sally Brooks. 2017. "The Digital Revolution in Financial Inclusion: International Development in the Fintech Era." *New Political Economy*, 22(4): 423–436.

Garbade, Kenneth D. 2014. "Direct Purchases of US Treasury Securities by Federal Reserve Banks." *Liberty Street Economics* (September 29). Available online: http:// libertystreeteconomics.newyorkfed.org/2014/09/direct-purchases-of-us-treasury- securities-by-federal-reserve-banks.html.

Gardiner, Geoffrey W. 2004. "The Primacy of Trade Debts in the Development of Money." In L. Randall Wray (ed.), *Credit and State Theories of Money*. Cheltenham: Edward Elgar, 128–172.

Geheimagentur. 2012. "Black Bank—Coal for All!" Available online: www.geheimagentur.net/projekte/schwarzbank-kohle-fur-alle/.

Gibson, William. 1981. *Necromancer*. New York: Ace.

Gibson, William. 2003. *Pattern Recognition*. New York: Putnam.

Gibson, William. 2007. *Spook Country*. New York: Putnam.

Gibson, William. 2010. *Zero History*. New York: Putnam.

Gibson, William. 2014. *The Peripheral*. New York: Berkeley.

Gil, Isabel Capeloa, and Helena Gonçalves da Silva (eds.). 2015. *The Cultural Life of Money*. Berlin: De Gruyter.

Gilbert, Emily, and Eric Helleiner. 1999. *Nation-States and Money: The Past, Present, and Future of National Currencies*. London: Routledge.

Gilbert, Emily. 1999. "Forging a National Currency." In Emily Gilbert and Eric Helleiner (eds.), *Nation-States and Money: The Past, Present and Future of National Currencies*. New York: Routledge.

Gilbert, Emily. 2005. "Common Cents: Situating Money in Time and Place." *Economy and Society*, 34(3): 357–388.

Giroux, Henry A. 2001. *Theory and Resistance in Education: Towards a Pedagogy of the Opposition*. 2nd edition. Westport, CT: Bergin & Garvey.

Giroux, Henry A. 2008. *Against the Terror of Neoliberalism: Politics beyond the Age of Greed*. Boulder, CO: Paradigm.

Goodhart, Charles. 1989. *Money, Information, and Uncertainty*. 2nd edition. Basingstoke: Macmillan.

Goodhart, Charles. 2007. "Whatever Became of the Monetary Aggregates?" *National Institute Economic Review*, 200: 56–61.

Goodwyn, Lawrence. 1978. *The Populist Moment: A Short History ofthe Agrarian Revolt in America*. Oxford: Oxford University Press.

Gordon, Robert J. 1982. "Why US Wage and Employment Behaviour Differs from that in Britain and Japan." *Economic Journal*, 92(365): 13–44.

Gordon, Robert J. 1997. "The Time-Varying NAIRU and Its Implications for Economic Policy." *Journal ofEconomic Perspectives*, 11(1): 11–32.

Graeber, David. 2001. *Toward an Anthropological Theory of Value: The False Coin of Our Own Dreams*. New York: Palgrave.

Graeber, David. 2011. *Debt: The First 5,000 Years*. New York: Melville House.

Graeber, David. 2017. "Tallies." In Bill Maurer and Lana Swartz (eds.), *Paid: Tales of Dongles, Checks, and Other Money Stuff*. Cambridge: MIT Press, 133–144.

Greenblatt, Stephen. 2010. *Cultural Mobility: A Manifesto*. New York: Cambridge University Press.

Gregory, C.A. 1996. "Cowries and Conquest: Towards a Subalternate Quality Theory of Money." *Comparative Studies in Society and History*, 38(2): 195–217.

Greider, William. 1987. *Secrets of the Temple: How the Federal Reserve Runs the Country*. New York: Simon & Schuster.

Grierson, Philip. 1977. *The Origins of Money*. London: Athlone.

Grossman, Peter Z. 1987. *American Express: The Unofficial History ofthe People*

Who Built the Great Financial Empire. New York: Crown.

Grubb, Farley. 2017. "Colonial Virginia's Paper Money Regime, 1755–74: A Forensic Accounting Reconstruction of the Data." *Historical Methods*, 50(2): 96–112.

Grutzner, Charles. 1956. "Living High Without Money: All the Traveler Needs Is a Thing Called the Credit Card." *New York Times* (December 2).

Guérin, Isabelle, Youna Lanos, Sébastien Michiels, Christophe Jalil Nordman, and Govindan Venkatasubramanian. 2017. "Insights on Demonetisation from Rural Tamil Nadu." *Economic & Political Weekly*, 52(52): 44–53.

Guyer, Jane I. (ed.) 1995. *Money Matters: Instability, Values, and Social Payments in the Modern History of West African Communities*. Portsmouth: Heinemann/ James Currey.

Guyer, Jane I. 2004. *Marginal Gains: Monetary Transactions in Atlantic Africa*. Chicago: University of Chicago Press.

Guyer, Jane I. 2011. "Soft Currencies, Cash Economies, New Monies: Past and Present." *PNAS*, 109(7): 2214–2221.

Haacke, Hans. 2009. "Lessons Learned." *Tate Papers* 12. Available online: www. tate. org.uk/download/file/fid/7265.

Haacke, Hans. 2016. *Working Conditions: The Writings ofHans Haacke*. Alexander Alberro (ed.). Cambridge: MIT Press.

Haider, Asad, and Salar Mohandesi (eds.). 2015. "Social Reproduction." *Viewpoint* 5. Available online: https://viewpointmag.com/2015/11/02/issue-5-social-reproduction/.

Haiven, Max, and Alex Khasnabish. 2014. *The Radical Imagination: Social Movement Research in the Age ofAusterity*. London: Zed.

Haiven, Max. 2011. "Finance as Capital's Imagination?: Reimagining Value and Culture in an Age of Fictitious Capital and Crisis." *Social Text*, 29(3): 93–124.

Haiven, Max. 2014. *Cultures of Financialization: Fictitious Capital in Popular Culture and Everyday Life*. New York: Palgrave Macmillan.

Haiven, Max. 2015a. "Art and Money: Three Aesthetic Strategies in an Age of Financialisation." *Finance and Society*, 1(1): 38–60.

Haiven, Max. 2015b. "Money as a Medium of the Imagination: Art and the Currencies of Cooperation." In Geert Lovink, Nathaniel Tkacz, and Patricia De Vries (eds.), *MoneyLab Reader: An Intervention in Digital Economy*. Amsterdam: Institute for Network Cultures, 173–188. Available online: http:// networkcultures. org/blog/publication/moneylab-reader-an-intervention-in-digital-economy/. Hall, Stuart, Doreen Massey, and Michael Rustin (eds.). 2015. *After Neoliberalism? The Kilburn Manifesto*. London: Lawrence and Wishart. Available online: www. lwbooks.co.uk/journals/soundings/manifesto. html.

Hall, Stuart. 1996a. "Cultural Studies and Its Theoretical Legacies." In David Morely and Kuan-Hsing Chen (eds.), *Stuart Hall: Critical Dialogues in Cultural Studies*. New York: Routledge, 262–275.

Hall, Stuart. 1996b. "The Problem of Ideology: Marxism without Guarantees." In David Morely and Kuan-Hsing Chen (eds.), *Stuart Hall: Critical Dialogues in Cultural Studies*. New York: Routledge, 25–46.

Halpern-Meekin, Sarah, Kathryn Edin, Laura Tach, and Jennifer Sykes. 2015. *It's Not Like I'm Poor: How Working Families Make Ends Meet in a Post-Welfare World*. Berkeley: University of California Press.

Han, Clara. 2012. *Life in Debt: Times of Care and Violence in Neoliberal Chile*. Berkeley: University of California Press.

Hancock, Keith. 1966. "Earnings Drift in Australia." *Journal of Industrial Relations*, 8(2): 128–157.

Hansen, Bue Rübner. 2015. "Surplus Population, Social Reproduction, and the Problem of Class Formation." *Viewpoint* 5. Available online:https:// viewpointmag. com/2015/10/31/surplus-population-social-reproduction-and-the-problem-of-class- formation/.

Hardt, Michael, and Antonio Negri. 2000. *Empire*. Cambridge: Harvard University Press.

Hart, Keith. 1986. "Heads or Tails? Two Sides of the Same Coin." *Man* (N.S.), 21(4): 637–656.

Hart, Keith. 2009. "Money in the Making of World Society." In Chris Hann and Keith Hart (eds.), *Market and Society: The Great Transformation Today*. Cambridge: Cambridge University Press, 91–105.

Harvey, David. 2006. *The Limits to Capital*. 2nd edition. New York: Verso.

Harvey, David. 1990. *The Condition of Postmodernity*. Oxford: Blackwell.

Harvey, David. 2003. *The New Imperialism*. Oxford: Oxford University Press.

Harvey, David. 2005. *A Brief History of Neoliberalism*. Oxford: Oxford University Press.

Harvie, Jen. 2013. *Fair Play: Art, Performance and Neoliberalism*. Basingstoke: Palgrave Macmillan.

Hedenus, Anna. 2014. "Pennies from Heaven? Conceptions and Earmarking of

Lottery Prize Money." *British Journal of Sociology*, 65(2): 225–244.

Helleiner, Eric. 1998. "National Currencies and National Identities." *American Behavioral Scientist*, 41(10): 1409–1436.

Helleiner, Eric. 2002. *The Making of National Money: Territorial Currencies in Historical Perspective*. Ithaca: Cornell University Press.

Henkin, David. 1998. *City Reading: Written Words and Public Spaces in Antebellum New York*. New York: Columbia University Press.

Henley, Jon. 2016. "Sweden Leads the Race to Become Cashless Society." *The Guardian*, June 4. Available online: www.theguardian.com/business/2016/jun/04/ sweden-cashless-society-cards-phone-apps-leading-europe.

Hernandez, Ester, and Coutin Susan Bibler. 2006. "Remitting Subjects: Migrants, Money, and States." *Economy and Society*, 35(2): 185–208.

Heslop, Luke. 2016. "Catching the Pulse: Money and Circulation in a Sri Lankan Marketplace." *Journal of the Royal Anthropological Institute*, 22(3): 534–551.

High, Mette. 2013. "Polluted Money, Polluted Wealth: Emerging Regimes of Value in a Mongolian Gold Rush." *American Ethnologist*, 40(4): 676–688.

Hines, Tom M. and Terence T. Velk. 2009. "The United States Post Office Domestic Postal Money Order System in the 19th Century: A Nascent Banking System." Departmental Working Papers from McGill University, Department of Economics.

Ho, Karen. 2009. *Liquidated: An Ethnography of Wall Street*. Durham: Duke University Press.

Hoang, Kimberly Kay. 2015. *Dealing in Desire: Asian Ascendancy, Western Decline, and the Hidden Currencies of Global Sex Work*. Berkeley: University of California Press.

Hochschild, Arlie Russell. 2003. *The Commercialization of Intimate Life: Notes from Home and Work*. Berkeley: University of California Press.

Hoggart, Richard. 1998. *The Uses of Literacy*. New Brunswick: Transaction.

Holmes, Brian. 2002. "The Flexible Personality." *EIPCP* . Available online: http://eipcp.net/transversal/1106/holmes/en/base_edit.

Holmes, Brian. 2012. "Eventwork: The Fourfold Matrix of Contemporary Social Movements." In *Living As Form: Socially Engaged Art from 1991–2011*. Cambridge: MIT Press, 72–85.

Holmes, Douglas. 2013. *Economy of Words: Communicative Imperatives in Central Banks*. Chicago: University of Chicago Press.

Horowitz, Noah. 2011. *Art of the Deal: Contemporary Art in a Global Financial*

Market. Princeton: Princeton University Press.

Humphrey, Caroline. 2002. *The Unmaking of Soviet Life: Everyday Economies after Socialism*. Ithaca: Cornell University Press.

Hutchinson, Sharon. 1992. "The Cattle of Money and the Cattle of Girls Among the Nuer, 1930–83." *American Ethnologist*, 19(2): 294–316.

Hymans, Jacques. 2004. "The Changing Color of Money: European Currency Iconography and Collective Identity." *European Journal of International Relations*, 10(1): 5–31.

Hymans, Jacques. 2010. "East Is East, and West Is West? Currency Iconography as Nation-Branding in the Wider Europe." *Political Geography*, 29(2): 97–108.

Ingham, Geoffrey. 2000. "'Babylonian Madness': On the Historical and Sociological Origins of Money." In John Smithin (ed.), *What is Money?* New York: Routledge, 16–41.

Ingham, Geoffrey. 2002. "New Monetary Spaces?" In *The Future of Money*. Paris: Organisation for Economic Co-operation and Development, 123–145. Available online: www.oecd.org/futures/35391062.pdf.

Ingham, Geoffrey. 2004a. "The Emergence of Capitalist Credit Money." In L. Randall Wray (ed.), *Credit and State Theories ofMoney*. Cheltenham: Edward Elgar, 173–222.

Ingham, Geoffrey. 2004b. *The Nature of Money*. Cambridge: Polity.

Innes, A. Mitchell. 1913. "What Is Money?" *Banking Law Journal*, 30(5): 377–408. Innes, A. Mitchell. 1914. "The Credit Theory of Money." *Banking Law Journal* 31(2): 151–168.

Itoh, Makoto, and Costas Lapavitsas. 1999. *Political Economy of Money and Finance*. Basingstoke: Palgrave Macmillan.

Jackson, Eric M. 2004. *The PayPal Wars: Battles with eBay, the Media, the Mafia, and the Rest of Planet Earth*. New York: WND.

Jalsovec, By Andreas. 2012. "Oberhausen bezahlt mit einer Regionalwährung: Kohle von der Schwarzbank." *Süddeutsche Zeitung* (March 20). Available online:www. sueddeutsche.de/wirtschaft/oberhausen-bezahlt-mit-einer-regionalwaehrung-kohle- von-der-schwarzbank-1.1313925.

James, Deborah. 2015. *Money from Nothing: Indebtedness and Aspiration in South Africa*. Stanford: Stanford University Press.

James, Selma, and Mariarosa Dalla Costa. 1979. *The Power of Women and the Subversion of Community*. Bristol: Falling Wall.

James, Selma. 2012. *Sex, Race, and Class: The Perspective of Winning*. Oakland:

PM Press.

Jameson, Fredric. 1981. *The Political Unconscious*. Ithaca: Cornell University Press. Jameson, Fredric. 1991. *Postmodernism, or the Cultural Logic of Late Capitalism*. Durham: Duke University Press.

Jayo, Martin, Marlei Pozzebon, and Eduardo Diniz. 2009. "Microcredit and Innovative Local Development in Fortaleza, Brazil: The Case of Banco Palmas." *Canadian Journal of Regional Science* 32(1): 115–128.

Jevons, William Stanley. 1898. *Money and the Mechanism of Exchange*. New York: D. Appleton.

Jobst, Clemens, and Helmut Stix. 2017. "Is Cash Back? Assessing the Recent Increase in Cash Demand." *SUERF Policy Note*, 19 (October): 1–12. Available online: www.suerf.org/docx/f_fc528592c3858f90196fbfacc814f235_1623_suerf.pdf.

John, Richard. 1998. *Spreading the News: The American Postal System from Franklin to Morse*. Cambridge: Harvard University Press.

Judson, Ruth. 2017. "The Death of Cash? Not So Fast: Demand for US Currency at Home and Abroad, 1990–2016." Presentation at the International Cash Conference. Available online: https://econpapers.repec.org/paper/zbwiccp17/162910.htm.

Kalecki, Michał. 1943. "Political Aspects of Full Employment." *Political Quarterly*, 14(4): 322–330.

Karim, Lamia. 2011. *Microfinance and Its Discontents: Women in Debt in Bangladesh*. Minneapolis: University of Minnesota Press.

Katsarova, Rada. 2015. "Repression and Resistance on the Terrain of Social Reproduction: Historical Trajectories, Contemporary Openings." *Viewpoint* 5. Available online:https://viewpointmag.com/2015/10/31/repression-and-resistance- on-the-terrain-of-social-reproduction-historical-trajectories-contemporary- openings/.

Katsiaficas, George. 1987. *The Imagination of the New Left: A Global Analysis of 1968*. Boston: South End Press.

Katsiaficas, George. 2006. *The Subversion of Politics: European Autonomous Social Movements and the Decolonization of Everyday Life*. Oakland: AK Press, 2006.

Keane, Webb. 2001. "Money is No Object: Materiality, Desire, and Modernity in an Indonesian Society." In Fred Myers (ed.), *The Empire of Things: Regimes of Value and Material Culture*. Santa Fe: SAR Press: 65–90.

Kear, Mark. 2016. "Peer Lending and the Subsumption of the Informal." *Journal of Cultural Economy*, 9(3): 261–276.

Kelton, Stephanie A., and L. Randall Wray. 2009. "Can Euroland Survive?" Levy Economics Institute Public Policy Brief No. 106. Available online: www. levyinstitute.org/publications/can-euroland-survive.

Kenny, Erin. 2016. "'Phones Mean Lies': Secrets, Sexuality, and the Subjectivity of Mobile Phones in Tanzania." *Economic Anthropology*, 3(2): 254–265.

Keynes, J.M. [1930] 1976. *A Treatise on Money*. Volumes I and II . New York: Harcourt, Brace & Company.

Keynes, J.M. [1936] 1962. *The General Theory of Employment, Interest and Money*. New York: Harcourt, Brace & World.

Keynes, J.M. [1943] 1969. "Proposals for an International Clearing Union." In K. Horsefield (ed.), *The International Monetary Fund, 1945–65: Twenty Years of International Monetary Cooperation*. Washington, DC: International Monetary Fund: 19–36.

Keynes, J.M. 1914. "*What is Money?* By A. Mitchell Innes." *The Economic Journal* 24(95): 419–421.

Keynes, J.M. 1923. *A Tract on Monetary Reform*. London: Macmillan.

Keynes, John Maynard. 1930. *A Treatise on Money*. Vol. 1. London: Macmillan & Co.

Kim, Jennifer. 2018. "Payments and Intimate Ties in Transnationally Brokered Marriages." *Socio-Economic Review*. Available online:https://doi.org/10.1093/ser/ mwx061.

Kindleberger, Charles P. 1984. *A Financial History of Western Europe*. London: Allen & Unwin.

King, Mervyn A. 2002. "No Money, No Inflation—The Role of Money in the Economy." *Bank of England Quarterly Bulletin*, Summer: 162–177. Klebaner, Benjamin J. 1974. *Commercial Banking in the United States: A History*. Hinsdale, IL: Dryden Press.

Klein, Naomi. *The Shock Doctrine: The Rise and Fall of Disaster Capitalism*. Toronto: Knopf, 2007.

Klima, Alan. 2006. "Spirits of 'Dark Finance' in Thailand: A Local Hazard for the International Moral Fund." *Cultural Dynamics*, 18(1): 33–60.

Knafo, Samuel. 2006. "The Gold Standard and the Origins of the Modern International Monetary System." *Review of International Political Economy*, 13(1): 78–102.

Knafo, Samuel. 2013. *The Making of Modern Finance: Liberal Governance and the Gold Standard*. New York: Routledge.

Knapp, G.F. [1924] 1973. *The State Theory of Money*. Clifton, NY: Augustus M. Kelley. Koch, Alexander (ed.). 2011. *General Strike*. Berlin: KOW.

Koddenbrock, Kai. 2019. "Money and Moneyness: Thoughts of the Nature and Distributional Power of Capitalist Political ??? of cultural economy. doi. org/10.108 0/17530350.2018.15456??.

Koning, J.P. 2013. "Line in the Sand." *Moneyness*, March 5. Available online:http:// jpkoning.blogspot.com/2013/03/line-in-sand.html.

Koning, J.P. 2014. "To Recapitulate. . . ." *Moneyness*, Thursday, July 3. Available online:http://jpkoning.blogspot.com/2014/07/to-recapitulate.html.

Kremers, Ruben, and James Brassett. 2017. "Mobile Payments, Social Money: Everyday Politics of the Consumer Subject." *New Political Economy*, 22(6): 645–660.

Krippner, Greta R. 2005. "The Financialization of the American Economy." *Socio-Economic Review*, 3(2): 173–208.

Krippner, Greta R. 2011. *Capitalizing on Crisis: The Political Origins of the Rise of Finance*. Cambridge: Harvard University Press.

Krugman, Paul. 2012. "Asimov's Foundation Novels Grounded My Economics." *The Guardian*, December 4. Available online: www.theguardian.com/ books/2012/ dec/04/paul-krugman-asimov-economics.

Kumhof, Michael. 2013. "Financial Reform for a Sustainable Economy, Part 2." Presentation to Global Utmaning. Available online:www.youtube.com/ watch?v=YnAtHbDptj8.

Kuroda, Akinobu. 2008a. "Concurrent but Non-Integrable Currency Circuits: Complementary Relationships Among Monies in Modern China and Other Regions." *Financial History Review*, 15(1): 17–36.

Kuroda, Akinobu. 2008b. "What Is the Complementarity Among Monies? An Introductory Note." *Financial History Review*, 15(1): 7–15.

Kusimba, Sibel, Yang Yang, and Nitesh Chawla. 2015. "Family Networks of Mobile Money in Kenya." *Information Technologies and International Development*, 11(3): 1–21.

Kusimba, Sibel, Yang Yang, and Nitesh Chawla. 2016. "Hearthholds of Mobile Money in Western Kenya." *Economic Anthropology*, 3(2): 266–279.

Kwon, Heonik. 2007. "The Dollarization of Vietnamese Ghost Money." *Journal of the Royal Anthropological Institute*, 13(1): 73–90.

La Berge, Leigh Claire. 2015. *Scandals and Abstraction: Financial Fiction of the Long 1980s*. Oxford: Oxford University Press.

La Berge, Leigh Claire. 2018. Decommodified Labor: Conceptualizing Work After the Wage. *Lateral* 7(1). Available online: http://csalateral.org/issue/7-1/decommodified-labor-work-after-wage-la-berge/.

Laidler, David. 1969. "The Definition of Money: Theoretical and Empirical Problems." *Journal of Money, Credit and Banking*, 1(3): 508–525. Laidler, David. 1991. *The Golden Age of the Quantity Theory*. Hertfordshire: Harvester Wheatsheaf.

Laidler, David. 2003. "Monetary Policy without Money: Hamlet without the Ghost." Western University Department of Economics Research Report 2003–7. Available online: https://ir.lib.uwo.ca/cgi/viewcontent.cgi?referer=www.google.com/&httpsre dir=1&article=1226&context=economicsresrpt.

Langley, Paul. 2008. *The Everyday Life of Global Finance: Saving and Borrowing in Anglo-America*. Oxford: Oxford University Press.

Lapavitsas, Costas. 2013. *Profiting Without Producing: How Finance Exploits Us All*. New York: Verso.

Larsen, Lotta Björklund. 2017. *Shaping Taxpayers: Values in Action at the Swedish Tax Agency*. New York: Berghahn.

Lauer, Josh. 2008. "Money as Mass Communication: US Paper Currency and the Iconography of Nationalism." *The Communication Review*, 11(2): 109–132. Lave, Jean. 1993. "The Practice of Learning." In Seth Chaiklin and Jean Lave (eds.), *Understanding Practice: Perspectives on Activity and Context*. Cambridge: Cambridge University Press, 3–32.

Lavoie, Marc. 1984. "The Endogenous Flow of Credit and the Post Keynesian Theory of Money." *Journal ofEconomic Issues*, 18(3): 771–797.

Lazzarato, Maurizio. 2012. *The Making of the Indebted Man*. Cambridge: MIT Press. Lee, Benjamin, and Randy Martin. 2016. *Derivatives and the Wealth of Societies*. Chicago: University of Chicago Press.

Léger, Marc James. 2012. *Brave New Avant Garde: Essays on Contemporary Art and Politics*. Alresford: Zero.

Lehrer-Graiwer, Sarah. 2014. *Lee Lozano: Dropout Piece*. London: Afterall.

Lemon, Alaina. 1998. "'Your Eyes Are Green like Dollars': Counterfeit Cash, National Substance, and Currency Apartheid in 1990s Russia." *Cultural Anthropology*, 13(1): 22–55.

Lenin, Vladimir I. [1917] 1948. *Imperialism, the Highest Stage of Capitalism: A*

Popular Outline. London: Lawrence and Wishart.

Lepecq, Guillaume. 2016. *Cash Essentials: Beyond Payments*. Available online: www.cashessentials.org/docs/default-source/booklet/cashessentials-beyond-payments.pdf. Levitt, Peggy. 2001. *The Transnational Villagers*. Berkeley: University of California Press.

Lewis, Michael. 2012. *The Big Short: Inside the Doomsday Machine*. New York: W.W. Norton.

Lippard, Lucy. 1973. *Six Years: The Dematerialization of the Art Object from 1966 to 1972*. Berkeley: University of California Press.

LiPuma, Edward, and Benjamin Lee. 2004. *Financial Derivatives and the Globalization of Risk*. Durham: Duke University Press.

Luxemburg, Rosa. 2003. *The Accumulation of Capital*. Agnes Schwarzschild (trans.). New York: Routledge.

Luxton, Meg, and Kate Bezanson (eds.). 2006. *Social Reproduction: Feminist Political Economy Challenges Neo-Liberalism*. Montreal: McGill-Queen's University Press.

Luzzi, Mariana. 2010. "Las Monedas de la Crisis: Pluralidad Monetaria en la Argentina de 2001." *Revista de Ciencias Sociales de la Universidad Nacional de Quilmes*, Segunda Época, 17: 205–221.

MacKenzie, Donald. 2006. *An Engine, Not a Camera: How Financial Models Shape Markets*. Cambridge: MIT Press.

Malik, Suhail, and Andrea Phillips. 2012. "Tainted Love: Art's Ethos and Capitalization." In Maria Lind and Olav Velthius (eds.), *Contemporary Art and Its Commercial Markets: A Report on Current Conditions and Future Scenarios*. Berlin: Sternberg, 209–240.

Mann, Ronald J. 2006. *Charging Ahead*. Cambridge: Cambridge University Press.

Marcuse, Herbert. 1978. *The Aesthetic Dimension: Towards a Critique ofMarxist Aesthetics*. Boston: Beacon.

Marsh, Nicky. 2008. *Money, Speculation and Finance in Contemporary British Fiction*. London: Continuum.

Marsh, Nicky. 2014. "Debt and Credit." In Paul Crosthwaite, Peter Knight and Nicky Marsh (eds.). *Show Me the Money: The Image of Finance, 1700 to the Present*, 7–31. Manchester: Manchester University Press.

Martin, Emily. [1986] 2015. *The Meaning of Money in China and the United States*. Chicago: HAU.

Martin, Felix. 2015. *Money: The Unauthorized Biography—From Coinage to*

Cryptocurrencies. New York: Vintage.

Martin, Isaac William. 2008. *The Permanent Tax Revolt: How the Property Tax Transformed American Politics*. Stanford: Stanford University Press.

Martin, Randy. 2002. *Financialization of Daily Life*. Philadelphia: Temple University Press.

Martin, Randy. 2007. *An Empire of Indifference: American War and the Financial Logic of Risk Management*. Durham: Duke University Press.

Martin, Randy. 2015a. *Knowledge LTD: Towards a Social Logic ofthe Derivative*. Philadelphia: Temple University Press.

Martin, Randy. 2015b. "Money after Decolonization." *South Atlantic Quarterly*, 114(2): 377–393.

Marx, Karl. [1867] 1992. *Capital, Volume I*. Ben Fowkes (trans.). New York: Penguin.

Marx, Karl. [1894] 1981. *Capital, Volume III*. David Fernbach (trans.). London: Penguin.

Marx, Karl. 1895. *The Class Struggles in France*. London: Martin Lawrence.

Massengill, Reed. 1999. *Becoming American Express: 150 Years of Reinvention and Customer Service*. New York: American Express Company.

Massey, Doreen. 1991. "A Global Sense of Place." *Marxism Today*, 38.

Matthews, Dylan. 2012. "Modern Monetary Theory Is an Unconventional Take on Economic Strategy." *The Washington Post*, February 18. Available online: www. washingtonpost.com/business/modern-monetary-theory-is-an-unconventional-take- on-economic-strategy/2012/02/15/gIQAR8uPMR_story. html.

Maurer, Bill, and Lana Swartz (eds.). 2017. *Paid: Tales of Dongles, Checks, and Other Money Stuff*. Cambridge: MIT Press.

Maurer, Bill, Smoki Musaraj, and Ivan Small (eds.). 2018. *Money at the Margins: Global Perspectives on Technology, Financial Inclusion, and Design*. New York: Berghahn.

Maurer, Bill, Taylor C. Nelms and Lana Swartz. 2013. "'When Perhaps the Real Problem is Money Itself!'The Practical Materiality of Bitcoin." *Social Semiotics*, 23(2): 261–277.

Maurer, Bill, Taylor C. Nelms, and Stephen C. Rea. 2013. "'Bridges to Cash': Channelling Agency in Mobile Money." *Journal ofthe Royal Anthropological Institute*, 19(1): 52–74.

Maurer, Bill. 2012. "Mobile Money: Communication, Consumption and Change in the Payments Space." *Journal of Development Studies*, 48(3): 1–16. Maurer, Bill. 2012. "Payment: Forms and Functions of Value Transfer in Contemporary Society." *Cambridge Anthropology*, 30(2): 15–35.

Maurer, Bill. 2015. *How Would You Like to Pay? How Technology Is Changing the Future of Money*. Durham: Duke University Press.

May, Tim. 1992. "The Crypto Anarchist Manifesto." Available online: https:// archive. org/details/TheCryptoAnarchistManifesto.

May, Tim. 1996. "Untraceable Digital Cash, Information Markets, and BlackNet." Available online: http://osaka.law.miami.edu/~froomkin/articles/tcmay.htm.

McCullagh, Declan. 2001. "Digging Those DigiCash Blues." *Wired* (June 14).

McKee, Yates. 2016. *Strike Art: Contemporary Art and the Post-Occupy Condition*. London/New York: Verso.

McKinnon, Ronald I. 1993. "The Rules of the Game: International Money in Historical Perspective." *Journal ofEconomic Literature*, 31(1): 1–44.

McLeay, Michael, Amar Radia, and Ryland Thomas. 2014. "Money Creation in the Modern Economy." *Bank of England Quarterly Bulletin*, Q1: 14–27. Available online: www.bankofengland.co.uk/quarterly-bulletin/2014/q1/money-creation-in- the-modern-economy.

McRobbie, Angela. 2001. "'Everyone is Creative': Artists as New Economy Pioneers?" *OpenDemocracy* (August 19). Available online: www. opendemocracy.net/node/652.

McRobbie, Angela. 2005. *The Uses of Cultural Studies*. London: Sage.

McRobbie, Angela. 2015. *Be Creative: Making a Living in the New Culture Industries*. Cambridge: Polity.

Meade, J.E. 1951. *The Theory of International Economic Policy*. London: Oxford University Press.

Mehrling, Perry. 2011 *The New Lombard Street: How the Fed Became the Dealer of Last Resort*. Princeton: Princeton University Press.

Mehrling, Perry. 2013. "The Inherent Hierarchy of Money." In Lance Taylor, Armon Rezai, and Thomas R. Michl (eds.), *Social Fairness and Economics: Economic Essays in the Spirit of Duncan Foley*. Milton Park: Routledge, 394–404.

Meister, Robert. 2016. "Liquidity." In Benjamin Lee and Randy Martin (eds.), *Derivatives and the Wealth of Society*. Chicago: University of Chicago Press: 143–173.

Melitz, Jacques. 1970. "The Polanyi School of Anthropology on Money: An Economist's View." *American Anthropologist*, 72(5): 1020–1040. Meltzer, Eve.

2013. *Systems We Have Loved: Conceptual Art, Affect, and the Antihumanist Turn*. Chicago: University of Chicago Press.

Mies, Maria. 1986. *Patriarchy and Accumulation on a World Scale: Women in the International Division of Labour*. London: Zed.

Mihm, Stephen. 2007. *A Nation of Counterfeiters: Capitalists, Con Men, and the Making of the United States*. Cambridge: Harvard University Press.

Minsky, Hyman P. 1957. "Central Banking and Money Market Changes." *Quarterly Journal of Economics*, 71(2): 171–187.

Minsky, Hyman P. 1986. *Stabilizing an Unstable Economy*. New Haven: Yale University Press.

Moggridge, D.E. 1989. "The Gold Standard and National Financial Policies, 1919–39." In Peter Mathias and Sidney Pollard (eds.), *The Cambridge Economic History of Europe from the Decline of the Roman Empire*. Vol. 8. Cambridge: Cambridge University Press, 250–314.

Molesworth, Helen. 2002. "Tune In, Turn On, Drop Out: The Rejection of Lee Lozano." *Art Journal*, 61(4): 64–71.

Moore, Basil. 1988. *Horizontalists and Verticalists: The Macroeconomics of Credit Money*. Cambridge: Cambridge University Press.

Morawczynski, Olga. 2009. "Exploring the Usage and Impact of 'Transformational' Mobile Financial Services: The Case of M-PESA in Kenya." *Journal of Eastern African Studies*, 3(3): 509–525.

Morduch, Jonathan, and Rachel Schneider. 2017. *The Financial Diaries: How American Families Cope in a World of Uncertainty*. Princeton: Princeton University Press.

Mosler, Warren. 2009. "Proposals for the Treasury, the Federal Reserve, the FDIC, and the Banking System." Available online: http://mosleconomics.com/wp-content/pdfs/Proposals.pdf.

Muir, Sarah. 2015. "The Currency of Failure: Money and Middle-Class Critique in Post-Crisis Buenos Aires." *Cultural Anthropology*, 30(2): 310–335.

Nardi, Bonnie and Yong Ming Kow. 2010. "Digital Imaginaries: How we Know what we (Think we) Know about Chinese Gold Farming." *First Monday* 15.6/7 (June 7, 2010). Available online

Neiburg, Federico. 2010. "Sick Currencies and Public Numbers." *Anthropological Theory*, 10(1–2): 96–102.

Neiburg, Federico. 2016. "A True Coin of Their Dreams: Imaginary Monies in Haiti." *Hau*, 6(1): 75–93.

Nelms, Taylor C., and Bill Maurer. 2014. "Materiality, Symbol, and Complexity in the Anthropology of Money." In Erik Bijleved and Henk Aarts (eds.), *The Psychological Science of Money*. New York: Springer, 37–70.

Nelms, Taylor C., Bill Maurer, Lana Swartz, and Scott Mainwaring. 2017. "Social Payments: Innovation, Trust, Bitcoin, and the Sharing Economy." *Theory, Culture & Society*, 35(3): 13–33.

Nelson, Anita. 1999. *Marx's Concept of Money: The God of Commodities*. New York: Routledge.

Nersisyan, Yeva, and Flavia Dantas. 2017. "Rethinking Liquidity Creation: Banks, Shadow Banks, and the Elasticity of Finance." *Journal ofPost Keynesian Economics*, 40(3): 279–299.

Nersisyan, Yeva, and L. Randall Wray. 2016. "Modern Money Theory and the Facts of Experience." *Cambridge Journal of Economics*, 40(5): 1297–1316.

Nersisyan, Yeva, and L. Randall Wray. 2017. "Cranks and Heretics: The Importance of an Analytical Framework." *Cambridge Journal of Economics* 41(6): 1749–1760.

Nersisyan, Yeva. 2013. "Multifunctional Banking and Financial Fragility: What Should Banks Do?" Ph.D. dissertation, University of Missouri-Kansas City.

Newlyn, W.T. 1960. "The Radcliffe Report: A Socratic Scrutiny." *Banker's Magazine*, 189: 21–26.

Nocera, Joe. 2013. *A Piece of the Action: How the Middle Class Joined the Money Class*. New York: Simon and Schuster.

North, Peter. 2006. *Money and Liberation: The Micropolitics ofAlternative Currency Movements*. Minneapolis: University of Minnesota Press.

Nyquist, Curtis. 1995. A Spectrum Theory of Negotiability. *Marquette Law Review*, 78(4): 899–971.

O'Brien, Shaun. 2017. "Understanding Consumer Cash Use: Preliminary Findings from the 2016 Diary of Consumer Payment Choice." Federal Reserve Bank of San Francisco, November 28. Available online: www.frbsf.org/cash/publications/fed-notes/2017/november/understanding-consumer-cash-use-preliminary-findings- 2016-diary-of-consumer-payment-choice/.

O'Dwyer, Rachel. 2018. "Cache Society: Transactional Records, Electronic Money, and Cultural Resistance," *Journal of Cultural Economy*, doi.org/10.1080/17530350.2018.1545243.

O'Rourke, Frank. 2015. *Instant Gold*. Amazon Digital: Mundania Press.

Opitz, Alfred. 2015. "The Magic Triangle: Considerations on Art, Money and

S***." In Isabel Capeloa Gil and Helena Gonçalves da Silva (eds.), *The Cultural Life of Money*. Berlin: De Gruyter, 107–118.

Osborne, Peter (ed.). 2002. *Conceptual Art*. London: Phaidon.

Ould-Ahmed, Pepita. 2010. "Can a Community Currency Be Independent of the State Currency? A Case Study of the *Credito* in Argentina (1995–2008)." *Environment and Planning A*, 42(6): 1346–1364.

Paerregaard, Karsten. 2014. *Return to Sender: The Moral Economy ofPeru's Migrant Remittances*. Washington, DC: Woodrow Wilson Center Press.

Panich, Leo, and Sam Gindin. 2012. *The Making of Global Capitalism: The Political Economy of the American Empire*. New York: Verso.

Papadimitriou, Dimitri B., L. Randall Wray, and Yeva Nersisyan. 2010. "Endgame for the Euro." Levy Economics Institute Public Policy Brief No. 113. Available online: www.levyinstitute.org/publications/endgame-for-the-euro.

Papadopoulos, Georgios. 2015. "Currency and the Collective Representations of Authority, Nationality, and Value." *Journal of Cultural Economy*, 8(4): 521–534. Parry, Jonathan, and Maurice Bloch (eds.). 1989. *Money and the Morality of Exchange*. Cambridge: Cambridge University Press.

Pasquale, Frank. 2015. *The Black Box Society: The Secret Algorithms That Control Money and Information*. Cambridge: Harvard University Press.

Pedersen, David. 2002. "The Storm We Call Dollars: Determining Value and Belief in El Salvador and the United States." *Cultural Anthropology*, 17(3): 431–459.

Pedersen, David. 2013. *American Value: Migrants, Money, and Meaning in El Salvador and the United States*. Chicago: University of Chicago Press.

Peebles, Gustav. 2011. *The Euro and Its Rivals: Currency and the Construction of a Transnational City*. Bloomington: Indiana University Press.

Peebles, Gustav. 2012. "Filth and Lucre: The Dirty Money Complex as a Taxation Regime." *Anthropological Quarterly*, 85(4): 1229–1256.

Perry, J. 1986. "Gift, the Indian Gift, and the 'Indian Gift.'" *Man* (new series), 21(3): 453–473.

Perry, J. and M. Bloch. 1989. "Introduction: Money and the Morality of Exchange." In Parry, J., and Maurice Bloch (eds.), *Money and the Morality of Exchange*. New York: Cambridge University Press.

Phillips, A.W. 1958. "The Relation between Unemployment and the Rate of Change of Money Wage Rates in the United Kingdom, 1861–1957." *Economica*, 25(100): 283–299.

Pickles, Anthony J. 2013. "Pocket Calculator: A Humdrum 'Obviator' in Papua

New Guinea?" *Journal of the Royal Anthropological Institute*, 19(3): 510–526.

Pickles, Anthony. 2016. "Gambling." In *The Cambridge Encyclopedia of Anthropology*. Available online: http://doi.org/10.29164/16gambling.

Piketty, Thomas. 2014. *Capital in the Twenty-First Century*. Arthur Goldhammer (trans.). Cambridge: Harvard University Press.

Pitluck, Aaron Z., Fabio Mattioli, and Daniel Souleles. 2018. "Finance Beyond Function: Three Causal Explanations for Financialization." *Economic Anthropology*, 5(2): 151–171.

Plant, Sadie. 1992. *The Most Radical Gesture: The Situationist International in a Postmodern Age*. New York: Routledge.

Poe, Edgar Allan. 1849. "Von Kempelen and His Discovery." *The Flag of Our Union*. April 14, 1849. Available online: http://xroads.virginia.edu/~hyper/poe/kempelen. html.

Pohl, Fredric and C.M. Kornbluth. 1981. *The Space Merchants*. New York: Ballantine. Polanyi, Karl. [1944] 2001. *The Great Transformation*. Boston: Beacon.

Polanyi, Karl. 1957. "The Economy as Instituted Process." In Karl Polanyi, Conrad M. Arensberg, and Harry W. Pearson (eds.), *Trade and Market in Early Empires*. Glencoe: The Free Press: 243–269.

Polillo, Simone. 2011. "Money, Moral Authority, and the Politics of Creditworthiness." *American Sociological Review*, 76(3): 437–464.

Pozsar, Zoltan. 2014. "Shadow Banking: The Money View." Office of Financial Research, Treasury Department, Working Paper Series 14-04. Available online: www.financialresearch.gov/working-papers/files/OFRwp2014-04_Pozsar_ShadowBankingTheMoneyView.pdf.

Prahalad, C.K. 2006. *The Fortune at the Bottom of the Pyramid*. Upper Saddle River: Pearson Education.

Praspaliauskiene, Rima. 2016. "Enveloped Lives: Practicing Health and Care in Lithuania." *Medical Anthropology Quarterly*, 30(4): 582–598.

Pribilsky, Jason. 2012. "Consumption Dilemmas: Tracking Masculinity, Money and Transnational Fatherhood between the Ecuadorian Andes and New York." *Journal of Ethnic and Migration Studies*, 38(2): 323–343.

Pugh, Allison. 2009. *Longing and Belonging: Parents, Children, and Consumer Culture*. Berkeley: University of California Press.

Radcliffe Committee. 1959. *Report of the Committee on the Working of the Monetary System*. London: HMSO.

Rea, Stephen C., and Taylor C. Nelms. 2017. "Mobile Money: The First Decade." *IMTFI Working Paper* 2017-1. Available online: www.imtfi .uci.edu/files/ docs/2017/ Rea_Nelms_Mobile%20Money%20The%20First%20Decade%20 2017_3.pdf.

Rheingold, Howard. 1993. *The Virtual Community: Homestead on the Electronic Frontier*. Cambridge: MIT Press.

Ritter, Gretchen. 1997. *Goldbugs and Greenbacks: The Antimonopoly Tradition and the Politics of Finance in America*. New York: Cambridge University Press.

Rivlin, Gary. 2010. *Broke, USA: From Pawnshops to Poverty, Inc.—How the Working Poor Became Big Business*. New York: HarperCollins.

Robinson, Kim Stanley. 1995. *Pacific Edge*. New York: Orb.

Robinson, Kim Stanley. 1995. *The Gold Coast*. New York: Orb.

Robinson, Kim Stanley. 1995. *Wild Shore*. New York: Orb.

Robinson, Kim Stanley. 2013. *2312*. New York: Orbit.

Rogers, Douglas. 2005. "Moonshine, Money, and the Politics of Liquidity in Rural Russia." *American Ethnologist*, 32(1): 63–81.

Rogoff, Kenneth. 2016. *The Curse of Cash*. Princeton: Princeton University Press.

Roig, Alexandre. 2016. *La Moneda Imposible: La Convertibilidad Argentina de 1991*. Buenos Aires: Fondo de Cultura Económica de Argentina.

Roitman, Janet. 2005. *Fiscal Disobedience: An Anthropology ofEconomic Regulation in Central Africa*. Princeton: Princeton University Press.

Rona-Tas, Akona and Alya Guseva. 2014. *Plastic Money: Constructing Markets for Credit Cards in Eight Postcommunist Countries*. Stanford: Stanford University Press.

Rösch, Ulrich. 2013. *We Are the Revolution! Rudolf Steiner, Joseph Beuys and the Threefold Social Impulse*. Forest Row: Temple Lodge Publishing.

Rosler, Martha. 1997. "Money, Power, Contemporary Art." *Art Bulletin*, 79(1): 20–24. Rosler, Martha. 2013. *Culture Class*. Berlin: Sternberg Press.

Ross, Kristin. 2002. *May '68 and Its Afterlives*. Chicago: University of Chicago Press.

Rossman, Gabriel. 2014. "Obfuscatory Relational Work and Disreputable Exchange." *Sociological Theory*, 32(1): 43–63.

Rotman, Brian. 1987. *Signifying Nothing: The Semiotics of Zero*. Basingstoke: Macmillan.

Roy, Ananya. 2010. *Poverty Capital: Microfinance and the Making of*

Development. New York: Routledge.

Roy, O. 1994. *The Failure of Political Islam.* Cambridge: Harvard University Press.

Rudnyckyj, D. 2016. "Islamizing Finance: From Magical Capitalism to a Spiritual Economy." *Anthropology Today,* 32(6): 8–12.

Ruml, Beardsley. 1946a. "Taxes for Revenue are Obsolete." *American Affairs,* 8(1): 35–39.

Ruml, Beardsley. 1946b. "Tax Policies for Prosperity." *The Journal ofFinance,* 1(1): 81–90.

Russell, Eric Frank. 1951. "And Then There Were None." *Astounding Science Fiction,* 47(4). Available online: www.abelard.org/e-f-russell.php.

Rutherford, Danilyn. 2001. "Intimacy and Alienation: Money and the Foreign in Biak." *Public Culture,* 13(2): 299–324.

Rutherford, Stuart. 2000. *The Poor and Their Money.* New Delhi: Oxford University Press.

Sandrock, John E. 2007. "The Use of Bank Note as an Instrument of Propaganda." *The Currency Collector.* Available online: www.thecurrencycollector.com/ pdfs/ The_Use_of_Bank_Notes_as_an_Instrument_of_Propaganda_-_Part_ I.pdf.

Saunders, Frances Stonor. 2001. *The Cultural Cold War: The CIA and the World of Arts and Letters.* New York: New Press.

Schedvin, C.B. 1992. *In Reserve: Central Banking in Australia, 1945–75.* St. Leonards: Allen & Unwin.

Schuster, Caroline E. 2015. *Social Collateral: Women and Microfinance in Paraguay's Smuggling Economy.* Berkeley: University of California Press.

Schwartz, Anna J. 2008. "Money Supply." In David R. Henderson (ed.), *The Concise Encyclopedia of Economics.* 2nd edition. Library of Economics and Liberty. Available online: www.econlib.org/library/Enc/MoneySupply. html. Schwittay, Anke. 2011. "The Financial Inclusion Assemblage: Subjects, Technics, Rationalities." *Critique ofAnthropology,* 31(4): 381–401.

Scott, Brett. 2014. "Visions of a Techno-Leviathan: The Politics of the Bitcoin Blockchain." *E-International Relations.* Online.

Scott, Brett. 2016. "How Can Cryptocurrency and Blockchain Technology Play a Role in Building Social and Solidarity Finance." *United Nations Research Institute for Social Development.* Working Paper 2016-1. Online.

Scott, Brett. 2016. "The War on Cash." *The Long and Short.* Available online:

https://thelongandshort.org/society/war-on-cash.

Servon, Lisa. 2017. *The Unbanking of America: How the New Middle Class Survives*. New York: Houghton Mifflin Harcourt.

Sheard, Paul. 2013. "Repeat After Me: Banks Cannot and Do Not 'Lend Out' Reserves." *Standard and Poor's Ratings Direct* (August 13). Available online: www.kreditopferhilfe.net/docs/S_and_P__Repeat_After_Me_8_14_13.pdf.

Shell, Marc. 1994. *Art and Money*. Chicago: University of Chicago Press.

Sheng, Andrew, and Ng Chow Soon. 2015. *Bringing Shadow Banking into the Light: Opportunity for Financial Reform in China*. Hong Kong: Fung Global Institute. Sherman, Matthew. 2009. *A Short History of Financial Deregulation in the United States*. Washington, DC: Center for Economic and Policy Research. Available online: http://cepr.net/documents/publications/dereg-timeline-2009-07.pdf.

Shipton, Parker. 1989. *Bitter Money: Cultural Economy and Some African Meanings of Forbidden Commodities*. Washington, DC: American Anthropological Association.

Sholette, Gregory, and Oliver Ressler (eds.). 2013. *It's the Political Economy, Stupid: The Global Financial Crisis in Art and Theory*. London: Pluto.

Shriver, Lionel. 2016. *The Mandibles: A Family, 2029–2047*. New York: Harper.

Siegel, Katy, and Paul Mattick. 2004. *Art Works: Money*. London: Thames and Hudson.

Simmons, Matty. 1991. *The Great Credit Card Catastrophe*. New York: Barricade Books.

Singh, Supriya. 1997. *Marriage Money: The Social Shaping of Money in Marriage and Banking*. St. Leonards: Allen & Unwin.

Singh, Supriya. 2013. *Globalization and Money: A Global South Perspective*. New York: Rowman & Littlefield.

Sirkeci, Ibrahim, Jeffrey H. Cohen, and Dilip Ratha (eds.). 2012. *Migration and Remittances During the Global Financial Crisis and Beyond*. Washington, DC: World Bank.

Skidelsky, Robert. 1992. *John Maynard Keynes: The Economist as Saviour, 1920–1937*. London: Macmillan.

Skidelsky, Robert. 2000. *John Maynard Keynes: Fighting for Britain, 1937–1946*. London: Macmillan.

Small, Ivan V. 2018 *Currencies of Imagination: Channeling Money and Chasing Mobility in Vietnam*. Ithaca: Cornell University Press. Forthcoming.

Smith, Adam. [1776] 1937. *The Wealth of Nations*. New York: Modern Library.

Smith, Richard Norton. 2014. *On His Own Terms: A Life of Nelson Rockefeller*. New York: Random House.

Sneath, David. 2006. "Transacting and Enacting: Corruption, Obligation and the Use of Monies in Mongolia." *Ethnos*, 71(1): 89–112.

Spears, Dorothy. 2011. "Lee Lozano, Defiant Painter, Makes a Comeback." *New York Times* (January 5). Available online: www.nytimes.com/2011/01/09/arts/design/09lozano.html.

Springer, Simon, Kean Birch, and Julie MacLeavy (eds.). 2016. *The Handbook of Neoliberalism*. New York: Routledge.

Stakemeier, Kerstin, and Marina Vishmidt. 2016. *Reproducing Autonomy: Work, Money, Crisis and Contemporary Art*. London: Mute.

Star, Susan L. 1999. "The Ethnography of Infrastructure." *American Behavioral Scientist*, 43(3): 377–391.

Stearns, David L. 2011. *Electronic Value Exchange: Origins of the VISA Electronic Payment System*. London: Springer.

Steedman, Carolyn. 1986. *Landscape for a Good Woman: A Story of Two Lives*. London: Virago.

Stein, Herbert. 1969. *The Fiscal Revolution in America*. Chicago: University of Chicago Press.

Stephenson, Neal. 1999. *Cryptonomicon*. New York: Avon.

Stephenson, Neal. 2003. *Quicksilver*. New York: William Morrow.

Stephenson, Neal. 2004. *The Confusion*. New York: William Morrow. Stephenson, Neal. 2004. *The System of the World*. New York: William Morrow. Stephenson, Neal. 2011. *Reamde*. New York: William Morrow.

Steyerl, Hito. 2015. "Duty-Free Art." *E-Flux* 63 (March). Available online: www.e-flux.com/journal/duty-free-art/.

Stigum, Marcia, and Anthony Crescenzi. 2007. *Stigum's Money Market*. 4th edition. New York: McGraw-Hill.

Stix, Helmut. 2013. "Why Do People Save in Cash? Distrust, Memories of Banking Crises, Weak Institutions and Dollarization." *Journal of Banking & Finance*, 37(11): 4087–4106.

Stout, Noelle. 2016a. "*#Indebted*: Disciplining the Moral Valence of Mortgage Debt Online." *Cultural Anthropology*, 31(1): 81–105.

Stout, Noelle. 2016b. "Petitioning a Giant: Debt, Reciprocity, and Mortgage Modification in the Sacramento Valley." *American Ethnologist*, 43(1): 1–14.

Strange, Susan. 1971. *Sterling and British Policy: A Political Study of an International Currency in Decline.* Oxford: Oxford University Press.

Strassler, Karen. 2009. "The Face of Money: Currency, Crisis, and Remediation in Post-Suharto Indonesia." *Cultural Anthropology*, 24(1): 68–103.

Stross, Charles. 2005. *Accelerando.* New York: Ace.

Stross, Charles. 2007. *Halting State.* New York: Ace.

Stross, Charles. 2013. *Neptune's Brood.* New York: Ace.

Suri, Tavneet, and William Jack. 2016. "The Long-Run Poverty and Gender Impacts of Mobile Money." *Science*, 354(6317): 1288–1292.

Sutton, Horrace. 1958. "Just Write It on the Tab, Joe." *The Washington Post and Times Herald* (September 21).

Swan, T.W. 1960. "Economic Control in a Dependent Economy." *Economic Record*, 36(73): 51–66.

Swan, T.W. 1963. "Longer-Run Problems of the Balance of Payments." In H.W. Arndt and W.M. Corden (eds.), *The Australian Economy: A Volume of Readings.* Melbourne: F.W. Cheshire, 384–395.

Swartz, Lana. 2014. "Gendered Transactions: Identity and Payment at Midcentury." *Women's Studies Quarterly*, 42(1): 137–153.

Swartz, Lana. 2017. "Blockchain Dreams: Imagining Techno-Economic Alternatives After Bitcoin." In Manuel Castells (ed.), *Another Economy is Possible: Culture and Economy in a Time of Crisis.* Cambridge: Polity, 82–105.

Swartz, Lana. 2017. "Cards." In Bill Maurer and Lana Swartz (eds.), *Paid: Tales of Dongles, Checks, and Other Money Stuff.* Cambridge: MIT Press.

Swartz, Lana. 2018. "What Was Bitcoin, What Will It Be? The Techno-Economic Imaginaries of a New Money Technology." *Cultural Studies*, 32(4): 623–650.

Szabo, Nick. 2005. "Bit Gold." *Unenumerated.* Available online: http://unenumerated. blogspot.co.uk/2005/12/bit-gold.html.

Taussig, Michael. 1977. "The Genesis of Capitalism amongst a South American Peasantry: Devil's Labor and the Baptism of Money." *Comparative Studies in Society and History*, 19(2): 130–155.

Taylor, Erin B., and Heather A. Horst. 2013. "From Street to Satellite: Mixing Methods to Understand Mobile Money Users." *EPIC*, 88–102.

Taylor, Marcus. 2012. "The Antinomies of 'Financial Inclusion': Debt, Distress and the Workings of Indian Microfinance." *Journal of Agrarian Change*, 12(4): 601–610.

Taylor, Mark C. 2011. "Financialization of Art." *Capitalism and Society*, 6(2):

Article 3.

Thai, Hung Cam. 2014. *Insufficient Funds: The Culture of Money in Low-Wage Transnational Families*. Stanford: Stanford University Press.

Thaler, Richard H. 1999. "Mental Accounting Matters." *Journal of Behavioral Decision Making*, 12(3): 183–206.

Thiel, Peter. 2009. "The Education of a Libertarian." *Cato Unbound*. Available online: www.cato-unbound.org/2009/04/13/peter-thiel/education-libertarian.

Thiel, Peter. 2014. "Could This be the New Counter-culture?" Interview with Glenn Beck. *Glenn*. Available online: www.glennbeck.com/2014/10/21/could-this-be-the- new-counter-culture/.

Thompson, Don. 2008. *The $12 Million Stuffed Shark: The Curious Economics of Contemporary Art*. New York: Palgrave Macmillan.

Thornton, Sarah. 2008. *Seven Days in the Art World*. New York: W.W. Norton.

Tiessen, Matthew. 2015. "The Appetites of App-Based Finance." *Cultural Studies*, 29(5–6): 869–886.

Tinbergen, Jan. 1966. *Economic Policy: Principles and Design*. Amsterdam: North-Holland.

Tooze, Adam J. 2014. *The Deluge: The Great War and the Remaking of Global Order, 1916–1931*. London: Allen Lane.

Tooze, Adam. 2018. *Crashed: How a Decade of Financial Crises Changed the World*. New York: Viking.

Trapp, Micah M. 2018. "'Never Had the Hand': Distribution and Inequality in the Diverse Economy of a Refugee Camp." *Economic Anthropology*, 5(1): 96–109. Truitt, Allison. 2013. *Dreaming of Money in Ho Chi Minh City*. Seattle: University of Washington Press.

Tschoegl, Adrian. 2010. "The International Diffusion of an Innovation: The Spread of Decimal Currency." *Journal ofSocio-Economics*, 39(1): 100–109.

Tucker, Carl, Jr. 1951. "Credit System Lures 40,000 Eaters-Out in 1st Year of Operation: Diners' Club Has Big Attraction." *Wall Street Journal* (March 28). Turner, Fred. 2008. *From Counterculture to Cyberculture: Stewart Brand, the Whole Earth Network, and the Rise of Digital Utopianism*. Chicago: University of Chicago Press.

Tymoigne, Éric, and L. Randall Wray. 2013. "Modern Money Theory 101: A Reply to Critics." Levy Economics Institute Working Paper No. 778. Available online: www.levyinstitute.org/publications/modern-money-theory-101.

Tymoigne, Éric. 2014. "Modern Money Theory and Interrelations between the Treasury and the Central Bank: The Case of the United States." Levy Economics Institute Working Paper No. 788. Available online: www. levyinstitute.org/ publications/modern-money-theory-and-interrelations-between-the-treasury-and- the-central-bank.

Unger, Harlow. 1968. "Floating Hotel Concept Splashes Shipping Industry." *The Washington Post, Times Herald* (March 31).

United States Congressional Budget Office. 2016. "Natural Rate of Unemployment (Long-Term)." FRED, Federal Reserve Bank of St Louis. Available online: https://fred.stlouisfed.org/series/NROU.

United States Postal Service. 2007. "The United States Postal Service: An American History 1775–2006." *Government Relations*.

Valdés, Juan Gabriel. 1995. *Pinochet's Economists: The Chicago School in Chile.* Cambridge: Cambridge University Press.

Van der Zwan, Natascha. 2014. "Making Sense of Financialization." *Socio-Economic Review*, 12(1): 99–129.

Van Lerven, Frank, Graham Hodgson, and Ben Dyson. 2015. "Would There Be Enough Credit in a Sovereign Money System?" London: Positive Money. Available online: http://positivemoney.org/publications/enough-credit-sovereign-money- system/.

Varoufakis, Yanis. 2013. *The Global Minotaur: America, Europe, and the Future of the Global Economy.* 2nd edition. London: Zed.

Varoufakis, Yanis. 2016. *And the Weak Suffer What They Must? Europe's Crisis and America's Economic Future.* New York: Nation.

Velthius, Olav and Erica Coslor. 2012. "The Financialization of Art." In Knorr Cetina and Preda (eds.), *The Oxford Handbook of the Sociology ofFinance.* Oxford: Oxford University Press, 471–487.

Velthius, Olav. 2007. *Talking Prices: Symbolic Meanings ofPrices on the Market for Contemporary Art.* Princeton: Princeton University Press.

Vercellone, Carlo. 2007. "From Formal Subsumption to General Intellect: Elements for a Marxist Reading of the Thesis of Cognitive Capitalism." *Historical Materialism*, 15(1): 13–36.

Verdery, Katherine. 1995. "Faith, Hope, and *Caritas* in the Land of the Pyramids: Romania, 1990–1994." *Comparative Studies in Society and History*, 37(4): 625–669.

Vigna, Paul and Michael J. Casey. 2015. *The Age of Cryptocurrency: How Bitcoin and the Blockchain Are Challenging the Global Economic Order.* New York:

St. Martin's Press.

Volcker, Paul. 2008. "Remarks by Paul Volcker at a Luncheon of the Economic Club of New York. New York, April 8, 2008." Available online: http://blogs. denverpost. com/lewis/files/2008/04/volckernyeconclubspeech04-08-2008.pdf.

Wacker, G. 2003. *Heaven Below: Early Pentecostals and American Culture*. Cambridge: Harvard University Press.

Wagner, Ethan, and Thea Westreich Wagner. 2013. *Collecting Art for Love, Money and More*. London: Phaidon.

Walker, Joshua Z. 2017. "Torn Dollars and War-Wounded Francs: Money Fetishism in the Democratic Republic of Congo." *American Ethnologist*, 44(2): 288–299.

Walley, Christine J. 2013. *Exit Zero: Family and Class in Postindustrial Chicago*. Chicago: University of Chicago Press.

Walsh, Andrew. 2003. "'Hot Money' and Daring Consumption in a Northern Malagasy Sapphire-Mining Town." *American Ethnologist*, 30(2): 290–305.

Wang, Claire. 2017. "Cash Holdings: A New View on Cash." Federal Reserve Bank of San Francisco. Available online: www.frbsf.org/cash/publications/fed-notes/2017/ june/cash-holdings-new-view-on-cash/.

Wark, Jayne. 2006. *Radical Gestures: Feminism and Performance Art in North America*. Montreal: McGill-Queen's University Press.

Wasik, Bill. 2017. "The Magazine's Money Issue: Tracing the Strange Connections of a Global Economy." *New York Times Magazine* (May 4). Available online: www.nytimes.com/2017/05/04/magazine/the-magazines-money-issue.html.

Watson, Thomas J., Jr. 1965. "Man and Machine—The Dynamic Alliance." *Proceedings from the National Automation Conference*, American Bankers Association, 9–14.

Weatherford, Jack. 1997. *The History of Money*. New York: Three Rivers Press.

Webb, Steven B. 1989. *Hyperinflation and Stabilisation in Weimar Germany*. Oxford: Oxford University Press.

Weeks, Kathi. 2011. *The Problem with Work: Feminism, Marxism, Antiwork Politics, and Postwork Imaginaries*. Durham: Duke University Press.

Weschler, Lawrence. 1999. *Boggs: A Comedy ofValues*. Chicago: University of Chicago Press.

Whitfield, Esther. 2007. *Cuban Currency: The Dollar and "Special Period" Fiction*. Minneapolis: University of Minnesota Press.

Wilkis, Ariel. 2013. *Las Sospechas del Dinero: Moral y Economía en la Vida Popular*. Buenos Aires: Paidos.

Williams, Raymond. 1983. "Culture." In *Keywords: A Vocabulary of Culture and Society*. Revised edition. Oxford: Oxford University Press, 87–93. Williams, Raymond. 2005. *Culture and Materialism: Selected Essays*. New York: Verso.

Wilson, Kristina. 2009. *The Modern Eye: Stieglitz, MoMA, and the Art of the Exhibition, 1925–1934*. New Haven: Yale University Press.

Wolf, Martin. 2014. "Strip Private Banks of Their Power to Create Money." *Financial Times* (April 24). Available online: www.ft.com/content/7f000b18-ca44- 11e3-bb92-00144feabdc0.

Wolff, Janet. 1984. *The Social Production of Art*. New York: New York University Press.

Womack, Jack. 1987. *Ambient*. New York: Grove Press.

Womack, Jack. 1993. *Random Acts of Senseless Violence*. New York: Grove Press. Woodford, Michael. 2008. "How Important is Money in the Conduct of Monetary Policy?" *Journal of Money, Credit and Banking*, 40(8): 1561–1598.

Wray, L. Randall (ed.). 2004. *Credit and State Theories of Money: The Contributions of A. Mitchell Innes*. Cheltenham: Edward Elgar.

Wray, L. Randall. 1990. *Money and Credit in Capitalist Economies: The Endogenous Money Approach*. Aldershot: Edward Elgar.

Wray, L. Randall. 1998. *Understanding Modern Money*. Cheltenham: Edward Elgar.

Wray, L. Randall. 2010. "What Do Banks Do? What Should Banks Do?" Levy Economics Institute Working Paper No. 612. Available online: www. levyinstitute. org/publications/what-do-banks-do-what-should-banks-do.

Wray, L. Randall. 2014. "From the State Theory of Money to Modern Money Theory: An Alternative to Economic Orthodoxy." Levy Economics Institute Working Paper No. 792. Available online: www.levyinstitute.org/publications/ from-the-state- theory-of-money-to-modern-money-theory.

Wray, L. Randall. 2015. *Modern Money Theory: A Primer on Macroeconomics forSovereign Monetary Systems*. 2nd edition. New York: Palgrave Macmillan.

Yan, Q., and J. Li. 2016. *Regulating China's Shadow Banks*. Milton Park: Routledge.

Yan, Yunxiang. *The Flow of Gifts: Reciprocity and Social Networks in a Chinese Village*. Stanford: Stanford University Press.

Yeh, Rihan. 2016. "Commensuration in a Mexican Border City: Currencies, Consumer Goods, and Languages." *Anthropological Quarterly*, 89(1): 63–92.

Yúdicc, George. 2003. *The Expediency of Culture*. Durham: Duke University

Press.

Zelizer, Viviana A. [1994] 1997. *The Social Meaning of Money: Pin Money, Paychecks, Poor Relief, and Other Currencies*. Princeton: Princeton University Press.

Zelizer, Viviana. 2002. "Kids and Commerce." *Childhood*, 9(4): 375–396.

Zelizer, Viviana. 2005. *The Purchase of Intimacy*. Princeton: Princeton University Press.

Zelizer, Viviana. 2011. *Economic Lives: How Culture Shapes the Economy*. Princeton: Princeton University Press.

$\S$ **关于各章作者**
N o t e s   o n
Contributors $\S$

迈克尔·贝格斯是悉尼大学政治经济学高级讲师，致力于货币理论和政策的历史研究。他是《通货膨胀与澳大利亚宏观经济政策制定，1945—1985》（*Inflation and the Making of Australian Macroeconomic Policy, 1945–85*, 2015）一书的作者。

简·I. 盖耶是约翰斯·霍普金斯大学人类学荣誉教授，曾在哈佛大学、波士顿大学和西北大学（在那里她指导非洲研究项目长达7年）任职。她的研究重点是西非和中非的经济生活，如城市食品供应的农业发展以及跨越时间和空间的资金管理。其作品包括《非洲利基经济：以农业养活伊巴丹》（*An African Niche Economy: Farming to Feed Ibadan*，爱丁堡大学国际非洲研究所出版社，1997），《边际收益：大西洋沿岸非洲的货币交易》（*Marginal Gains: Monetary Transactions in Atlantic Africa*，芝加哥大学出版社，2004），《遗产、逻辑学、物流：平台经济人类学论文集》（*Legacies, Logics, Logistics: Essays in the Anthropology of the Platform Economy*, 2016），以及马塞尔·莫斯《礼物论文集》（*Essay on the Gift*, 2016）的新译本。

马克斯·海文是位于加拿大安大略省西北部的湖首大学的加拿大文化、传媒和社会正义研究主席，也是价值重塑行动实验室（RiVAL）的负责人。他同时为学术和一般读者撰写文章，著有《想象力的危机，权力的危机：资本主义，创造力和公地》（*Crises of Imagination, Crises of Power: Capitalism, Creativity and the Commons*，泽德出版社，2014），《激进的想象力：紧缩时代的社会运动研究》（*The Radical Imagination: Social Movement Research in the Age of Austerity*，与 Alex Khasnabish 合著，泽德出版社，2014），以及《金融化的文化：大众文化与日常生活中的虚拟资本》（*Cultures of Financialization: Fictitious Capital in Popular Culture and Everyday Life*, 2014）等。他的最新著作是《货币背后的艺术，艺术背后的货币：反对金融化的创新策略》（*Art after Money, Money after Art: Creative Strategies Against Financialization*, 2018）。

泰勒·C. 内尔姆斯是法林研究所（Filene Research Institute，一家非营利性消费用户和合作金融智库）的高级研究主管。他是人类学家和民族志研究者，研究货币、技术和替代经济，撰写的作品主题涉及厄瓜多尔的团结经济、僵尸银行、移动货币和比特币等诸多领域。

叶娃·涅尔西相是位于宾夕法尼亚州兰开斯特的富兰克林和马歇尔学院的经济学助理教授。她是一位宏观经济学家，研究现代货币理论、明斯基理论和制度主义传统。研究兴趣包括货币、财政、货币理论与政策，以及金融不稳定性，曾发表多篇论文，主题涉及货币性质和来源、政府赤字和债务以及影子银行。

大卫·佩德森是加利福尼亚大学圣地亚哥分校的人类学副教授，研究重点是整个 20 世纪至今的美洲资本主义。著有《美国价值观：萨尔瓦多和美国的移民、货币和意义》（*American Value: Migrants, Money, and Meaning in El Salvador and the United States*, 2014）一书。

　　大卫·L.斯特恩斯是华盛顿大学信息学院的高级讲师，主要教授信息学知识基础以及信息系统开发。著有《电子价值交换：VISA电子支付系统的起源》（*Electronic Value Exchange: Origins of the VISA Electronic Payment System*，施普林格出版社，2011）一书，并与他人在学术期刊《企业与社会》中合著发表了论文《未来如何塑造过去：无现金社会的案例》（How the Future Shaped the Past: The Case of the Cashless Society, 2014）。

　　拉娜·斯沃茨是弗吉尼亚大学媒体研究专业的助理教授，同时也是《付费：关于加密锁、支票和其他货币的故事》（*Paid: Tales of Dongles, Checks, and Other Money Stuff*，麻省理工学院出版社，2017）一书的特约编辑。她撰写过诸如大来卡、比特币和支付软件 Venmo 等主题的文章，并在《文化研究》《理论、文化与社会》和《妇女研究季刊》等学术期刊上发表。她的研究成果曾被英国广播公司的节目《新闻一小时》，网飞的系列纪录片《解释一切》，以及日报《今日美国》和《金融时报》报道及播出，其有关货币技术的文化政治的专著即将出版。

　　谢里尔·文特是加利福尼亚大学河滨分校的媒体与文化研究专业的教授。她是《科幻小说研究》杂志的编辑，并已发表了大量与专业相关的文章。她的最新作品有《科幻小说与文化理论：读者》（*Science Fiction and Cultural Theory: A Reader*, 2015）和《科幻小说：困惑的指南》（*Science Fiction: A Guide for the Perplexed*，布鲁姆斯伯里出版社，2014）。

　　L.兰德尔·雷是巴德学院的经济学教授和利维经济研究所的高级学者，最新的一本著作是《明斯基时刻：如何应对下一场金融危机》（*Why Minsky Matters: An Introduction to the Work of a Maverick*

Economist, 2016）。同时还著有《资本主义经济体中的货币与信贷：内生货币方法》（*Money and Credit in Capitalist Economies: The Endogenous Money Approach*，1990），《理解现代货币：充分就业和价格稳定的关键》（*Understanding Modern Money: The Key to Full Employment and Price Stability*，1998），《货币管理者资本主义的兴衰：明斯基的半个世纪——从第二次世界大战到大萧条》（*The Rise and Fall of Money Manager Capitalism: Minsky's Half Century from World War Two to the Great Recession*，与 É.Tymoigne 合著，2013），以及《现代货币理论：主权货币体系宏观经济学入门》（*Modern Money Theory: A Primer on Macroeconomics for Sovereign Monetary Systems*，2012 年出版，2015 年再版）等书。他和 Jan Kregel 共同编辑了《后凯恩斯主义经济学》杂志。

图书在版编目（CIP）数据

货币文化史. Ⅵ, 现代数字革命与货币的未来 ／（美）比尔·莫勒
（Bill Maurer）主编；（美）泰勒·C. 内尔姆斯（Taylor C. Nelms），（美）
大卫·佩德森（David Pedersen）编；陈佳钼译. — 上海：文汇出版
社，2022.10

ISBN 978-7-5496-3803-1

Ⅰ.①货⋯ Ⅱ.①比⋯ ②泰⋯ ③大⋯ ④陈⋯ Ⅲ.
①货币史–世界–现代 Ⅳ.①F821.9

中国版本图书馆 CIP 数据核字（2022）第 123109 号

A Cultural History of Money in the Modern Age by Taylor C. Nelms & David Pedersen
(Editors), Bill Maurer (Series Editor), ISBN: 978-1474237390

Copyright © Bloomsbury 2019

All rights reserved. This translation of *A Cultural History of Money in the Modern Age* is
Published by arrangement with Bloomsbury Publishing Plc.

本书简体中文版专有翻译出版权由 Bloomsbury Publishing Plc. 授予上海阅薇图书
有限公司。未经许可，不得以任何手段或形式复制或抄袭本书内容。

上海市版权局著作权合同登记号：图字 09-2022-0376 号

货币文化史 Ⅵ：现代数字革命与货币的未来

作　　者／［美］比尔·莫勒 主编　　［美］泰勒·C. 内尔姆斯　　［美］大卫·
　　　　　佩德森 编
译　　者／陈佳钼
责任编辑／戴　铮
封面设计／拾野文化
版式设计／汤惟惟
出版发行／**文匯**出版社
　　　　　上海市威海路 755 号
　　　　　（邮政编码：200041）
印刷装订／上海颙辉印刷厂有限公司
版　　次／2022 年 10 月第 1 版
印　　次／2022 年 10 月第 1 次印刷
开　　本／889 毫米×1194 毫米　1/32
字　　数／260 千字
印　　张／10.75
书　　号／ISBN 978-7-5496-3803-1
定　　价／88.00 元